한반도
평화체제와 통일전망

조민 지음

도서출판 해남

머 리 말

한반도 통일은 동북아의 항구적인 평화를 보장하는 길이다. 한반도 평화체제 구축문제와 통일 추진과정은 따로 접근해서는 안 된다. 평화체제 수립은 당면한 과제이나 새로운 분단체제로 자리잡는 형태는 거부되어야 한다. 평화체제는 궁극적 목표일 수는 없으며, 평화체제 구축과정에서 통일을 적극적으로 모색하고 추진해 나가야 한다. 이에 '평화를 위한 통일, 통일을 위한 평화'를 모토로 삼아야 할 때이다.

민족사적 정통성 문제를 해결할 수 없는 한반도의 분단국가 상태에서 안정적인 평화구축은 지난한 과제일 수밖에 없다. 여기에다 국제사회의 보편적 규범에 역행하는 핵보유국가 북한의 기형적 모습과 행동패턴으로 말미암아 한반도의 미래에 대한 불가측성과 불확실성의 해소가 쉽지 않다. 더욱이 두 개의 분단국가 상태에서는 미국과 중국의 양대 세력의 자장(磁場)에서 벗어나기가 어려울 뿐 아니라, 세계적 패권국가의 구심력에 견인당하는 상태를 극복하기도 힘들다. 이는 한민족의 미래와 세계로 향한 활로개척에 어두운 그림자를 드리운다.

한반도 비핵화는 한반도와 동북아 평화의 필수불가결한 조건이다. 북한의 핵보유 인정은 NPT체제 유지를 불가능하게 만든다. 한반도와 동북아의 평화를 넘어, 세계평화와 인류의 미래를 위해서도 결코 북한의 핵보유가 용납되어서는 안 된다. 물론 미국과 러시아를 비롯한 핵보유국들의 핵무기도 타협과 협상을 통해 감축되고 궁극적으로 폐기되어야 한다. 그렇다고 현재 북한의 핵보유가 핵군축협상을 이끈다는 주장은 과대망상적 논리에 불과하다.

최근 6자회담의 틀은 북·미 중심구도로 바뀌고 있다. 북한은 남한을 “주무르고” 배제하면서 미국과의 관계개선을 통해 돌파구를 찾으려는 전략을 구사하고 있다. 북핵의 폐기는 무엇보다 미국의 의지와 정책적 입장이 관건이며, 이 과정에서 한·미 간 굳건한 동맹의 기반 위에서 협력체계를 원활히 가동시켜 나가지 않으면 안 된다.

북한의 ‘선군정치·선군사상’ 아래에서 완전한 핵포기를 기대하는 것은 나이브한 발상일 수 있으며, 획기적인 개혁·개방을 바라는 것도 무리일 수 있다. 그럼에도 남북한 간 그리고 다자 간 협상의 틀 내에서 북한을 관리하고 점진적인 변화를 유도해 나갈 수밖에 없는 상황이 객관적 현실이다. 북한 정권은 인민의 삶을 최우선시하고 인민의 생활개선을 국정 최고목표로 삼는 이른바 ‘선민정치(先民政治)’로 탈바꿈해야 한다. 선군정치의 소극(笑劇)이 막을 내리고 선민정치의 시대가 개막될 날이 그렇게 멀지는 않다. 우리는 그 날을 준비해야 한다.

다시 통일문제를 돌아보자. 첫째, 통일의 비전과 관련하여, 통일코리아는 대륙문명과 해양문명의 허브(Hub)이자 평화의 가교(架橋)로 우뚝 설 수 있다. 통일코리아 한반도는 양대 세력의 ‘균형자’로서의 국제정치적 위상을 확보하게 된다.

둘째, 통일코리아는 8,000만 인구의 통합된 경제규모로 세계경제 속에서 미래지향적이고 한층 탄탄한 경제력을 유지할 수 있다. 경제문제가 통일의 결정적 요인은 아니나, 경제력은 통일과정에서 강한 추동력으로 작용하는 점에서 중요하다.

셋째, 통일을 통해 남북한 주민은 ‘정상적인’ 삶의 과정을 온전히 회복할 수 있다. 한반도 전역에서 민주주의를 확대·심화시켜 나갈 수 있으며, 인간의 가치와 인권회복의 문제도 본격적으로 접근할 수 있게 된다. 더욱이 통일은 오랫동안 ‘분단의 섬’에 유폐된 채 우리도 모르는 사이에 ‘닫힌 마음’ 상태에 젖어 있는 민족적 심성이 대륙적 기질을 회복하는 장쾌한 순간이 아닐 수 없다. 통일은 반드시 평화적 방식에 의한 남북한 합의통일이어야 한다. 이를 위해 남북연합 또는 남북연방제 형태의 통일방안에 대한 광범위한 합의가 필요하다.

통일을 위해서는 공유(共有)와 나눔의 철학이 요구된다. 남북 간, 계층 간 차별이 철폐되고 차이를 줄이면서 '함께 살고 함께 나누는' 영역이 많을수록 통일은 보다 빨리 오고 성공적으로 성취할 수 있다. 지금 우리에게는 통일리더십이 절실히 요망된다. 평화와 통일은 만들어 가야 하며, 머지않은 시기에 들이닥칠 수 있는 '역사적 계기'를 반드시 통일로 이끌어야 한다. 바로 이 역사적 순간에 대한 정확한 판단과 결단력을 갖춘 정치적 리더십이야말로 통일과업에 결정적인 덕목이 아닐 수 없다. 통일리더십과 함께 민족의 미래에 대응하는 냉철한 전략가그룹의 존재가 기대되는 상황이다.

동북아 지역에서 미·중관계의 변화추세는 결코 한반도 통일에 낙관적 전망을 제시하지 않는다. 중국의 부상과 미국의 상대적 퇴조에 의한 미·중관계의 역학구도 변화는 한반도 통일에 우호적인 환경조성과 멀어질 수 있다. 그럼에도 역사의 신(神)은 과연 한민족의 손을 들어 줄 것인가? 하늘은 스스로 돕는 자를 돕는다고 하였듯이, 통일은 추구하는 자에게 찾아온다.

이 책은 최근 몇 해 동안 학술회의, 학술지 등에 발표하였던 글을 모아 한 권으로 묶었다. 부끄러움을 무릅쓰고 천학비재한 불초가 졸고를 묶어 출간하는 데에는 한반도의 평화와 통일에 대한 제현(諸賢)의 비판과 광범위한 관심을 촉구하고자 하는 뜻에서 감히 용기를 내었다. 어려운 출판사정에도 불구하고 출간을 독려해 준 도서출판 해남의 노현철 선생과, 미숙한 원고를 면밀히 읽고 교정해 준 아내 기계형 박사에게 감사드린다.

2007년 8월
수유재에서
조　민

차 례

제 4 장

북한 미사일사태와 한반도 평화 87

제 5 장

평화경제론: 남북경제공동체 형성의 이론적 틀 119

제 7 장

한반도 평화구축과 통일의 전망 201

제 1 장

한국의 세계사적 좌표:
21세기 코리아의 선택

1. 지금 우리는 어디에 서 있는가?
2. 굴절의 역사를 넘어
3. 중국을 어떻게 볼 것인가?
4. 코리아의 선택, 신한국책략

➢ 이 글은 "청년역사캠프 2007 경당, '코리아의 신문명을 찾아서'" (2007. 6. 28)
의 강연원고입니다.

1 지금 우리는 어디에 서 있는가?

한국은 다시 기로에 섰다. 한반도의 양쪽은 세계대국으로 발돋움하는 13억의 중국, 세계경제 부동의 2위 국가로 동아시아의 패권회복을 꿈꾸는 일본의 두 강대국의 야심이 교차되고 있다. 한국은 21세기 세계사 속에서 우뚝 서느냐, 그렇지 않으면 국제사회의 미아(迷兒)로 전락하여 지난 세기 좌절의 역사를 되풀이하느냐 하는 갈림길에 서 있다.

대륙문명의 주역인 중국과 해양세력의 고유한 위상을 구축해 온 일본, 그리고 대륙문명과 해양세력의 상호 각축 속에서 어느 한쪽으로 견인당하지 않고 독자적 위상을 유지해 온 한국과 더불어 중국, 일본의 동아시아 세 나라는 분명 새로운 국면을 맞이하고 있다. 그럼에도 한반도를 둘러싼 동북아 국제정세는 여전히 불안정하고 불투명하다. 동북아 지역은 세계적 문명의 두 축이 만나 단층선을 형성하는 지정학적 특수성을 지닌 지역이다. 중국과 러시아의 대륙문명권과 미국과 일본의 해양문명권이 각축하는 지역으로, 한반도를 둘러싼 세계 최강국들의 패권전략이 서로 상충하는 가운데 역내질서의 불확실한 유동성이 이 지역의 평화와 미래에 대한 낙관적 전망을 불허한다.

21세기 동아시아의 시계는 세계시계가 가리키는 시간과 다르다. 세계시계는 이미 국가나 민족단위로 생각하고 행동하는 시대를 넘어, 유럽연합(EU)의 경우처럼 보다 큰 초국가적 실체로 새로운 문명의 시대를 열어 가고 있다. 그와 달리 동아시아는 아직도 국가, 민족, 영토, 역사 등 많은 분야에서 경계와 차별성으로 배타적 영역을 고수하려든다. 무엇보다 일본과 중국이 자국 중심의 민족주의를 부추기고 있는 모습에 안타까움을 금할 수 없다. 동아시아 세 나라 사람들은 까만 머리, 까만 눈, 비슷한 골격으로 서양 사람들 눈에는 쉽게 구별되지 않는 겉모습을 하고 있다. 그러나 겉모습과는 달리, 세 나라 사람들은 동아시아인으로서의 동질성이나 공통의 유대감을 거의 느끼지 않는다. 오히려 서로 깊은 불신 속에서 상호 경계의 눈초리를 늦추지 않고 있는 모습은 평화와 선린의 동아시아 공동체 형성과정에 걸림돌이 되고 있다.

역사 속에 불붙는 동아시아 민족주의

일본의 우익단체인 '새역사교과서를 만드는 모임(새역모)'이 주목을 끌고 있다. 그들은 일본 현대사를 스스로 지나치게 비판하거나 부정하는 이른바 자학사관(自虐史觀)을 극복해야 한다고 역설하고 나섰다. 그리하여 새로운 세대에게 그러한 자학적인 사관을 가르쳐서는 안 된다고 하여 새로운 역사책의 편찬을 시도하고 있다. 그들은 자유주의 사관에 입각한 내셔널리즘을 주장하며, 일본이 저지른 이웃 아시아 국가에 대한 침략이나 만행을 숨기고 인정하지 않음으로써 한국을 비롯한 세계의 비난을 사고 있다.

중국의 역사조작은 일본 '새역모'의 역사왜곡에 비해 한층 더 도발적이다. 일본의 경우 민간 우익단체 차원에서 역사왜곡을 시도한다면, 중국은 중앙정부 차원에서 정책적·체계적으로 역사조작과 왜곡을 추진하고 있기 때문이다. 중국은 지금 사회주의 이념을 대체하기 위해 국가 차원에서 중화민족주의를 창안하고 있는 중이다. 동북공정을 비롯한 다양한 역사공정은 이미 잘 알려진 사실이다. 여기에다 단대공정(斷代工程)이라 하여 중화민족의 종통을 확립하고, 55개 소수민족과 한족을 동일한 조상 밑에 붙여 한족 중심의 중화 대가족으로 만드는 역사조작인 탐원공정(探源工程)을 추진하고 있다. 더욱이 한족

문명의 근원인 황화문명보다 앞서는 기원전 6500년경의 랴오허(遼河) 일대의 새로운 문명이 발굴되자, 이를 중화문명 속에 편입시키는 '요하 문명 흥기론'을 만드는 작업이 한창이다. 역사조작과 왜곡은 한족의 관습화된 전통이나, 국가 차원에서 역사조작과 왜곡이 이처럼 체계적으로 추진되는 데에는 중국의 대내외적 국가전략과 무관하지 않다.

2 굴절의 역사를 넘어

근세 이래 한국, 중국, 일본 세 나라의 만남은 전쟁과 대결의 형태로 대개 한반도를 둘러싼 동아시아 국제전으로 나타났다. 첫 번째는 16세기 말 일본의 조선 침략을 계기로 명나라와 일본 간 전쟁이 일어났고, 두 번째는 19세기 말 청일전쟁으로 맞붙었다. 마지막 세 번째는 20세기 냉전시대 최대의 전쟁이었던 한국전쟁으로, 이는 한반도에서 중국과 미국의 한 판 승부였다. 한반도의 지정학적 위치는 매번 대륙세력과 해양세력의 싸움터로 되면서 한민족은 그 때마다 전혀 원하지 않는 전쟁에 휩쓸려 엄청난 피해를 당했다.

근세 이래 동아시아 3국은 이처럼 한반도를 둘러싼 전쟁을 통해 만났고, 전쟁이 일어나지 않았던 오랜 평화기라 할 수 있는 시기는, 예컨대 17~19세기 말 무렵까지 거의 3세기 동안은 상호 외교적 관계나 경제적 거래가 거의 단절된 상태였다. 말하자면, 수 세기 동안 따로따로 떨어진 채 국가 간 교류가 거의 없는 격폐(隔閉)상태를 유지해 왔다. 그러던 중 오랜 격폐상태 끝에 마침내 충돌적 조우(遭遇)로 동아시아의 고요는 깨지고 말았다. 상호 오랜 단절과 격폐상태로 특징

짓는 동아시아 3국의 근세사는 고대에 이루어졌던 전쟁, 무역, 문화 전수 등 활발한 교류사와는 아주 다르다.

19세기 이래 동아시아 세 나라는 모두 서구 자본주의적 근대화를 받아들이는 데서 차이를 보였고, 자본주의적 근대화 수용의 성패 여부에 따라 세 나라의 운명과 미래는 달랐다. 일본은 제국주의로 나아갔고, 한국은 식민지 굴종의 역사를 초래하였으며, 중국은 반(半)식민지 종속국의 지위로 전락하였다. 한민족의 20세기 백 년은 두 단계로 구분된다. 첫 단계는 근대국가 수립의 실패에 따른 민족사의 굴절을 겪었던 일제 식민지시대였다. 둘째 단계는 해방과 함께 찾아온 분단, 전쟁, 그리고 분단의 고착화 과정을 통한 '한 민족 두 국가' 상태의 분단시대로 나눠진다. 냉전체제의 유산인 한반도 분단체제는 지금까지 해소되지 않고 천연되고 있는 실정이다. 이런 점에서 미리 말하지만, 지난 20세기 한민족의 100년사는 우리 민족의 역동성과 세계로 뻗어나가는 힘찬 기개(氣槪)가 잠시 멈칫한 굴절의 역사였다고 하겠다.

한반도는 왜 일본에 강점되고 말았던가? 찬란한 고대사와 함께 문화민족으로서의 자부심을 느끼는 우리 한민족이 우리보다 못하다고 생각하였던 일본에게 식민통치를 당하였다는 사실을 쉽게 인정하기가 무척 곤혹스럽다. 우리가 일본에 예속당할 수밖에 없었던 까닭을 요약하면, 첫째 한반도를 강점하여 만주를 넘보려는 일본의 적극적인 침략과, 이에 대한 영국과 미국을 비롯한 국제사회의 지지와 승인을 지적할 수 있다. 둘째, 통치층의 무능과 부패 그리고 그러한 통치층을 무너뜨리고 국민주권의 근대적 국민국가를 수립하지 못한 국민적 역량의 한계도 크다. 셋째, 당시 열강의 패권다툼에서 한반도의 '지정학적 이점'을 충분히 활용하지 못했다. 그 결과 한민족은 20세기에 들어와 마침내 일제에 예속되고 마는 치욕을 감내하지 않을 수 없었다.

해방과 함께 맞이한 분단도 우리의 의지와 바람과는 전혀 무관하다. 일제 강점기에 줄기찬 민족해방투쟁의 전개에도 불구하고 민족해방은 우리 손으로 쟁취한 것은 아니었다. 38선을 그어 분단에 합의한 것은 미국과 소련이었다. 그러나 분단을 재촉한 것은 국내 정치세력의 분열이었다. 좌·우파를 막론하고 정치지도자들의 자존심 대결과 주도권 다툼, 민족이익보다 자파 세력의 확장에만 몰두하였다. 특히, 강대국 중심의 세계정세와 국제정치에 밝지 못한 상태에서 우파는 미군정, 좌파는 소군정과 손잡아 국내 정치권력을 장악하려는 독선과 투쟁의 나날을 보냈다. 미국이나 소련 어느 강대국이건 간에 한민족의 이익과 미래를 챙겨 주어야 할 아무런 의무도 없다. 인류사에서 강대 제국이 주변 약소국의 이익을 대변한 사례도 없다. 한국의 굴절된 현대사는 강대국 국제정치의 부산물이지만 분단을 재촉하고 동족상잔의 전쟁을 일으키고 분단을 고착화시킨 것은 우리 스스로의 책임이다.

제2차 세계대전 후에 강대국이 약소국 정치에 개입하였다고 해서 모두 분단된 것은 아니다. 예컨대, 오스트리아는 강대국 점령하에서 내부의 분열을 억제하고 대연정을 구축함으로써 분단을 방지할 수 있었다. 독일의 경우와 같이 국제적 요인에 의한 분단이 있을 수 있으나, 독일 분단은 전쟁을 일으킨 책임과 함께 연합국이 전쟁의 재발을 막기 위해 독일을 분할한 것으로 분단책임은 독일 스스로에 귀속된다. 그와 달리 민족 내적 원인에 의한 분단인 중국의 분단을 들 수 있으나 현실적으로 분단의 의미가 그다지 크지 않다. 한반도의 분단은 내적 원인에 초점을 맞추는 분단의 내인론(內因論)에 더 큰 비중을 두어야 한다. 오스트리아의 사례에서 볼 수 있듯이 외세가 개입하였다고 해서 필연적으로 분단이 초래되는 것은 아니며, 내부의 역량으로 분단을 막을 수도 있다. 분단과 전쟁은 강대국 국제정치의 불가피한 산물로 볼 필요는 없다. 결국 한반도의 평화와 한민족의 통일은 우리 민족 스스로의 의지와 역량에 달려 있는 문제라고 하겠다.

우리는 더 이상 세계사의 피동(被動)적 존재가 될 수는 없다. 20세기 후반 남한의 성공은 비록 한민족의 '반쪽의 성공'에 불과하더라도 세계의 주목을 받기에 충분하다. 한국은 산업화와 민주화를 한꺼번에 이룩한 세계의 유일한 나라이다. 전쟁의 폐허 속에서 유엔과 선진국의 도움을 받았던 나라가 불과 한 세대 만에 경제적 성공을 일구어 선진국의 대열에 들어섰다. 더욱이 각고(刻苦)의 투쟁을 통한 민주화를 성취함으로써 세계의 놀라움과 부러움을 샀다. 그럼에도 상당히 짧은 기간에 가난과 빈곤을 극복한 성공사례로 이야기되고 있을 뿐이다. 그러나 여기서 멈출 수는 없다. 이제 우리 앞에는 세계 인류사회가 주목할 만한 보편적 가치와 문화를 발신해야 하는 과제가 제기되고 있다.

3 중국을 어떻게 볼 것인가?

21세기 동아시아 지역에서 어떻게 상생과 통합의 문명을 창출할 수 있을까? 여기에는 세계대국으로 떠오르는 중국의 미래 전략의 문제가 관건적인 문제로 부각된다. 그러나 현재 아쉽게도 중국의 입장에 대해 긍정적인 전망을 기대하기가 쉽지 않다. 이런 문제점을 전제로 중국의 세계전략과 동북아 전략을 짚어 보도록 하자.

3.1. 중국의 세계전략: 중화민족 부흥과 조화세계 건설

중국은 아주 오랜 동안 당대의 세계대국으로 군림해 왔다. 21세기 중국은 세계대국이 될 수 있는 인구와 영토적 조건을 갖추었고, 더욱이 미국과 견줄 만한 세계대국을 향한 의지와 국가전략을 마련하였다. 중국의 제3세대 지도자그룹은 마오쩌둥의 대통합, 덩샤오핑의 발전전략을 토대로 비약적인 경제성장의 기반 위에서 "중화민족의 위

대한 부흥(中華民族偉大復興)"의 대전략을 정식으로 제출하였다. 중국은 개혁·개방 이래 다시 '중국 특색의 사회주의' 건설이라는 명확한 길로 접어들어 '민족부흥'을 국가목표로 삼아 중국이 세계대국을 향해 매진하는 확장의지를 천명하였다. 이를 위해 중국은 종합국력의 대폭적인 상승을 적극 추구하고 있으며, 중국의 학자들은 이제 "중국은 세계대국이 될 수밖에 없다"면서, 공공연히 세계대국 불가피론을 제창하고 나섰다.

후진타오(胡錦濤) 국가주석을 중심으로 하는 중국 제4대 지도부는 최근 '조화사회(和諧社會)'와 '조화세계(和諧世界)'를 대내외적·공식적 통치이념으로 제기하였다. 조화사회 건설은 대내적 통치이념이다. 후진타오 주석은 2004년 9월 공산당 제16기 중앙위원회 제4차 전체회의에서 "사회주의 조화사회 건설"을 정식으로 제기하면서, 그 동안 제기되었던 여러 정책과 개념, 즉 '균형발전', '공동부유', '조화사회', '조화세계' 등을 집대성하였다. 특히, 중국 외교전략의 원칙과 기본 방향으로 제시된 '조화세계' 이념은 중국의 세계전략과 관련하여 주목을 끈다.

조화세계 건설은 중국 제4대 지도부의 신외교전략으로 확고하게 뿌리내리고 있다. 후진타오 주석은 중국 당대의 주제를 '화평과 발전'으로 규정하고 "조화세계 건설은 우리 시대의 필연적 요구이자 조건"임을 강조하였다. '조화세계' 이념은 서로 다른 문명과 다양한 발전경로를 인정하면서 경쟁과 공존이 함께 하는 국제사회를 지향한다는 의미로 이해된다. 중국 정부는 군비경쟁과 전쟁으로 중국의 고속성장을 가로막는 국제적인 환경이 조성되지 않기를 바란다. 따라서 중국 당국은 스스로 조화세계의 새로운 외교이념은 중국 외교의 전통을 계승하고 중국의 변화된 위상을 결합한 중대한 창조적 이론으로 자평하면서, "이는 후 주석을 정점으로 한 제4대 지도부 외교정책의 총결산이자 국제관계 업무를 처리하는 새로운 방침"이라고 덧붙였다.

조화세계론은 그 동안 중국 대외관계의 이념으로 내세웠던 '화평굴기(和平崛起, peacefully rising)'의 새로운 발전적 대안으로 제시되었다. 중국 지도부가 이즈음 조화세계를 강조한 것은 미국의 패권을 인정하면서도 정치·군사적 힘을 앞세워 미국 중심의 세계질서를 구축하고 세계질서를 좌우하는 방식에 더 이상 방관하지 않겠다는 의미이다. 이를테면 조화이념을 앞세워 국제사회에서 이니셔티브를 잡고 세계질서 형성과정에서 미국과 대등한 역할을 추구하고자 하는 전략적 의지의 발로로 이해된다. 중국의 '조화세계론'은 2005년 4월 아시아·아프리카회의 개최시기에 처음 제출되었다. 2003년 1월 원자바오(溫家寶) 총리가 미국을 방문하면서 제시한 '화평굴기론'이 '화평'을 도외시한 채 '우뚝 선다'는 '굴기'만이 강조되어 미국과 서방으로부터 되레 패권주의라는 비난을 받자 조화세계론으로 바뀌게 되었다. 조화세계론은 후진타오 주석이 2005년 9월 유엔 연설에서 의미를 상세히 설명하면서 중국의 새로운 외교이념으로 자리를 굳혔다.

화평굴기는 중국이 2003년 말부터 채택한 외교노선이다. 이는 1980년대 덩샤오핑(鄧小平)이 추진한 '도광양회(韜光養晦)', 1990년대 장쩌민(江澤民)이 추진한 '대국외교'에 이어 후진타오가 새롭게 추진하는 외교전략이다. '도광양회'는 "칼집에 칼날의 빛을 감추고 어둠 속에서 은밀하게 힘을 기른다"는 뜻이다. '굴기'는 "산이 우뚝 솟은 모양"을 가리키는 말로, 굴기외교는 2003년 10월 하이난섬(海南島)에서 열린 보아오 포럼에서 정비젠(鄭必堅) 중앙당교 상무부장이 주창하였다. 그 후 같은 해 12월에 원자바오 총리가 하버드대학 연설에서 거론하면서 공식화되었다. 이어 후진타오 주석이 2004년 1월 프랑스와 독일 등 유럽을 순방하면서 중국의 새로운 외교노선으로 주목받기 시작하였다.

화평굴기론은 서구의 일부 학자와 정책결정자들이 주창하는 황화론(黃禍論)에 대응해 나왔다. 황화론은 21세기 초 중국의 부상이 20세기 초 저돌적인 독일의 부상을 닮았다는 우려의 반영이다. 화평굴기론은 궁극적으로 20세기 초 독일과 영국의 전쟁이 불가피하였듯이 중국과 미국 간의 갈등, 심지어 전쟁도 불가피하다는 뜻을 감추고 있다.

중국의 이데올로그 정비젠이 제출한 이 새로운 개념의 지적 뿌리는 아주 깊다. 이미 1970년대 말 덩샤오핑의 요청에 따라 일단의 학자와 함께 서구를 시찰한 후 1980년대와 1990년대 대부분의 기간 동안 대외문제에서 중국 지도자들의 대변인 역할을 맡았던 정비젠은 마침내 "중국이 평화롭게 우뚝 일어선다(the peaceful rise of china)"는 뜻의 화평굴기를 만천하에 내세웠다.

중국은 이전의 '대국외교'를 통해 이미 경제대국으로 성장하였고, 이러한 경제적 성장추세는 상당 기간 지속될 것이다. 미국은 '중국부상(China rise)'을 미국의 세계적 헤게모니 유지에 가장 큰 걸림돌로 여긴다. 미국은 중국을 세계에서 가장 위협적인 국가로 보고 전략적 경쟁자로 규정한 상태이다. 굴기외교는 이러한 중국위협론을 완화시키는 데 목적이 있었다. 굴기외교의 이면에는 미국보다는 유럽을 중시하고, '대국외교'의 틀을 이어받아 국제사회에서 중국의 위치에 걸맞은 행동과 책임을 다하겠다는 자주성과 독립성의 의미도 있다. 그런 점에서 미국의 일방주의에 대항하면서도 평화와 자주성을 견지하려는 외교전략임을 호소하기도 한다. 그러나 정비젠이 분명히 밝혔듯이 중국의 주요 목표는 오로지 화평이라는 수식어 속에서 '국력증강' 하나로 집약될 뿐이다.

덩샤오핑은 1989~1990년 외교와 안전부문의 책임자들에게 "냉정히 관찰하고, 진지에 굳건하게 서며, 침착하게 대응하고, 재능을 감추고 숨어서 때를 가다리며, 세태에 영합하지 말고 우직한 채로 만족하고, 절대로 우두머리가 되어서는 안 된다(冷靜觀察 穩住陣脚 沈着應付 韜光養晦 善於守拙 絶不當頭)"는 24자 잠언(箴言)을 제시하였다. 그 후 그는 "할 일은 해야 한다(有所作爲)"는 4자를 첨부하였다. 중국은 그 후 덩샤오핑의 잠언을 중국의 대외관계의 지침으로 삼으면서 20자 전략방침으로 굳혔다. 즉, "냉정히 관찰하고, 진지에 굳건하게 서며, 침착하게 대응하고, 재능을 감추고 숨어서 때를 기다리며, 할 일은 해야 한다(冷靜觀察 穩住陣脚 沈着應付 韜光養晦 有所作爲)"로 정리하였다. 다시 이 잠언은 두 마디로 압축되었다. 즉, "재능을 감추고 숨어서 때를 기다리되, 할 일은 해야 한다"는 이른바 '도광양회 유소작위'로 부각되었다(林保華, 「中國正在揚棄 "韜光養晦"策略」, 2005). 중국의 대외전략은 이 두 마디에 집약되어 있으며, 그들은 앞으로 이 전략방침은 100년간 불변적인 방침임을 강조하였다(紅色尖兵, 「[原創]"韜光養晦"方針之一百年不動搖」, 2007).

중국의 대미(對美) 전략은 미국과 정치·군사적 측면에서 아직 어깨를 견줄 상태가 아니라는 현실적 인식에 기반하여 중국 외교의 전반적인 수요에 따라 "신뢰증진 장애해소, 합작발전, 대항자제(增加信任 減少麻煩 發展合作 不搞對抗)"의 기본 방침을 견지하고 있다. 즉, 미국과의 신뢰기반 위에서 직접적인 갈등과 대항을 피하고 합작을 추구한다는 입장이다. 이를 위해 중·미 간 무역증대와 투자확대, 미국의 반테러리즘 협력, 그리고 무역수지 불균형과 대만독립, 특히 동북아 지역에서 미국과의 갈등과 마찰을 회피하고 협력과 대화를 강조하고 있다(김소중, 「중국 민족주의 역사와 전망」, 2006). 말하자면, 중국의 대미 전략은 도광양회 원칙에 입각하고 있는 모습이나, 도광양회는 사실 상대를 안심하게 하고 속이는 중국의 전통적인 기만술에 불과하다. 그러나 중국의 변방전략, 특히 대한반도 전략은 '도광양회'가 아닌, 힘을 쓸 때는 써야 한다는 이른바 '유소작위' 형태로 나타나고 있다.

3.2. 중국의 대한반도 전략

중화주의는 중국과 이웃인 우리에게는 위협적인 '대국패권주의'로 나타날 수밖에 없다. 전통적으로 중국은 주변국에 대한 기미(羈靡) 정책을 근간으로 국력이 융성한 때에는 적극적인 관여와 개입정책을 추진하여 변방을 복속시키는 정책을 취해 왔다. 중국의 변방정책은 경제발전과 국력신장에 기반하여 주변국에 보다 능동적이고 적극적으로 개입하려 들 것으로 보인다. 따라서 국력신장을 바탕으로 주변국과의 관계는 '적극적으로 관여하고 개입하여 소기의 목적을 이루고자' 하는 '유소작위' 노선이 강조될 것이다. '유소작위'는 국제관계에서 참여와 개입을 통해 지금까지 자제해 왔던 목소리를 높이고 그들의 몫을 스스로 챙기면서 중국의 안보와 국익을 확대시키고자 하는 공세적인 대외정책으로 나타날 가능성이 높다. 특히, 중국의 대한반도 전략은 '유소작위'로 한반도 문제에 대한 적극적인 개입정책이 예상된다.

최근 동북아 지역에서 한반도 문제와 관련하여 '유소작위'에 입각한 중국 대외정책의 구체적 형태는 두 방향에서 나타나고 있다. 우선 하나는 북한 핵문제 해결에 있어서 보다 능동적이고 적극적인 관여정책으로 국제사회에서 상당한 주목을 받고 있다. 다른 하나는 한·중관계의 외교적 마찰을 초래하면서 한반도 문제의 핵심적 사안으로 부각되고 있는 동북공정(東北工程)이 바로 그것으로, 중국의 대한반도 정책과 관련하여 우리에게 심각한 우려를 자아내게 한다.

이처럼 '유소작위'의 측면에서 보면, 북한 핵문제 해결을 위한 6자회담 과정에서 나타난 중국의 이니셔티브는 동북아 지역에서 중국의 국제정치적 역할과 정책적 의지를 반영한 것이라면, 동북공정을 통해 중국은 변방정책의 일환인 한반도 문제와 한·중관계의 미래에 대한 그들의 전략적 방향과 의도를 노골적으로 드러냈다. 즉, 중국은 대미 전략에서 '도광양회'로 만면에 미소 띤 얼굴로 미국을 대한다면, 한반도 전략에서는 '유소작위'로 적극적인 관여와 노골적인 개입을 천명하고 나선 상황이다.

학술적 프로젝트로 포장된 '동북공정'은 중국의 대한반도 정책의 방향과 정치적 성격을 드러낸 사업이다. 특히, 이 프로젝트는 북한체제에 대한 전망과 한반도의 통일문제와 관련된 사안이라는 점에서 커다란 관심을 요한다. 이를 두 측면에서 이해할 수 있다.

첫째, '동북공정'을 통해 중국은 북한이 완충지역으로 존속되기를 바라지만 북한의 체제변화 또는 충분히 예상되는 급변사태의 경우 한반도의 북부 지역에 대한 적극적인 관여와 개입의지를 우회적으로 표명하였다. 말하자면, 북한 영토는 비록 중국 변방사이지만 중국의 소수민족 정권이었던 고구려의 영토로 당연히 중국의 직접적인 관여·개입사안이 된다는 주장을 함축하고 있다. 이에 자국 내 고구려의 유적을 유네스코(UNESCO)에 등재하여 세계를 향해 연고권을 주장하는 전략을 추진하였으며, 그와 더불어 지역주민과 학생들을 대상으로 고구려 유적을 중국사로 학습시키는 작업을 마무리하였다.

둘째, 한반도의 통일은 남한 중심으로 이루어질 것이라는 전제 위에서, 중국 동북부 지역의 조선족의 동요를 막는 한편 동북 3성 중국인들의 통일한국에 편향될 수 있는 가능성을 사전에 예방해야 하는 변방정책의 일환이라 할 수 있다. 따라서 역사왜곡은 동북 3성 지역의 국민통합을 위해 역사적 자긍심을 부추겨 한족(漢族) 중심의 중화주의로 결집시키려는 데에 목적을 둔 국가 차원의 기만작업인 반면, 한민족에게는 역사침략이 아닐 수 없다.

중국이 이러한 작업을 정부 차원에서 추진하는 데에는 고대사 해석을 둘러싼 단순한 아카데미즘의 영역과는 무관하게 한반도 통일상황에 대비한 관여와 개입의 논리적 근거와 정당성을 확보하려는 시도로 볼 수 있다. 더욱이 2003년 조·중 국경지역에 15만의 군대를 배치시킨 사실도 북한의 미래와 관련한 상황변화에 대한 중국의 대한반도 전략의 일단을 보여 주고 있다는 점에서 시사하는 바가 크다. 중국은 그들의 대미전략인 '도광양회'를 통해 미국과 동아시아 지역의 문제해결에 협력하는 모습을 보이는 반면, 한반도 문제는 '유소작위'를 통해 패권적 행태를 보이고 있다. 이처럼 중국은 세계인류를 기만하는 역사조작을 추진하면서, 대중화주의로 국내적인 민주화, 인권 등의 문제를 왜곡하고 탄압하면서 대외적으로 주변국의 역사를 초토화시키고 있다.

4 코리아의 선택, 신한국책략

21세기 세계와 동북아 국제정치 속에서 대외인식의 문제로 한국의 정확한 좌표설정의 문제가 무엇보다 중요하다. 미국, 일본의 해양세력과 중국, 러시아의 대륙세력 사이에 위치한 한반도는 양대 세력의 역학관계 변화에 아주 신중하게 대응해야 하며, 한국의 국력과 위상에 대한 객관적인 인식을 바탕으로 '균형 잡힌' 스탠스를 취해야 한다. 양대 세력 간에 자칫 균형 잡힌 스탠스를 잃는 순간 한국은 동북아 국제사회의 미아로 전락하고 만다. 이는 미국을 어떻게 보느냐 하는 문제와 더불어 현실적으로는 미국과의 관계설정을 어떻게 하느냐 하는 문제로 나타난다. 최근 미국 문제는 북한 문제와 한 짝으로 한국 사회의 미래와 관련하여 보다 정확히 인식해야 할 사안으로 부각되고 있기 때문이다.

지금은 분명 미국에 좋지 않은 시기다. 이런 상황에서 미국의 쇠퇴를 바라건, 바라지 않건 간에 미국의 몰락이 현실화되는 데에는 다른 세계적 헤게모니 국가의 성장과 함께 상당한 기간이 요구된다. 그럼에도 최근 한국 사회 일부에서는 미국의 세계적 역할에 대해 힐난하는 한편, 한반도를 둘러싼 동북아 지역에서 미국을 배제하는 탈미(脫美) 성향을 강하게 드러내는 전략적 오류를 범하기도 하였다. 최근 한국 정부의 대외정책의 동요와 그로 인한 국제사회의 불신을 자초한 데에는 세계패권국가의 위상과 미래에 대한 냉철하고 타산적인 사고의 결여에 의한 결과였다. 국가의 미래에 대해 책임져야 하는 정치엘리트층에서 세계정치와 국제질서의 변화에 대한 냉철한 이해 없이 배타적 반미감정에 경도된 언행들이 종종 나타났다. 그러한 분위기 속에서 한·미관계의 미래지향적 모델을 창출하지 못함으로써 대북·통일정책에서 전략적 오류를 낳을 수밖에 없었고, 그에 따라 남북관계에서조차 기대만큼의 진전을 이룰 수 없었다.

4.1. '반외세 자주의식'의 극복과 '균형감각'의 유지

'반외세 자주(自主)의식'은 한민족의 집단적 의식세계 속에 깊이 각인된 유전인자적 속성을 지니면서 한민족의 독자성·정체성을 유지해 온 정신적 지주였다. 근대적 세계체제로 편입되는 과정에서 '반외세'는 전통적 지배계층인 봉건유생과 외세침탈의 직접적 피해자인 민중과의 의병운동에서 연합전선을 형성할 수 있었던 매개고리였다. 이 시기의 개화파는 외세를 주어진 실체로 인식하면서 외세(일본)를 근대개혁의 방조세력으로 삼고자 하였으나 전통적 외세(청국)의 무력간섭으로 근대개혁은 좌절되고 말았으며, 그 후 대세순응적 개화파는 외세영합적 세력으로 전락하면서 반외세 자주의 계보에서 이탈하고 말았다. 봉건유생의 '위정척사론'은 서구 근대 물질문명(邪)의 배척과 시대착오적인 소중화(小中華) 의식에도 불구하고, 민중의 반중화(反中華)와는 다른 차원에서 반외세의 이념으로 기능하였다. 그 후 민중의 반외세 의식은 국권상실기 근대적 자주의식으로 발현되는 모습을 보였다.

한국 근대사의 역정(歷程) 속에서 굴절된 '반외세 자주', 즉 정치적 자주성의 문제는 해방 후 지금까지 국가행위의 정통성의 준거이자, 정치지도자의 도덕적 덕목으로까지 인식되는 측면이 있다. 20세기 후반의 국제정치에서 근대국가의 '자주'문제는 거의 사어(obsolete)가 되다시피 한 용어임에도 불구하고 한반도에서 미국의 존재는 외세에 의한 분단과 분단국가의 위상을 계속 반추시키는 기제로 작용해왔다. 특히, 1980년대 신군부세력의 등장과정에서 미국의 방관적 태도는 반미감정을 배태시키는 계기가 되었고, 여기에다 당시 북한의 대남 통일전선전략인 '반미자주화'에 동조하여 '민족해방'을 주장하는 시대착오적인 논리가 반미분위기를 한층 고조시켰다. 그리하여 경제발전으로 높아진 민족적 자긍심과 민주화의 열정 속에서 반미의식은 한국인의 생래적 의식인 '자주' 관념을 자극시켜 쉽게 확산될 수 있었다.

이처럼 외세에 의해 굴절된 수난의 역사를 경험한 한국인에게 반외세 자주는 규범적 가치이자, 대중적 감동에 호소할 수 있는 언술임은 분명하다. 그러나 자주는 '문학적' 메시지를 담을 수 있을지 모르나, 국제정치의 현실적 인식에 기반한 개념으로 정립되기에는 한계가 크다. 북한의 '반외세 자주'는 세계사의 흐름에 역행하면서 체제몰락을 자초하는 논리로 전락하고 말았다. '자주외교', '자주국방'은 국제정치적 조건, 국가의 내부적 역량 등에 대한 고려를 바탕으로 신중하고 '조용히' 추진되는 것이 바람직하다. 일본의 미국에의 정치적·군사적 의존을 비자주적으로 보는 시각은 없다. 따라서 동북아에서 한국이 '균형자' 역할을 대내외적으로 천명하는 것보다는 국제정치적 역학관계의 변화 속에서 실질적인 '균형감각'을 유지하는 일이 더욱 중요하다.

4.2. '우리식' 이이제이

한반도는 지금 중국의 변방 가운데 가장 중요한 지역으로 떠오르고 있다. 중국은 동쪽으로 북한, 북쪽으로 몽골·러시아·카자흐스탄·키르기스스탄·타지키스탄, 서쪽으로 아프가니스탄·파키스탄·인도·네팔·부탄, 남쪽으로 미얀마·라오스·베트남 등 14개 국가와 국경을 접하고 있다. 그런데 흥미로운 사실은 중국과 국경을 접한 이들 국가 가운데 중국보다 부유하거나 미래 전망이 밝은 나라는 거의 없다는 점이다. 더욱이 정치적으로도 중국보다 앞섰거나 안정된 나라도 드물다. 이런 까닭에 현재까지는 한족 중심의 중화제국의 구심력 훼손이나, 변방의 특정 국가의 원심력이 심각하게 우려될 만한 상태는 아니다. 그러나 통일한국의 한반도만은 예외다. 통일한국과 한민족의 경제적 번영, 정치적 민주주의, 문화적 자존, 역사적 자긍심 등은 중국 변방정책의 새로운 인식을 촉구하는 '문제상황'일 수도 있다.

중국의 대미 정책은 미국과의 긴장관계를 회피하는 신중한 '도광양회'의 기조에 기반하고 있다면, 대한반도 정책은 '유소작위'의 적극적인 관여·개입정책으로 가닥을 잡았다. 중국의 대한반도 정책이 관여와 개입을 주장하는 전통적인 변방정책의 추구가 예상되는 시기에 한국의 합리적인 대응방안은 무엇일까? 북한의 체제전환과정 또는 통일과정에서 한반도에 미치는 중국의 영향력과 안보위협에 대해 우리의 독자적 대응가능성과 역량문제를 되돌아보아야 한다.

통일한국의 대중 관계는 역사적 경험에 비추어 본다면 두 방향에서 찾아볼 수 있다. 하나는 고구려 방식이 있다면, 다른 하나는 조선식 대중 정책이다. 고구려는 중국에 굴하지 않고 대결방식을 고수한 반면, 조선은 중세적 현실주의에 입각한 사대외교로 국가의 존립을 모색하였다. 전자는 현실적으로 가능한 방안이 아니며, 후자의 방식도 결코 바람직한 대안은 아니다.

중화적 국제질서를 구축하려는 중국으로부터 우리의 안보와 자주권을 충분히 보장받을 수 있을 것인가? 이 경우 한반도에 대한 중국의 관여·개입을 미연에 방지하고 한반도에 대한 한국의 독자적인 통제력을 행사할 수 있을까 하는 의문을 불식시키기가 어렵다. 물론 어느 누구도 이에 대해 낙관적인 전망을 제시하기는 쉽지 않을 것이다. 한·미관계가 점점 이완되고 한국의 탈미(脫美) 경향이 높아질수록 한반도에 대한 중국·일본의 개입과 영향력은 상대적으로 증대될 것이며, 그에 따라 한반도의 안보와 평화, 번영의 미래 전망은 불투명해진다. 동북아 지역에서 미국의 전략적 이익을 이해하는 입장에서 한반도의 평화통일 과정에 미국의 긍정적인 역할을 유도해야 한다. 다른 한편, 미국의 존재를 한반도 평화와 통일과정에 중국의 관여와 개입을 억제시킬 수 있는 지렛대로 활용할 수 있다면, 우리는 이를 '우리식 이이제이(以夷制夷)' 또는 '이강제강(以强制强)'이라는 전략적 입장에서 바라볼 수 있다.

4.3. 변방국가와 손잡기: 원교근공

중국의 '동북공정' 프로젝트에 대한 대안적 모색이 전혀 불가능한 상황은 아니다. 물론 학술적 차원에서 한민족의 고대사에 대한 지속적이고 체계적인 연구와 연찬사업은 더욱 활발하게 추진되어야 할 것이다. 더욱이 중국의 '동북공정'은 문명국가로서의 양식을 포기하고 중화민족주의의 야욕을 드러내는 역사절취행위에 불과한 것이라는 사실을 국제사회에 적극적으로 주지시킬 필요가 있다. 그러나 '동북공정' 프로젝트가 학술적 형태로 포장된 중국의 한반도에 대한 관여·개입의도가 뚜렷한 '정치적' 작업이라는 점을 감안한다면 우리는 한층 신중하게 접근해야 한다. 우리의 전략적 대응으로 중국의 변방정책의 약한 고리, 즉 중국의 국가통합을 저해하는 원심력으로 작용하는 티베트 또는 대만과의 외교적 관계의 강화를 모색할 수 있다. 이를테면 "가까운 아웃을 치기 위해 그 나라의 뒤에 있는 국가와 손잡는다"는 '원교근공(遠交近攻)' 방략의 의의가 새삼 돋보일 수 있다. 일단 두 방향에서 살펴보자.

우선 티베트 망명정부와의 우호관계를 모색하는 방안을 고려할 수 있다. 지금까지 한·중관계의 실리적 이해관계 속에서 티베트 망명정부의 수반인 달라이 라마의 방한을 거부해 왔던 우리의 입장을 중국의 변방정책과 연계하여 재고할 수 있다. 티베트 망명정부를 인정하지 않는 중국은 인도주의적 차원에서의 비판에도 불구하고 국제사회에서 티베트 문제가 중국과 관련된 외교적 사안으로 부각되는 것을 거부해 왔다. 티베트는 사실 중국 변방의 가장 취약한 고리로, 강압적인 복속과 한족의 사민정책을 통해 티베트 주민의 자치권 요구는 철저히 외면되고 있는 실정이다. 중국의 한반도 관여·개입의지가 드러나고 있는 지금, 우리는 중국 서쪽 변방 티베트의 억압의 역사와 티베트 민중의 호소를 들어야 한다.

또한 대만 문제를 떠올릴 수 있다. 두루 아다시피 한국이 대만과 오랜 전통적 우호관계를 끊고 국교를 단절한 것은 중국의 입장을 존중한 데에 따른 선택이었다. 지금 중국의 한반도에 대한 관여·개입의지가 명백한 상황이라면 우리는 이제 대만과의 국교 재개의지를 공론화시켜야 한다. 이는 중국의 입장에서는 그들의 '하나의 중국' 정책의 근간을 흔드는 심대한 도전으로 간주될 수 있다. 그러나 대만 문제가 중국의 통일과 관련된 중국의 문제라면, 한민족의 역사와 한반도는 한민족의 통일과 관련된 정체성과 자주권의 문제라는 점을 중국은 깊이 인식할 필요가 있다.

대륙국가 러시아는 중국과의 관계에서 양면성을 보여 준다. 정치군사적 전략 차원에서 미국을 견제하기 위해 중국과 손잡으면서도 중국과 함께 미래를 공유하는 데에 확신을 갖지 못한 상태이다. 러시아는 지금 시베리아 동쪽과 원동지역으로 밀려오는 중국인문제가 향후 양국관계의 심각한 긴장요인이 될지도 모른다는 점에서 우려가 크다. 이런 점에서 러시아는 한반도의 평화와 번영에 연계된 원동지역의 개발과 함께, 이 지역에서의 중국 세력의 확장을 억제하기 위해 보다 발전된 차원의 한·러관계를 추구할 수 있다. 이러한 우리의 입장과 메시지는 중국으로 하여금 그들의 변방인 한반도와 한민족에 대한 새로운 인식과 더불어 신중하고 '절제된' 접근방식을 모색하는 계기가 될 것으로 기대한다. 물론 중국의 여타 변방의 전략적 가치에 대한 인식지평을 확대시킬 필요가 있다는 점에는 두 말할 나위가 없다.

한민족은 대륙세력과 해양세력의 틈바구니에서 어느 한 편에 흡수·동화되지 않은 채 독자적 문명과 고유한 역사를 간직해 왔다. 이는 세계사에서 보기 드문 사례가 아닐 수 없으며 민족적 자긍심의 원천이기도 하다. 이제 우리는 기로에 섰다. 그러나 한반도가 해양세력과 대륙세력 어느 한쪽으로 급격히 편향되는 상황은 피해야 된다. 어느 일방으로 편향되거나 한쪽으로 치닫는 상황은 위험하며 민족사의 미래에 비추어 결코 바람직하지 않다. 균형추의 역할과 위상을 확립해 나가는 균형감각이 필요한 때이다. 한반도의 '지정학적 이점'을 충분히 활용해야 한다.

그런데 우리는 지금 어디로 치닫고 있는가? 19세기 말 러시아의 남진을 막는 방아책(防俄策)으로 중국·일본·미국과의 연대(親中結日聯美)를 권유하였던 『조선책략』의 시대상황과는 달리 지금 우리는 특정 국가를 배제할 수 있는 입장이 아니며, 오히려 한반도 주변의 모든 국가와 더욱 깊은 유대와 굳건한 협력관계를 구축해 나가야 할 실정이다. 특히, 여기에는 미국과의 동맹의 의미를 새롭게 인식하면서 중국과 다양한 분야에서 상호 협력의 토대를 넓혀 가는 한편 중국의 한반도에 대한 관여·간섭을 억제시킬 수 있는 전략적 구상이 요청된다. 21세기 '신한국책략'을 쓴다면, 그것의 요체는 '우리식 이이제이'의 입장에서 미국·일본과 중국·러시아 사이의 가교(架橋)이자 '허브국가'로서의 한반도의 위상을 정립하는 데 있다. 서울과 평양의 민족공조의 방향은 바로 여기에 놓여 있다.

제 2 장

한반도 평화체제 구축방향: 평화 프로세스

➢ 이 글은 평화재단 주최 평화포럼 '2·13 합의와 한반도 평화체제'(2007. 3. 13)의 초고 「한반도 비핵화와 평화 프로세스」를 수정·보완한 논문입니다.

1 북핵을 넘어, 동북아 21세기 질서의 개막

1.1. 미국의 대북 전략의 변화

동북아 정치지형의 판이 동요하고 있다. 20세기 냉전질서가 해체되면서 비로소 21세기 동북아의 새로운 질서가 구축되고 있는 중이다. 북핵문제 해결을 위한 「2·13 합의」로 한반도와 동북아의 안정과 평화는 새로운 국면을 맞이하였다. 북한 핵문제를 둘러싼 동북아 위기상황은 2월 13일 베이징 제5차 3단계 6자회담에서 참가국들이 「9·19 공동성명 이행을 위한 초기 조치(Initial Actions for the Implementation of the Joint Statement)」에 합의함으로써 일단 북한 핵문제로 인한 위기국면은 '동결(crisis freeze)'되었다. 이 합의는 「9·19 공동성명」 이행을 위한 첫 단계로 조그만 진전에 불과하다. 그러나 한반도 평화체제 구축과 함께 동북아 역학구도의 변화, 그리고 남북관계에 미치는 의미는 무척 크다. 북한 핵무기의 궁극적 포기를 전제로 하였던 「2·13 합의」는 한반도 평화체제 구축과 통일로 가는 이정표가 되어야 한다.

1.1.1. 국제질서의 '민주화' 요구: 미국 대외정책의 수정

이라크와 이란이라는 중동 문제의 수렁에서 헤어나지 못하고 있는 미국의 조지 부시 정부에게는 북핵문제의 타결이라는 외교적 성과가 절실하였다. 부시 대통령은 「2·13 합의」에 대한 '준비된' 환영사를 즉각 발표하였다.[1] 북한 핵실험 이후 북·미 간에 여러 차례 협의

과정을 이끌어 낸 변화의 계기는 북한의 변화가 아닌, 미국의 대북 정책의 변화에서 찾아야 한다. 미국은 종전선언을 넘어, 평화협정, 관계정상화, 안전보장 등과 관련해 북측에 보다 근본적인 변화가 있을 수 있다는 메시지를 전한 것으로 보인다. 이는 단기적 차원에서 북한 핵실험, 중간선거의 패배로 부시 정책에 등을 돌린 국민여론과 민주당의 의회권력 장악, 이라크전쟁의 수렁에다 이란 핵문제의 도전으로 인한 중동 정세의 긴박함 등이 대북 정책을 변화시킨 요인이라 할 수 있다.[2] 이는 보다 근원적인 차원에서 세계문제에 대한 비효율적인 미국의 과도한 개입과 부시 집권 6년 동안의 대외정책의 실패와 맞물려 있다.

21세기 세계정세의 특징은 미국 주도의 일극체제(unipolar system)가 퇴조하면서 세계적 차원의 전략단위의 다원화 현상이 나타나고 있는 데 있다. 중국의 세계대국으로의 지위부상, 클린턴 시절에는 거의 예상할 수 없었던 변수로 러시아의 가파른 국력회복, EU의 독자적·중립적 위상, 이란의 에너지자원과 이슬람국가 내의 강력한 정치적 리더십 추구, 남미 지역 내 반미 분위기의 광범위한 확산 등으로 냉전체제 해체 이후 10여 년간 미국 유일 헤게모니를 수용해 왔던 분위기가 점차 사라지면서, 미국의 일방주의에 비협조적이거나 심지어 거부하는 현상이 나타나게 되었다. 중국-러시아, 이란-러시아, SCO(상하이협력기구)의 활발한 연대, 미국과 중국 사이에서 인도의 이중플레이, 에너지자원 공급원 확보로 친미 일변도로 나아갈 수 없는 EU의 입장 등 모든 것은 미국에게 비우호적으로 바뀌었다.

미국의 압도적인 군사적 우위는 앞으로도 상당 기간 지속될 것이다. 그런 가운데 중국, 러시아, 이란, EU 등은 이제 세계정세의 각각

---

1 Statement by President Bush on Six Party Talks "North Korea—Denuclearization Action Plan," Washington, DC, February 13, 2007(http://www.state.gov/p/eap/rls/ot/2007/80491.htm).

2 Richard Armitage, "North Korea Is a Regional Problem While Iran Is a Global Issue," *Straits Times*, November 29, 2006.

중요한 하나의 전략단위로 부상중이다. 이들 각 전략단위들은 상호 전략적 이해관계 속에서 연대와 반미연합을 구축하면서 점차 미국의 유일 헤게모니 질서를 동요시켜 21세기 중반쯤 새로운 세계질서를 창출할 수도 있다. 이런 점에서 냉전체제 붕괴 후 상당 기간 유지되었던 미국 주도의 세계질서는 미국 우위의 다극체제(multi-polar system) 형태로 변화되고 있는 모습이다. 그럼에도 이들 국가 간 전략적 이해가 쉽게 일치하리라고 결론짓기에는 아직도 시기상조다. 그러나 이들 국가가 미국에 대항하여 국제관계의 '민주화'를 주장하고 있는 현실을 부정하기 어렵다. 물론 예상가능한 시기 안에 중국, 러시아가 새로운 세계질서를 주도할 가능성은 크지 않으나, 미국 일방주의에 의해 국제관계가 규정되는 현실은 점차 변화할 수밖에 없다.

미국의 21세기 세계제패(global primacy) 전략은 20세기 말엽 미국 전략가그룹의 대부로 자처하는 브레진스키가 내세운 새로운 지정전략학(Geostrategy)에 그대로 반영되어 있다. 그는 소비에트연방의 패배와 붕괴는 미국이 사실상 유일하고 최초의 세계강국으로 급부상하는 역사적 도정의 마지막 단계로 규정하였다.[3] 브레진스키는 유라시아가 세계의 지정학적 중추로, 미국의 가장 중요한 지정학적 목표로서 유라시아 '관리(manage)'가 세계제패의 관건이라고 설파하였다. 유라시아 서쪽의 유럽은 세계적인 정치·경제적 힘을 보유하고 있으며, 동쪽 지역의 아시아는 최근 경제적 성장의 중심으로 떠오르면서 정치적 영향력도 증대되고 있는 지역이다. 따라서 유라시아 지역에서 어떠한 단일국가 또는 국가 간의 조합이 유라시아로부터 미국을 축출하거나 미국의 역할을 축소시키는 것을 막아야 하며, 석유 등 천연자원의 보고인 중앙아시아의 배타적·독점적 지배를 관철해야 한다고 역설하였다. 특히, 그는 후배들에게 이슬람의 팽창을 적극 저지해야 한다는 충고를 결코 잊지 않았고, 이슬람의 팽창을 억제하기 위해서는 서구화

[3] Zbigniew Brzezinski, *The Grand Chessboard: American Primacy and Its Geostrategic Imperatives*, Basic Books, 1997, chap. I~II.

된 터키를 활용하라는 대안까지 제시하였다. 브레진스키의 새로운 지정학은 그와 비슷한 시기에 서구 문명의 총아인 미국의 '영원한 제국'을 설파한 헌팅턴(S. P. Huntington)이 미국에 도전할 수 있는 미래의 '악의 제국'으로 중동의 이슬람국가들을 지목하면서 '문명의 충돌'[4]을 예고하였던 것에 대한 화답이기도 하였다. 말하자면, 브레진스키의 새로운 지정전략학은 헌팅턴의 '보편문명'의 구현인 미국이 이끄는 세계질서의 전략적 구상으로 제시되었다. 그런 면에서 그의 논지 속에는 미국의 헤게모니가 하루빨리 전 지구적 차원에서 관철되어야 한다는 절박함이 묻어나 있다.

중동 지역에서 이라크전쟁을 감행하고 이란의 팽창을 억제해야 한다는 강박감에 시달리는 조지 부시 대통령과 한때 그의 참모들이었던 매파(U.S. hawks)는 사실 헌팅턴류의 21세기 문명관과 또한 그러한 가치에 기반한 브레진스키의 세계전략 구도를 충실히 따르는 사도들이 아닐 수 없다. 그러나 인류사 전대미문의 2001년 '9·11'로 미국의 내부적인 조락이 불가피하였다. 여기에다 미국의 세계적 유일패권은 '9·11'을 계기로 심각한 도전에 직면하게 되었다. 그럼에도 미국 대외정책의 매파들은 이러한 도전에 힘으로 즉각 대응할 것을 주장하고 나섰고, 그 결과 정치적·경제적 영역에서의 미국 헤게모니가 경향적으로 쇠퇴하는 추세를 극복하기 어렵게 만들었다. 더욱 안타까운 현상은 그 동안 미국 스스로 그러한 경향성을 전혀 인정하지 않고 거부해왔다는 데에 있다. 몇 해 전 미국이 이라크전쟁을 도발하기 이전에 미국 대외정책의 무모함을 지적하였던 왈러슈타인(I. Wallerstein)의 경고는 미국의 실패를 미리 예고하였다는 점에서 성찰적 의미가 크다. 그는 미국 매파가 주도하는 이라크 공격은 미국의 '점진적인' 쇠퇴국

---

4 헌팅턴의 보편문명의 기준은 '서구'와 '근대화' 두 요소를 말한다. 보편문명은 그리스-로마의 유산, 가톨릭과 프로테스탄트, 유럽어, 종교적·세속적 권능의 분리, 법치, 사회적 다원주의, 대의제, 개인주의를 포함하는 문명이다(S. P. Huntington, "The Clash of Civilization," *Foreign Affair*, 1993 Summer).

면을 군사적·경제적·이념적 차원에서 보다 '급격한' 쇠락의 길로 나아가게 할지도 모른다고 우려하였다. 그러나 문제는 미국 헤게모니의 쇠락 여부가 아니라, 미국은 어떻게 하면 미국 자신이나 전 세계에 큰 폐해 없이 명예롭게(gracefully) 쇠퇴하느냐 하는 데에 달려 있다는 지적도 우리의 주목을 끌기에 충분하다.[5]

부시 정권의 '네오콘'이 주도한 군사력 중심의 일방주의적 사고와 대외전략이 미국의 국력을 소진시켰고, 동맹국가와 미국에 전통적으로 우호적인 이웃의 지지를 잃게 만들었다. 미국은 미국과 경쟁관계에 있는 전략단위들의 연대가능성을 약화시키고 반미연합 형성을 막아야 했다. 대중(對中) 정책의 경우 지금까지의 억제와 봉쇄정책은 비효율적일 뿐만 아니라 더욱이 중국으로 하여금 러시아, EU, 인도, 그리고 중동 국가들과의 반미연대를 구축하도록 부추겼다. 여기서 미국의 '현실주의자들'은 대중 압박과 봉쇄전략의 한계를 인식하고 미·중 간 전략적 협력을 모색하는 방향을 고려하지 않을 수 없었다. 특히, 한반도의 비핵화에 대해서는 미국과 중국의 전략적 이해의 일치 속에서 미·중 협력구도가 작동할 수 있었다.

1.1.2. 「2·13 합의」: 부시 정부의 '전략적 선회'

「2·13 합의」는 미국 대북 정책의 변화에서 비롯되었다. 북한의 일방적인 선(先) 핵포기를 주장하면서 북·미 양자회담을 거부해 온 부시 행정부의 대북 정책의 전환은 이미 2005년 「9·19 공동성명」에서 예고되었다. 부시 행정부는 대북 강경자세에도 불구하고 북한의 핵보유 의지에 대해 '악의적인 무시' 외에는 마땅한 대응책을 찾지 못하고 있던 중에, 마침내 북한의 미사일 시험발사(2006. 7. 5)와 핵실

---

5 제2차 세계대전 이후 미국은 3번의 전쟁(한국전, 베트남전, 걸프전)을 통해 1번의 패배와 2번의 무승부를 기록하면서, 1970년대 이래 세계지배의 쇠퇴경향을 보여오던 중 '9·11'을 통해 하강국면을 그리고 있다(I. Wallerstein, "The Eagle Has Crash Landed," *Foreign Policy*, July-Aug. 2002).

험(2006. 10. 9)의 파국적 사태를 초래하고 말았다. 따라서 이번 합의로 인한 미국의 대북 정책의 변화는 북핵 '완전 폐기'로부터 핵무기 '확산방지'정책으로의 전환을 의미할 수 있다. 물론 그렇다고 미국이 북핵폐기정책을 전면 폐기한 것으로 보기는 어렵다. 미국은 현 단계에서는 더 이상의 상황악화를 방지하고 그 동안 미국이 강력히 주장해 온 북핵의 완전 폐기문제는 외교적인 타협과 협상에 의한 '장기과제'로 설정하면서, 북한을 미국의 동북아 전략구도 속에 끌어들여 관리하는 것이 효율적이라는 판단을 하였다고 할 수 있다.

다른 한편 북한의 생존전략으로서 주도면밀하고 일관된 대미(對美) 핵전략이 부시 정부의 현실적 타협을 끌어냈다는 사실도 간과할 수 없다.[6] 동북아 국제질서는 중동 지역의 국제정치적 역학관계와는 다르다. 미국은 북한을 상대로 동북아 지역에서 값비싼 대가를 치러야 하는 전쟁을 감행하기가 어렵다. 대북 무력제재에 한국과 중국의 동의를 얻는 것도 불가능하다. 대북 경제제재는 오랜 폐쇄경제체제를 유지해 온 북한에게 커다란 충격이 되지 못하였고, 특히 한국과 중국의 대북 경제제재에 대한 동참 불가 입장 때문에 미국은 한층 곤혹스러울 수밖에 없었다. 북한은 바로 이러한 미국의 한계를 활용해 비대칭전략을 적절히 구사해 왔다. 북한은 미사일과 핵을 내세운 비대칭전략으로 미국을 대화의 장으로 끌어들여 안보위협을 해소하는 데 실효를 거두기도 하였다. 그러나 북한 핵개발의 비대칭전략도 한계가 있다.[7] 북한이 추구하는 핵억지력이 북한의 체제안보를 보장할 수 있다는 생각은 머지않아 오류였음이 판명될 것이다.

미국의 사활적(vital) 이익은 중동 문제에 달려 있다. 이란, 이라크

---

[6] 미국의 입장은 180도로 변한 반면, 북한의 주도면밀하고 일관된(precise and consistent) 대미 핵전략의 승리라 할 수 있다. 이런 점에서 1970년대의 닉슨 쇼크에 비견되는 '부시 쇼크(Bush Shocks)'로 보는 시각도 있다(Gavan McCormack, "A Denuclearization Deal in Beijing: The Prospect of Ending the 20th Century in East Asia," *Japan Focus*, February 13, 2007(http://www.japanfocus.org/products/topdp/2354)).

[7] 조재길, 『북핵위기와 한반도 평화의 길』, 한울, 2006, pp. 318~326.

의 중동 문제 해결방식은 과연 미국이 앞으로도 21세기 세계를 관리하고 끌어갈 수 있느냐 하는 미국의 역량과 리더십의 바로미터가 아닐 수 없다.[8] NPT(핵확산금지조약)체제의 한계와 동요를 미국 책임으로 여기는 자성(自省)적 시각이 미국 내 여론주도층 사이에서도 나타나고 있다.[9] 이러한 상황에서 미국이 중동과 동북아 지역을 동시에 통제하는 힘을 행사할 수 있다고 믿는 사람은 많지 않다. 미국은 우선 상대적으로 협력가능한 지역부터, 그리고 쉽게 진화(鎭火)할 수 있는 문제부터 해결하여 '성공사례'를 만들어야 하는 절박한 상황에 처하였다. 이 가운데 동북아의 북핵문제가 놓여 있다. 미국은 동북아의 북핵문제가 성공적으로 해결된다면, 이를 추동력으로 삼아 중동 정치문제 해결에 새로운 전망을 제시하면서 드라이브를 걸 수 있다는 데에 커다란 기대를 품을 수 있다. 이에 미국의 대북 전략은 U턴으로 돌아섰다.[10] 바로 여기에 미국 대외정책의 현실에 대한 부시 대통령과

---

[8] 미국 국방부는 이라크 치안상황에 대한 최신 분기보고서에서 이라크의 상황이 미국이 감당하기 힘든 종파·종족 간 내전상태로 치닫고 있다고 솔직히 파악하였다(Measuring Stability and Security in Iraq March 2007 Report to Congress in accordance with the Department of Defense Appropriation Act 2007(Section 9010, Public Law 109-289)(http://www.defenselink.mil/home/pdf/9010_March_2007_Final_Signed.pdf)).

[9] 조지 슐츠, 윌리엄 페리, 헨리 키신저, 샘 넌 네 사람은 공동명의의 언론기고문을 통해 미국 주도의 NPT체제의 한계와 어려움을 토로하였다. 그들은 미국은 다른 핵보유국들과 함께 이미 보유하고 있는 핵무기를 폐기하는 실질적인 조치를 취함으로써 로널드 레이건 전 대통령과 미하일 고르바초프 전 소련 공산당 서기장이 레이캬비크 정상회담(1986. 10)에서 추구하였던 '핵무기 없는 세계(a world free of nuclear weapons)'를 선도해 나가야 한다고 제창하였다. 이 제의는 NPT체제가 안고 있는 구조적 문제점과 미국의 비확산정책의 이중성에 대한 지적이자 개선방안에 대한 주목할 만한 조언이다(By George P. Shultz, William J. Perry, Henry A. Kissinger, and Sam Nunn "A World Free of Nuclear Weapons," *The Wall Street Journal*, Eastern edition, Jan. 4, 2007, p. A15(http://pqasb.pqarchiver.com/wsj/access/1189149711.html?dids=118...)).

[10] Karen DeYoung and Glenn Kessler Washington Post Staff Writers, "Policy Successes—or U-Turns; Views Differ on Bush Moves on Iran, N. Korea, Mideast," Sunday, March 11, 2007, P. A18(http://www.washingtonpost.com/wp-dyn/content/article/2007/03/10/AR2007031001377.html).

그의 전략가그룹의 정치적 결단으로 부시판 대북 포용정책인 '전략적 선회(strategic swing)'가 나타났다.

1.1.3. 평화협정: 북핵을 넘어, 동북아 21세기 질서의 개막

미국은 조지 부시 대통령 제2기 출범 해인 2005년부터 새로운 대북 전략을 모색해 왔다. 미국은 북핵문제의 정면 해결은 불가능하며 53년간의 전쟁상태 종식이 문제해결에 도움이 될 수 있다는 판단하에, 당시 미 국무부 자문관 젤리코가 미국이 북핵문제 해결을 위한 평화협정 체결문제를 동시에 논의하는 '포괄적 새로운 대북 접근법(a broad new approach)'의 보고서를 제출하였던 것으로 알려졌다.[11] 이러한 '젤리코 보고서'는 「9·19 공동성명」에 적절한 별도 포럼을 통해 평화체제를 논의한다는 전반적인 합의이행 차원에서 검토된 새로운 대북 전략이라 할 수 있다. 2007년 「2·13 합의」 1주일 후 젤리코는 「평양의 움직임 구상」이라는 제하의 워싱턴포스트 칼럼에서 그의 보고서의 핵심 내용을 시사하는 대북 접근법을 소개하였다. 그는 2005년부터 라이스가 이끈 미국 국무부가 북핵문제를 '외교적' 전략과 '방어적' 접근의 두 측면에서 접근하였다고 밝혔다.

우선 외교적 전략(the diplomatic strategy)은 북핵문제의 근저에 한반도를 둘러싸고 강대국들이 각축해 왔던 동북아 지역의 구조적 형태에 착안하면서, 지금까지 전혀 시도되지 않았던 새로운 기획으로 동북아 지역의 상호 경쟁적인 강대국들인 중국, 일본, 러시아를 공동의 노력 속에 묶는 계기로 '북한 문제'에 접근한다는 전략이다. 이는 미국이 주도하는 동북아 협력구도 내에서 '북한 문제'를 해결함으로써 '북핵문제'를 해결할 수 있다는 인식의 전환을 의미한다. 말하자면,

[11] David E. Sanger, "U.S. Said to Weigh A New Approach on North Korea," May 18, 2006, Thursday (NYT); Foreign Desk Late Edition—Final, Section A, P. 1(http://select.nytimes.com / gst / abstract.html?res = F30E1FFC395A0C7B8DDDAC0894DE404482).

동북아의 역학구도 속에서 '북핵문제'의 근저에 놓인 '북한 문제'의 특수성에 착안한 것으로 볼 수 있다. 다른 한편 방어적 접근(the defensive approach)은 북한의 위폐, 돈세탁, 마약거래 등 불법행동에 대한 대응전략으로 방코델타아시아(Banco Delta Asia: BDA) 북한 계좌 동결조치 또는 유엔 제재결의 등 북한의 목줄을 죄는 압박전략을 말한다. 미국은 외교적·방어적 전략을 적절히 조합함으로써 한때 주춤거리는 모습을 보였지만, 북한 문제 해결에 새로운 이니셔티브를 구사하고 있다고 강조한다.[12] 이처럼 미국 국무부가 북한 핵문제를 '북핵문제' 그 자체를 넘어 '북한 문제'로 보면서, 대북 평화협정 체결을 통해 동북아 국제정치 구도를 변환한다는 발상의 전환이 젤리코 보고서의 핵심 논리로 이해된다. 한반도 평화협정 체결은 미국의 동북아 전략의 발상의 전환이자 새로운 시대를 열어 가는 변환외교의 결정체가 될 수 있다. 그런 점에서 평화협정은 북핵문제를 넘어 지체된 20세기적 냉전 유제(遺制)를 청산하는 분수령이 되면서, 비로소 동북아의 21세기를 여는 막(幕)을 올리게 된다.

1.2. 「2·13 합의」: 의의·구조·쟁점

「2·13 합의」는 북한의 비핵화 조치에 상응하는 조치의 합의문이다. 이러한 「2·13 합의」가 궁극적으로 북·미, 북·일 수교의 징검다리가 된다면, 이는 21세기 세계 속에서 아직도 극복되지 못한 동북아 지역의 20세기적 냉전 유산을 청산하는 합의문으로 기록될 수 있다. 또한 북핵문제의 해결과정에서 남북한을 비롯한 6자 간의 동북아판 새로운 '평화와 협력'의 틀을 창출할 수 있는 계기이기도 하다. 이런 점에서 북핵문제 해결과정을 통해 한반도 평화와 동북아 협력을 위한

12 Philip Zelikow, "The Plan That Moved Pyongyang," Tuesday, February 20, 2007, p. A13(http://www.washingtonpost.com/wp-dyn/content/article/2007/02/19/AR2007021900918_pf.html).

비전제시도 가능해진다.[13]

1.2.1. 의의

「2·13 합의」는 「9·19 공동성명」 이행을 위한 북한 핵포기의 초기조치에 대한 합의문으로, 다음과 같은 의의가 있다.

첫째, 북한 핵무기는 종국적 폐기대상이자, 당연 폐기대상이다. 이는 이미 「9·19 공동성명」을 비롯하여 유엔 안보리 결의안(1718-6조)에서 확인되었다. 특히, 안보리 결의안은 비상국제입법이라 할 수 있는바, 유엔 회원국인 북한은 당연히 이를 준수할 국제법적 의무가 있다. 「2·13 합의」는 「9·19 공동성명」의 합의 틀을 재확인하면서 「9·19 공동성명」과 유엔 안보리 결의안이 실천적 구속력을 지니지 않았던 점에 비해 구체적 실천단계로 초기 이행조치를 규정하고 있다는 점에서 한 걸음 진전된 합의였으며, 북핵문제 해결을 위한 첫걸음이었다.

둘째, 2002년 10월 HEU문제로 불거졌던 제2차 핵위기를 4년여 만에 매듭지어 북핵문제 해결의 전망을 제시하였다.

셋째, 「2·13 합의」는 1994년 10월의 제네바 북·미 기본합의문의 '동결 대 보상'의 '주고받기식' 거래방식을 되살렸다. 이런 점에서 부시 정부는 북한의 핵보유고를 한층 증대시킨 상태에서 마침내 ABC(Anything But Clinton)정책을 폐기함으로써 결국 클린턴 시대로 되돌아갔다.

요컨대, 「2·13 합의」는 북핵의 완전 폐기를 지향하고 있지만 현실적으로는 북핵 확산방지를 목표로 삼아, 추가적인 핵무기 생산 및 핵물질 추출을 억제하는 수준에서 북·미 간 타협이 이루어졌다. 즉, 핵폭탄과 핵물질인 과거 핵은 문제 삼지 않고 핵프로그램과 핵시설인

---

[13] 평화와 협력을 통한 북핵문제의 해결은 이란 핵문제 해결의 훌륭한 사례로 될 수 있다(James Goodby and Meiskanen, "It's About Time!," Policy Forum Online 07-016A, February 23rd, 2007(http://www.nautilus.org/fora/security/07016GoodbyHeiskanen.html)).

미래 핵을 동결한 협상이었다. 북한의 핵폭탄과 미사일은 미국에게 직접적인 안보위협 대상이 아니다. 그럼에도 북한은 미국이 우려하는 안보사안에 도전을 시도하지 않을 의사를 분명히 밝힌 것으로 볼 수 있다. 「2·13 합의」를 도출할 수 있었던 지난 1월의 북·미 간 베를린 회동에서, 미국이 북한 핵보유를 문제 삼지 않는 대신 미국이 우려하는 핵무기·핵물질의 해외유출에 대한 북한의 보장방식 형태의 북·미 간 빅딜이 있었다.[14] 이러한 형태의 북·미 간 빅딜은 중국도 지지하는 방식이라 할 수 있다.

한국은 북핵의 직접적이자 최대의 피해당사자 입장에 있으면서 북·미 간 핵협상과정에서 핵심적 사안의 논의에서는 완전히 배제된 것으로 보인다. 다만 북·미협상 후 협상 후속조치, 예컨대 대북 경제·에너지 지원부담 등의 문제에서 조정역할에 만족하였다. 미국, 중국, 러시아 등 강대국의 안보에 실질적 위협이 되지 않는 북한 핵무기의 비공식적 보유에 한국은 불가피하게 동의할 수밖에 없었지만, 한국의 국가안보에 최대의 위협사안인 '북한 핵폭탄 공인'이라는 엄청난 현실을 방기하는 결과를 초래하고 말았다.

1.2.2. 구조

「2·13 합의」의 구조는 ① 비핵화 조치: 상응조치, ② 북한의 안보우려 해소: 미국의 대북 적대시정책 해소, ③ 합의이행체제 구축 등 세 차원에서 파악된다.

첫째, 비핵화 조치로는 두 단계가 있다. 비핵화의 초기 조치로 60

14 Jim Yardley (NYT), "Private Talks Held in Berlin Spurred Sides To Reach Deal," February 14, 2007 Wednesday, Foreign Desk Late Edition—Final, Section A, p. 10; Helene Cooper and Jim Yardley (NYT), "Pact With North Korea Draws Fire From a Wide Range of Critics in U.S.," February 14, 2007 Wednesday, Foreign Desk Late Edition—Final, Section A, p. 10; Dabid E. Sanger and Thom Shanker (NYT), "Rice Is Said to Have Speeded North Korea Deal," February 16, 2007 Friday, Foreign Desk Late Edition—Final, Section A, p. 3.

일 이내에 영변 핵시설 폐쇄·봉인(shutdown·seal) 및 IAEA 사찰관 복귀초청을 이행해야 한다. 여기에는 5mW/E·50mW/E·200mW/E 원자로, 재처리시설, 핵연료봉 제조공장 폐쇄·봉인 및 IAEA 사찰관의 감시 및 검증이 이루어져야 한다. 그리고 모든 핵프로그램의 협의가 이 기간 동안 이행되어야 한다. 초기 단계 조치에 상응하는 조치로 미국은 BDA관련 대북 금융제재문제를 완결해야 하며, 5개 실무그룹(W/G)이 가동된다. 또한 중유 5만t 상당의 대북 긴급 에너지지원이 이루어진다.[15] 비핵화 다음 단계(4월 15일 이후) 조치로 북한은 '모든 핵프로그램의 완전 신고'와 함께 '모든 현존 핵시설의 불능화'를 이행해야 한다. 이에 상응하는 조치로 중유 95만t 상당의 대북 에너지 지원이 이루어진다.

둘째, 북한의 안보우려 해소문제는 미국의 대북 적대시정책의 해소 차원에서 접근된다. 북한은 미국이 핵무기의 수요를 창출하였기에 핵개발을 하였다는 입장으로, 핵무기를 미국의 대북 고립·압살정책의 산물로 주장해 왔다. 따라서 북한의 안보문제와 대북 적대시정책과 관련된 비핵화 조치의 상응조치로는 미국의 북·미관계 정상화를 위한 양자대화 개시로 합의하였다. 북·미 양자대화에서는 테러지원국 지정 해제 및 적성국 교역법 적용 종료문제를 다룬다. 이는 북한이 오랫동안 요구해 온 대미 협상의 핵심적 사항이다. 북한이 이번 「2·13 합의」를 전격적으로 수용한 데에는 이 두 사안에 대한 미국의 정치적 의지를 기대하였기 때문이다. 또한 한반도 평화체제에 관한 협상을 갖는 문제도 북한의 안보우려 해소에 기여한다. 「9·19 공동성

15 북한은 리비아식 전례에 따를 것을 권고한 2004년 6월 미국의 '전향적인 제안'을 거부하면서, 핵동결에 따른 미국의 보상조치에의 참여 여부를 핵문제 해결의 관건임을 주장하였다. "조선 외무성 대변인 미국의 '전향적인 제안'은 론의할 가치도 없다"("미국은 우리가 비핵화 목표를 천명한 데 맞게 대조선 적대시정책 포기를 공약하고 그에 따르는 첫 단계 보상조치로써 우리에 대한 경제제재와 봉쇄를 해제하고 '테러지원국' 명단에서 삭제하며 200만kW 능력의 에너지 보상에 직접 참가해야 할 것이다. 우리의 핵동결에 따르는 보상조치에 미국이 참가하는가, 마는가 하는 것은 핵문제 해결의 열쇠로 된다")(조선중앙통신, 2004. 7. 24).

명」에서와 마찬가지로 「2·13 합의」에서 "직접 관련당사국들은 적절한 별도 포럼에서" 협상을 갖는다고 재확인하였다.

셋째, 5개 실무그룹의 설치로 합의이행체제를 구축하였다. 이 점은 「2·13 합의」가 지금까지의 여타 합의에 비해 보다 진전된 형태로써 앞으로 비핵화의 구체적 이행가능성을 기대하게 한다. 한반도 평화체제는 북한의 비핵화보다 한층 큰 의미를 지닌 것으로, 대북 적대정책을 취하기 어렵게 만드는 제도적 장치이며, 동북아의 협력적 안보협의체 구축으로 발전될 수 있는 사안이다.

「2·13 합의」는 북한과 6자회담 관련국 모두를 어느 정도 만족시키는 윈윈(win-win)협상이었다. 특히, 북한의 비핵화 조치의 진전수준만큼 그에 상응한 정치적·경제적인 대북 인센티브를 제공한다는 방식으로, '행동 대 행동(action for action)'의 원칙이 반영되었다. 따라서 북한 핵시설의 폐쇄·봉인으로부터 핵폐기의 최종적인 종착역까지 나가는 만큼 인센티브가 제공되는 방식이라 할 수 있다.

1.2.3. 쟁점

우선 북한 핵무기 및 핵물질의 실체에 대한 이해가 선행될 필요가 있다. 북한 핵실체 및 핵능력에 대한 뚜렷한 판단을 내리기는 힘드나, 플루토늄 50kg 정도의 보유량을 추정하고 있다. 전성훈은 북한의 플루토늄 보유량을 32.5~51.5kg으로 추정하였다. 대개 핵폭탄 하나에 4kg, 5kg, 6kg의 플루토늄을 사용할 경우 각각 5kt, 10kt, 20kt의 폭발효과를 얻을 수 있다. 플루토늄량의 조합에 따라 북한이 5kt/4kg급 핵무기를 만들었을 경우 8~13개, 10kt/5kg급의 경우 6~10개, 그리고 20kt/6kg급의 경우 5~9개의 핵무기를 제조·보유할 수 있다고 밝혔다. 더욱이 북한이 플루토늄량을 최소화하는 개발능력을 보유하였을 경우 5kt/2.5kg급 핵무기는 13~21개 수준으로 증대된다.[16]

---

[16] Cheon Seongwhun, *Cooperative Denuclearization of North Korea*, KINU: Korea Institute for National Unification, 2006, pp. 61~87.

한편, 금년 2월 초 방북 후 제출한 과학국제안보연구소(ISIS)의 올브라이트 보고서에 의하면,[17] 2007년 2월 현재 북한은 대략 46~64kg의 플루토늄을 확보하고 있으며, 그 가운데 28~50kg은 핵무기 제조에 활용된 것으로 추정된다고 밝혔다. 핵무기 제조에 6kg 정도의 플루토늄이 소요된다면, 북한은 4~8개의 핵탄두를 제조할 수 있다. ISIS는 플루토늄 추정치는 과학적 계산과 관련문건, 그리고 북한 현지를 방문하였던 전문가들의 자료를 종합한 결과라고 하면서, 이들 플루토늄의 99%는 북·미 간 핵위기로 핵물질 생산과 재처리과정에 대한 동결상태가 해제된 2002년 후반 이후 분리추출된 것으로 보인다고 밝혔다. 그와 함께 올브라이트가 북한이 초보단계(crude) 핵탄두를 노동미사일에 탑재할 능력이 있는 것으로 판단한 점이 주목된다.

북한은 핵무기 개발의 초기 단계에서부터 운반수단의 개발을 염두에 두고 있었으며, 지난 1994년 이후 핵탄두를 노동미사일에 탑재하기 위한 연구를 추진해 오면서 핵탄두 소형화 설계도를 파키스탄을 통해 입수하였을 가능성이 매우 높고, 이들 핵탄두가 노동미사일에 탑재될 수 있도록 소형화시켰을 것으로 주장하였다.[18] 아울러 ISIS는 북한이 위기에 처할 경우 추가 핵실험을 실시하고 선박을 향해 폭발실험을 감행할 가능성이 있다고 밝혔다. ISIS는 또 전쟁이 발발한다면 북한은 남한과 일본에게 핵탄두를 발사할 수도 있음을 시사하였다. 북한의 핵무기 및 핵물질에 관한 보다 구체적인 쟁점은 다음과 같다.

① 북한 핵무기 폐기와 핵물질 처리문제에 대한 불명확한 규정: 핵무기 폐기문제는 "「9·19 공동성명」 제1조를 상기하면서"(II-5)와 같이 간접적 합의규정에 그쳤다. 이는 북한의 핵보유 자체를 문제 삼는

[17] David Albright and Paul Brannan, *The North Korean Plutonium Stock,* February 2007, Institute for Science and International Security(ISIS), February 20, 2007.
[18] 연합뉴스, 2007. 2. 22.

다면 협상을 진전시킬 수 없었고, 협상이 이루어지지 않는다면 북핵의 상황악화를 봉합하기 어려운 현실을 고려한 미국 입장의 반영이었다. 그 결과 「9·19 공동성명」에서 합의한 "모든 핵무기와 현존하는 핵계획의 포기" 가운데 '모든 핵무기'문제는 "「9·19 공동성명」 제1조를 상기하면서"의 수준에서 자제하고, '현존 핵계획'을 중심으로 합의를 이루었다.

미국은 북한 핵무기의 궁극적 폐기를 목표로 삼고 있지만 북한 핵이 미국의 실질적인 안보위협이 되기에는 상당한 시간이 요구된다. 따라서 미국은 북한 핵무기의 수출이나 핵물질의 유출을 통제하는 수준에서—물론 북한도 핵무기·핵물질의 수출·유출은 매우 신중하게 접근할 것이다—북한 핵을 관리·통제하는 전략으로 바뀌었다. 이 경우 미국은 북핵의 폐기의지와 바람에도 불구하고 현실적으로 NPT체제 밖에서 비공식적 핵보유국으로 인정받고 있는 파키스탄 모델을 수용할 수밖에 없는 것이 아닌가 하는 의구심을 불식시키기가 쉽지 않다.

그러나 한국의 입장은 미국과 다르다. 이제 북한 핵을 '머리에 이고' 안보와 평화문제를 해결해야 하는 한국의 입장은 상당히 난처하고 어려운 국면에 처하였다. 과연 한국의 입장에서 북한 핵보유를 전제로 한 한반도 평화체제 구축은 가능한가? 한국은 지금까지 한반도 평화체제 구축방식에서 북한의 핵보유를 전제로 접근하지는 않았다. 더욱이 북핵문제 해결과정에서 미국의 정책적 추진방향과 한국의 북핵 불용의 원칙 및 추진방향 사이의 불협화가 드러나는 상황이 나타날 수 있다.

② 영변 핵시설의 폐쇄·봉인(shutdown·seal Ⅱ-1): 이는 초기 조치의 실천대상으로서, 미국은 이를 구체적인 성과물로 여긴다. 그러나 폐쇄·봉인 합의와는 달리 북한은 '동결(freeze)'을 의미하는 '가동 임시중지'(조선중앙통신, 2007. 2. 14)로 표현하고 있는 점이 주목된다. 그러나 연간 약 6kg 정도의 플루토늄을 생산하는 영변 핵시설의 폐쇄·봉인은—현 단계 북한으로서는 이 시설의 효용가치가 과거에 비해

크지 않지만—북한으로서는 최종적인 핵폐기로 가는 초기 조치의 가장 뚜렷한 실천적 증표라는 점에서 의미가 있다.

초기조치 폐쇄대상 핵시설 목록, 즉 ① 핵연료봉 생산시설, ② 5mW/E 실험용 원자로, ③ 건설중인 50mW/E 원자로, ④ 건설중인 200mW/E 원자로(평북 태천), ⑤ 방사화학실험실(재처리시설) 등의 폐쇄대상들은 이미 알려진 「제네바합의문 비공개 양해각서(Confidential Minutes)」 전문 가운데 제3항의 합의사항과 일치한다는 점은 주목을 요한다.[19] 비공개 양해각서 제3항은 다음과 같다. 즉, "북한의 흑연감속로와 관련설비의 동결조치에는 다음의 사항들이 포함된다. ① 5mW/E급 시험용 원자로의 연료 재장전 및 가동금지, ② 50mW/E 및 200mW/E급 원자로의 건설 중지, ③ (사용 후 연료의) 재처리 금지, ④ '방사화학실험실'의 봉인 및 가동 중지, ⑤ (핵)연료 가공공장의 가동 중지"가 그 내용인데, 이 합의사항과 이번 폐쇄대상 핵시설 목록은 거의 일치한다.

이처럼 「2·13 합의」의 핵심 내용은 핵시설의 '불능화'('무용화')에 초점을 맞추었다. 제네바 기본합의문의 비공개 양해각서에서는 '동결' 조치 대상에 포함하였으나, '동결'이든 '불능화'이든 핵시설의 대상은 거의 일치하고 있다. 이 핵시설들은 13년 전 당시에는 포기할 수 없는 시설이었지만, 핵무기와 핵물질을 보유한 현 단계에서는 전략적 가치가 크게 감소하였다는 점에서 미국의 정치적 대가가 보장된다면 불능화에 대한 북한의 전향적인 조치를 기대할 수 있다. 이런 점에서 클린턴 정부의 북·미 간 합의사항을 부시 정부에서 실천 차원에서 재확인한 데 불과하다고 할 수 있다. 결국 북한의 '미래 핵'을 동결하는 우선조치는 13년 만에 다시 원점에서 출발해야 하는 상태로 되돌아간

19 북한은 2002년 10월 25일 조선 외무성 대변인 담화 "조·미 사이의 불가침조약 체결이 핵문제 해결의 합리적이고 현실적인 방도"에서 처음으로 '기본합의문에 따르는 비공개 양해록'의 존재를 밝혔다. 그럼에도 '비공개 양해록' 전문은 공개하지 않았다.

셈이다.

한편, 여기서 반드시 상기되어야 할 사안은, 핵시설 불능화와 경수로 지원문제가 연계되어 있다는 사실이다. 미국이 제네바 기본합의의 핵심 사안인 경수로 지원문제를 거부한 것은, 경수로 사용 후 핵연료의 재활용에 대한 우려와 불신 때문이었다. 그러나 핵시설 불능화, 특히 사용 후 연료의 재처리시설이나 핵연료봉 생산시설 등을 재가동할 수 없는 수준으로 완전 불능화가 이루어진다면 경수로는 원천적으로 우려대상이 될 수 없다. 따라서 불능화가 이루어지는 데 맞추어 중단된 경수로 공사를 즉각 재개해야 한다. 물론 경수로공사 재개과정에서 경제적 부담문제는 미국과 균등부담원칙을 관철시킬 필요가 있다.

③ HEU(고농축우라늄)문제: 부시 행정부는 2001년부터 6년 동안 줄곧 북·미 직접협상을 거부해 왔다. 그리고 2002년 10월 고농축우라늄 핵개발계획(HEUP)을 들추자 이에 대한 북한측의 '시인'을 계기로 북·미 기본합의서를 위반한 것으로 비난하면서 이른바 'HEU 소동'이 벌어졌다. HEU를 '모든 핵프로그램의 완전한 신고'대상에 포함시키느냐 하는 문제에 대해 북·미 간의 견해차이가 크다.[20] 그런 가운데 최근 「2·13 합의」 분위기 속에서 미국 핵정책관련 전문가그룹은 북한의 HEU 프로그램의 실체를 평가절하하고 있는 분위기가 주목된다.[21]

[20] 힐(Christopher R. Hill)은 북한이 아직 우라늄농축 핵프로그램을 통해 핵무기를 확보할 수 있는 기술수준에는 이르지 못하였음을 강력히 시사하였다(Update on the Six-Party Talks with Christopher R. Hill, *The Brookings Institute: Center for Northeast Asian Policy Studies*, Washington, D.C. Thursday, February 22, 2007; 연합뉴스, 2007. 2. 23).

[21] 당시 부시 대통령의 대북 강경정책에 부응한 CIA를 비롯한 미국 정보 당국의 강경 분위기의 반영으로 볼 수 있다(David Albright, *North Korea's Alleged Large-Scale Enrichment Plant: Yet Another Questionable Extrapolation Based on Aluminium Tubes*, The Institute for Science and International Security(ISIS), February 23, 2007; David E. Sanger and William J. Broad, "U.S. Had Doubts on North Korean Uranium Drive," *The New York Times* March 1, 2007(http://www.nytimes.com/2007/03/01/washington/01korea.html?n...)).

북한의 HEU 프로그램이 무기급으로 발전되기에는 기술적으로 한계가 많은 수준미달에 불과하다는 사실은 문제의 본질이 아니다.

HEU의 핵심은 신뢰의 문제다. 북한이 제네바 기본 합의의 준수의무에도 불구하고 은밀히 파키스탄과 거래를 통해 HEU 프로그램을 추진하였다는 사실은, 북한의 합의준수에 대한 신뢰를 무너뜨린 행위가 아닐 수 없다. 따라서 비록 낮은 단계라 하더라도 북한은 HEU 프로그램의 실체를 밝혀 의혹을 해소하고 양해를 구해야 한다.[22] 제2차 북핵위기를 고조시킨 미국의 HEU 소동에 대해 미국의 '체면 살리기' 차원에서도 북한의 진지하고 솔직한 입장이 바람직하다. 북한이 핵무기 개발용이 아닌 연구용 우라늄농축 프로그램(UEP)의 존재를 시인한다면, 미국은 이를 수용하는 식의 해법적용이 바람직하다.

④ 핵시설 불능화: 60일 이내의 초기 조치가 완료된 '다음 단계'의 핵심적 이행조치라 할 수 있다. 미국은 핵시설 '불능화'를 '되돌릴 수 없는(irreversible) 것', 사용불가, 폐기와 다름없는 상태로 해석한다. 이는 동결(freeze)과 포기(abandon) 또는 폐기(dismantle)의 중간단계로 해석될 수 있다. 즉, 동결→불능화(disablement)→폐기의 발전과정으로 볼 수 있다. 미국은 북한의 핵시설 불능화가 이루어졌을 때, 상응조치로 테러지원국 해제문제를 논의할 수 있다는 입장이다. 그와 함께 불능화 단계까지 얼마나 걸리느냐—5개월 또는 10개월 등—하는 문제는 월별 대북 중유지원규모와 관련되는 문제라는 점에서 관련국의 관심사항일 수밖에 없다. 핵시설 불능화 단계의 속도와 수준은 미국의 상응조치에 달려 있다. 비핵화 초기 단계를 거쳐 다음 단계인 불능화 단계가 본격적으로 시작된다면 북·미관계 정상화 워킹그룹에서 테러지원국 해제문제와 적성국 교역금지법 적용 종료과정 진전은 한층 적

---

22 HEUP는 4,000여 개의 원심분리기를 1년간 가동해야 핵탄두 1개 제작분량인 HEU 8kg이 만들어진다. 북한에 유입된 원심분리기는 20여 개 정도로 추정된다. HEU는 은닉성이 뛰어나며, 우라늄 원자탄은 안정성과 신뢰도가 높아 플루토늄탄과 달리 핵실험이 필요 없다.

표 1 | 「9·19 공동성명」과 「2·13 합의」(9·19 공동성명 이행을 위한 초기 조치) **비교**

합의문 / 사안	9·19 공동성명	2·13 합의	비 고
핵무기	포기(1조)	공동성명 1조 상기(Ⅱ-5)	
현존 핵계획	포기(1조)	포기(Ⅱ-2)	HEU 프로그램 포함 여부
영변 핵시설	–	폐쇄(shutdown)·봉인(seal)(Ⅱ-1)	북한: 가동 임시중단
NPT·IAEA	복귀공약(1조)	복귀초청(Ⅱ-1)	
경수로	적절한 시기에 논의(1조)	–	미국: 핵폐기 전제로 논의가능
북·미관계	관계정상화 조치 약속(2조)	양자대화 개시(Ⅱ-3) -테러지원국 지정 해제 과정 개시 -적성국 교역법 적용 종료과정 진전	
북·일관계	관계정상화 조치 약속(2조)	양자대화 개시(Ⅱ-4)	납치자문제 해결 이후 대북 지원 참여
경제협력	에너지, 교역 및 투자분야 경협 약속 -대북 200만kW 전력공급 제안(2005. 7. 12) 재확인(3조)	공동성명 3조 상기(Ⅱ-5) -초기 조치 단계(60일)에 중유 5만t 긴급운송	한국 부담
		핵프로그램 완전신고 및 현존 핵시설 불능화(disablement)를 포함한 다음 단계 기간중 중유 95만t 상당의 경제·에너지 지원(Ⅳ)	분담원칙
한반도평화체제	직접 관련당사국, 적절한 별도 포럼(4조)	직접 관련당사국, 적절한 별도 포럼(Ⅵ)	
실무그룹(W/G)	–	5개 분야 W/G 설치합의(Ⅲ)	30일 이내 개최
6자 장관급회담	–	장관급회담 개최(Ⅴ)	초기 조치 이행평가 및 동북아 안보협력 모색

극성을 띠게 된다(〈표 1〉 참조).

한편, 합의에 이른 북한의 입장도 중요하다. 북한은 핵보유 이외에 체제보장의 다른 방도를 찾을 수 없으며, 핵무기 보유를 최선의 안전보장으로 여긴다.[23] 이러한 북한은 이번 「2·13 합의」의 전략으로 두 가지 협상프로그램을 창안하였다. 하나는 핵무기 프로그램에 대한 협상이고, 다른 하나는 이미 보유한 핵무기와 핵물질을 분리하여 협상에 임하였다. 북한은 영변 원자로와 핵시설에만 한정하여 협상대상으로 삼았다. 이는 제5차 2단계 6자회담을 휴회하면서 향후 회담전망에 대해 입장을 밝힌 북한측의 주장을 되돌아보게 한다. 당시 북한측 대표는 "핵무기문제는 미국이 대북 적대시정책을 완전 철회하고 신뢰가 조성되어 핵위협을 더는 느끼지 않을 때 가서 핵무기문제를 논의하자"고 하면서, "현 단계에서는 현존 핵계획 포기에 대해 논의할 수 있다"는 분명한 입장을 밝혔다.[24] 그 후 미국은 지난 1월 북·미 베를린 회동에서 북한의 '현존 핵계획 포기논의'만을 수용함으로써 제5차 3단계 6자회담의 진전을 볼 수 있었던 것으로 이해된다. 요컨대, 북한은 핵무기나 플루토늄 그 자체는 논의대상에서 제외한다는 원칙을 고수하였고, 미국은 북한의 입장을 받아들였다. 북한은 영변 핵시설이 더 이상 전략적 가치가 없다고 본다. 북한은 영변 핵시설을 가지고 협상에 나섰으며, 미국은 이를 전격적으로 수용하였다.

미국의 부시 대통령은 지난 6년간 북한 문제에 대해 실패하였다고 판단하고 북한의 핵프로그램을 일단 멈추고 제거하기 위해 협상으로 돌아섰다. 즉, 대북 접근법이 바뀌었다. 북한과 미국의 베를린 회동은 북한의 입장을 전격적으로 수용한 협상이었다. 이런 변화가 2년 후 아무런 조치가 없어서 북한이 더 많은 핵무기를 갖는다면 미국의 새 행정부가 북핵문제를 돌이키기 훨씬 더 어려울 것으로 판단하였

---

[23] G. Samore, "Samore: 'Very Skeptical' New Talks with North Korea Will Bring Progress," November 1, 2006(http://www.cfr.org/publication/11889/).

[24] 「김계관 북한 외무성 부상 문답」, 연합뉴스, 2006. 12. 22.

다.[25] 특히, 이번 합의에서 주목되는 점은 북한이 얻는 경제적 이익은 예상보다 크지 않다는 사실이다. 북한은 핵폐기에 대한 경제적 보상보다는 보다 근본적인 보상을 바란다. 북한이 협상타결을 결단한 데에는 핵폐기에 대한 상응조치로 미국의 대북 적대시정책의 변화가능성, 즉 부시 정부의 정치적 의지에 대한 기대가 크게 작용하였다.[26]

미국 재무부는 BDA에 동결된 북한 자금 2,500만 달러 해제방침을 발표(3. 19)함으로써 6자회담을 둘러싸고 북·미 간 갈등사안이었던 BDA문제는 완전 해결되었다.[27] 북한은 그 동안 BDA문제가 해결되지 않으면 6자회담에 복귀할 수 없다고 버텼고, 미국은 6자회담과 BDA 문제는 별개라면서 BDA는 법률적 문제라고 협상을 거부해 왔다. 또한 북한은 양자회담을 요구하였지만 미국은 6자회담의 틀 안에서가 아니면 회담을 하지 않겠다고 하였다. 그러한 미국이 BDA문제에서 한 발짝 물러섰다. 미국의 입장은 변하였지만, 북한의 기본 입장이 바뀐 것은 없다. 북한은 미국과 관계를 개선할 필요와 의지를 가지고 있다. 북한은 미국의 실질적인 도움이 필요하지만 부시 행정부 이후 이를 얻어 내기가 쉽지 않을 것으로 보고, 미국과 전술적인 협상이 가능하다고 판단하였을 수 있다. 북한의 핵프로그램 일부의 포기를 기대할 수는 있으나 완전한 체제보장에 대한 확신 없이 핵무기 포기를 결단하기까지는 상당한 시간이 소요되는 일이며, 또한 많은 난관이 도사리고 있다. 그럼에도 한반도 비핵화를 통한 평화체제 구축과정이 한반도의 평화와 동북아 공동번영의 코스라는 점은 명백하다.

---

25 「잭 프리처드 KEI 소장 일문일답」, 연합뉴스, 2007. 2. 1.

26 Robert Carlin and John W. Lewis, "What North Korea Really Wants," *Washington Post*, Saturday, January 27, 2007, p. A19(http://www.washingtonpost.com/wp-dyn/content/article/2007/01/26/...).

27 March 19, 2007 HP-322, Statement by DAS Glaser on the Disposition of DPRK-Related Funds Frozen at Banco Delta Asia(http://www.treas.gov/press/releases/hp322.htm).

2 한반도 평화체제 구축: '비핵화·평화체제'의 연계

2.1. 비핵화와 한반도 평화체제

한반도 평화체제 논의는 「9·19 공동성명」을 계기로 부쩍 활기를 띠게 되었다. 한반도 평화체제는 '비핵화'와 불가분의 관계에 있다. 지금까지 '선 비핵화, 후 평화체제' 논리와, '선 체제보장, 후 비핵화' 논리로 평행선을 그어 왔다. 전자가 미국의 입장이라면, 후자는 북한의 주장이었다. 그러나 최근 한반도 비핵화와 평화체제 구축의 병행추진 또는 양자의 선순환구조의 측면에 주목하기 시작하면서, 마침내 2005년의 「9·19 공동성명」과 2007년의 「2·13 합의」에 의해 양자의 조응관계를 발견하였다. 그에 따라 양측 모두 한반도 평화체제 구축 문제에 한 발 다가서게 되었다.

2.1.1. 한반도 평화체제의 세 측면

① '과정(process)'으로서의 평화체제: 단순히 전쟁의 법적 종결에 국한되는 것이 아니라, 남북 및 국제적 차원의 제반 긴장요인을 포괄적으로 해결하면서 평화를 제도화하고 정착시켜 나가는 장기적 과정 →평화체제 구축은 평화협정 체결과 같은 일시적 사건이 아니라, 포괄적이고 장기적 과정

② '한반도 문제의 국제적 사안'으로서의 평화체제: 한반도 평화문제는 정치, 군사, 경제 등 다양한 분야에서 민족 내부적 요소와 북·미와 북·일 간 안보현안 등 국제적 요소들이 혼재되어 상호작용→관

련당사국들 간 국제적 협력을 통한 조화와 보완 요구

③ '평화적·점진적 통일의 제도적 기반'으로서의 평화체제: 국제사회의 보편적 평화 프로세스와는 달리, 한반도 평화체제는 남북 평화공존 실현과 남북연합으로의 진입을 위한 제도적 기반을 제공하는 과도기적 체제 ➡ 한반도 문제의 과도한 국제화 지양, 남북 당사자 간 해결노력과 국제적 협력의 조화가 중요

한반도 평화체제는 한반도에서 평화가 완전히 정착된 상태를 뜻하는 결과적 상황이 아니라 평화의 제도화 과정 그 자체를 의미하며, 한반도의 평화는 동북아의 안정과 평화와 불가분적 관계라는 점에서 국제적 사안일 수밖에 없다. 그리고 평화체제가 한반도 분단의 영구적 제도화로 나아가는 것은 허용될 수 없다. 그런즉 한반도 평화체제 구축은 반드시 통일추진과정과 함께 접근되어야 한다.

한반도 평화체제의 개념에 대한 남북한 간 공유된 인식은 "남과 북은 현 정전상태를 남북 사이의 공고한 평화상태로 전환시키기 위하여 적절한 대책을 강구한다"는 합의문구에서 처음 나타났다(「'남북 사이의 화해와 불가침 및 교류·협력에 관한 합의서'의 '제1장 남북화해'의 이행과 준수를 위한 부속합의서」 1992년 9월 17일 발효, '제5장 정전상태의 평화상태로의 전환'(제19조)). 요컨대, 이 합의문에서 평화체제는 이른바 '공고한 평화상태'로 파악되었다.

"남과 북 사이의 '공고한 평화상태'", 즉 한반도 평화체제는 전쟁의 법적 종결 및 전쟁방지와 평화유지를 위한 제도적 장치를 마련함으로써 정전상태를 평화상태로 전환하는 한편, 남북 및 국제적 차원에서 상호 적대적 긴장관계를 초래하였던 제반 긴장요인들을 완화·해결함으로써, 항구적 평화정착을 위한 제도적 발전의 실현상태를 의미한다. 우선 평화체제의 구성요소인 전쟁의 법적 종결과 제도적 장치는 평화협정으로 마련될 수 있다. 그와 함께 국제적 차원에서 북·미, 북·일관계 정상화가 이루어져야 한다. 마지막으로 남북 간에는 군사

적 긴장완화와 신뢰구축, 군축 등의 문제가 평화체제 구축의 실질적 요소가 된다.

한반도 평화협정의 체결은 한반도 평화구축을 위한 법적·제도적 환경조성 차원에서 추진될 수 있다. 한반도 평화협정(Korean Peace Agreement, 가칭)은 '선 협정, 후 평화체제 구축'방식이다. 이는 한반도 평화구축을 '협정'이라는 정치적 결단을 통해 접근하자는 제안이다. 평화협정방식은 한반도 평화에 대한 점진적·단계적 접근방식을 압축하는 평화전략이라 할 수 있다. 즉, 평화협정을 통해 평화정착의 토대를 마련하고 '공고한 평화상태'로서의 평화체제 구축을 앞당길 수 있다는 논리다. 일반적으로 한반도 평화체제 확립은 장기간의 긴장상태 완화와 신뢰구축을 거쳐 군비통제 및 군축 등 평화정착의 실질적 과정의 최종적 단계를 의미한다. 그러나 평화협정은 이러한 점진적 방식과는 다른 경로로, 관련국 간 협정을 통한 정치적 일괄타결을 추구하는 방식이다.

평화협정은 한반도 평화체제 구축을 위해 필수불가결한 요소이나, 평화체제(Peace Regime)가 평화협정보다 포괄적인 개념이다. 평화체제 구축은 상당한 기간이 소요되나, 당사자 간 합의만 되면 언제든지 추진할 수 있는 평화협정 체결을 통해 평화체제 구축을 앞당길 수 있다. 이제 「9·19 공동성명」과 더불어 실천적으로 한 단계 진전된 「2·13 합의」로 세계사적 지체현상인 동북아 냉전체제를 허무는 쐐기를 박으면서, 한반도 평화체제 구축을 위한 '직접 관련당사국' 간의 평화협정문제가 가시화되었다.

2.1.2. 한반도 평화체제 접근구도의 변화: 한국 '평화 이니셔티브'의 한계

한반도 평화체제 구축 및 평화협정문제의 논의는 1990년대 초반부터 한반도의 안보와 평화정착 연구에서 핵심적 사안이었다. 그러나 한반도 평화체제 구축을 위한 지금까지의 접근방식에 비해 「9·19 공동성명」과 「2·13 합의」 이후의 접근방식의 전제는 달라졌다.

첫째, 한반도 평화체제 구축과정과 평화협정에 대한 이해는 당연히 한국 주도이자 한국의 중심적 역할을 전제로 접근하면서 북한과 미국의 호응을 기대해 왔다. 즉, 한국의 '평화 이니셔티브'를 전제로 접근해 왔다. 그러나 상황은 이제 북·미 중심으로 전개될 가능성이 높아졌다. 지금까지 한반도 평화체제 구축을 위한 바람과 노력에도 불구하고 실질적 진전을 이루지 못하였다. 이는 북·미관계 정상화를 평화체제 구축의 핵심 사안으로 주장해 온 북한의 입장과, 미국의 소극적인 태도 때문이기도 하다. 미국은 한반도 평화체제 구축문제에 대해 진지하게 접근해야 할 적극적인 이유를 찾을 수 없었다. 그러나 미국은 이제 비로소 북한 핵폐기를 목표로 하는 한반도 비핵화와 평화체제문제를 연계하기 시작하였다. 평화체제 구축과정이 비핵화의 단계 및 진전상황과 연계될 수밖에 없다면 이 과정의 핵심 당사국은 미국과 북한이 되며, 이 경우 북·미 중심의 주도적 역할이 불가피해질 수 있다. 여기서 한국 중심의 주도적 역할은 한계에 부딪치게 된다. 이러한 구도는 상당히 우려되는 현실이나 한국이 이러한 구도 자체를 거부할 수는 없으며, 이 점은 분명 과거와 달라진 상황이다.[28]

둘째, 지금까지 한반도 평화체제 구축문제에서 「9·19 공동성명」 이전까지는 북한의 핵무기 보유를 전제로 비핵화와 연계시켜 접근하지는 않았다. 말하자면, 한반도의 비핵화 자체가 평화체제 구축의 핵심 사안으로 부각되지 않았다.[29] 다만 한반도 평화체제 구축여건 조성

---

28 북·미 중심의 논의구도에서 한국의 위상과 역할의 발견은 한·미동맹과 한·미 간 굳건한 신뢰의 토대 위에서만 가능하다. 미국은 한반도 평화체제와 종전선언을 비롯하여 평화협정까지 제안하였지만, 현 단계에 그에 대한 구체적·체계적인 프로그램이 확정된 상태는 아닐 것이다. 따라서 여기서 한·미 간 한반도 평화체제 구축과 평화협정문제에 대한 긴밀하고 체계적인 협력체계가 절실하다.

29 비핵화와 평화체제를 연계시킨 연구로 조성렬, 「한반도 비핵화와 평화체제 구축의 로드맵」, KINU 정책연구시리즈 2005-05, 통일연구원, 2005. 9; 박종철, 「한반도 비핵화와 평화체제 전환」, 동북아시대위원회 한반도 평화체제 구축 세미나, 2006. 3. 30.

차원에서 북·미관계 개선, 남북협력, 남북한 군축 및 군사적 신뢰구축, 냉전문화 극복 등의 한반도 냉전체제 해체에 초점을 맞추었다.[30] 평화체제 구축문제에서 비핵화가 핵심 사안으로 부각된다면 남북한 중심논리인 군축 및 신뢰구축 등은 부차적 사안으로 되면서 평화체제 구축 프로세스는 비핵화 단계·과정과 맞물리면서 한국의 역할은 무척 협소해진다.

결론적으로 말해 한반도 '비핵화·평화체제' 연계구도 위에서 한국 중심의 접근방식과 주도적 역할은 제한적일 수밖에 없으며, 이 경우 한국의 안보적 이익과 통일문제에 비우호적인 결과가 초래될 수 있다. 그러나 「9·19 공동성명」 이전까지 한반도 평화체제에 대한 한국의 노력과 접근방식에 대한 북한의 외면과 미국의 평화체제 자체에 대한 적극적 관심의 결여 등으로 실질적인 진전을 볼 수 없었던 상황을 돌이켜보면, 한반도 비핵화를 고리로 미국과 북한이 평화체제문제에 적극적으로 접근할 수 있는 계기가 마련된 것은 역설적이지만 다행스런 측면도 있다. 그럼에도 한반도 평화체제 논의과정에서 북한의 '통미봉남(通美封南)' 전략 속에서 한·미 간 공동의 미래 이익에 대한 가치의 공유가 확인되지 않는다면 한반도 평화체제 구축과정에서 한국이 배제·소외되는 결과를 초래할지도 모른다. 이러한 상황이 결코 현실화되어서는 안 된다. 이처럼 변화된 구도 속에서 한국의 안보적 이해와 통일기반의 확보를 위해 한국의 원칙적 입장과 추진방향, 그리고 정부의 구체적인 정책이 충분히 반영되도록 해야 한다.

2.2. 한반도 평화체제에 대한 입장: 북한·미국

2.2.1. 북한

북한은 최근 2005년 7월 제4차 6자회담을 앞두고 다시 한번 대

[30] 냉전체제 해체의 과제도 북·미관계와 북·일관계 개선문제를 비롯하여 대개 한국 주도의 고유한 과제로 인식하면서 '한국의 평화 이니셔티브'가 주창되었다.

미(對美) '평화체제 수립'을 주장하였다. 정전체제를 평화체제로 전환하게 되면 핵문제의 발생근원인 미국의 대조선 적대시정책과 핵위협이 없어져 자연히 비핵화 실현으로 이어지게 될 것이라고 하였다. 북한 외무성 담화에서 주목되는 점은 북·미 평화협정이나 주한미군 철수 등 북한의 판에 박힌 주장이 언급되지 않았다는 사실이다. 또한 "평화체제 수립은 비핵화 목표를 달성하기 위해서도 반드시 거쳐 가야 할 노정"[31]이라고 밝혔다. 이는 평화체제가 구축되면 비핵화가 실현된다는 논리로, '선 평화체제, 후 비핵화' 또는 '평화체제와 비핵화의 병행 추진'을 말한다는 점에서 북한이 지금까지 주장해 온 입장을 보다 구체화하였다. 그 후 얼마 지나지 않아 제4차 6자회담의 「9·19 공동성명」에서 한반도의 영구적 평화체제에 관한 협상을 가질 것이라는 데에 이르렀다.

북한은 정전협정(1953. 7. 27)을 맺은 이후 곧 남북 간 평화협정 체결을 제의하였다(1954. 6. 15 북한 외무상 남일, '제네바정치회의' 최종회의). 그 후 북한은 평화협정 체결과 정전협정 무용론을 꾸준히 주장해 왔다. 1960년대 이후부터 주한미군 철수를 내세우면서, 1970~1980년대부터 본격적으로 주한미군 철수와 북·미 평화협정 체결을 제의해 왔다.[32] 1990년대에는 주한미군 철수와 북·미 평화협정의 기본 전략에는 변함이 없는 가운데, 미국과의 평화협정 체결을 포함한 '새로운 평화보장체계' 수립을 위한 포괄적 협상을 제의한 바 있다(1994. 4. 28).

---

31 조선 외무성 대변인 담화, 「미국이 정전유지정책을 평화체제 수립에로 전환할 것」, 조선중앙통신, 2005. 7. 22.

32 북한은 1974년 3월 최고인민회의 제5기 3차 회의에서 대미 평화협정 체결을 제의한 이후 줄곧 미국을 평화협정 당사자로 지목하였다. 북한은 당시 미 의회에 보내는 편지를 채택, ① 상대방에 대한 불가침 서약과 무력충돌의 위험성 제거, ② 군수물자 반입 중지, ③ 외국군의 빠른 기간 내 철수, ④ 미군 철수 후 남한의 외국군 기지화 불가 등을 내용으로 한 평화협정 4개 항을 제시하였다. 그 후 외교부 대변인 성명(1979. 7. 10), 중앙인민위원회·최고인민위원회 연합회의(1984. 1. 10), 김일성 신년사(1986. 1. 1)를 통해 대미 평화협력을 제의하였다. 중앙인민위원회·최고인민위원회 상설회의·정무원 연합회의(1988. 11. 7)를 통해 「포괄적 평화보장」을 제의하였다.

그 후 북한은 대미 평화협정 체결을 위한 정지작업의 일환으로 군사정전협정을 사문화시키고 정전기구의 무력화를 시도하였다. 미국이 끝내 평화협정 제의에 응하지 않자 1996년 군사분계선과 비무장지대의 관리, 무장충돌과 돌발사건 발생시 해결방도, 군사공동기구의 구성과 임무 및 권한을 포함한 평화협정을 위한 '잠정협정' 체결을 제의하였다(1996. 2. 22 외무부 대변인 담화). 그리고 '새로운 평화보장체계' 수립을 위한 북·미 협상제의(1997. 4. 28 외교부 성명) 등으로 주목을 끌었다.

한편, 한·미 양국은 한반도 평화체제 구축의 방안으로 북측에 '4자회담'을 제의하였다(1996. 4. 16). 한국, 북한, 미국, 중국 참여의 4자회담은 제네바에서 제1차 본회담(1997. 12. 9~10) 개최 후 6차례의 회담(제6차 1999. 8. 5~9)에도 불구하고 당사자문제, 의제문제를 비롯하여 평화체제 구축에 대한 각국의 입장차이로 인해 가시적인 성과를 얻지 못하였다.[33] 특히, 당사자문제의 경우 북한은 4자회담 틀 내에서 북·미 양자회담에 매달리면서 한국과 중국을 배제하고자 하였다면, 한국은 한·미 공조를 전제로 남북한 중심의 회담구도를 지향하였다. 이런 점에서 4자회담 틀 내에서 북한이 한·중을 배제하는 '4－2'전략이었다면, 한국은 미·중의 협력과 보장에 기반한 남북한 중심의 '2＋2' 논리로 접근하였다.

북한은 이처럼 정전협정 체결 후 반 세기 이상 줄곧 주한미군 철수와 북·미 평화협정을 지상목표로 삼아 왔다.[34] 남북 정상회담 이후 김정일 시대에 와서도 북한의 '우리 민족끼리'라는 근본원칙은 조금도 변화하지 않았다. 이런 점에서 북한은 "'실리민족공조'로 경제적

33 박영호, 「4자회담의 전개과정과 평가」, 『한반도 평화전략』, 통일연구원, 2000, pp. 171~179.

34 2002년 북한은 북·미 '불가침조약' 체결을 제의하였다. 불가침조약을 통해 대북핵 불사용을 포함한 불가침을 법적으로 보장해 줄 것을 제의하였는바, 이는 평화협정 체결을 염두에 둔 제의다(조선 외무성 대변인, 「조미 사이의 불가침조약 체결이 핵문제 해결의 합리적이고 현실적인 방도」, 조선중앙방송, 2002. 10. 25).

실리를, '반미민족공조'로 안보난 해소를, '통일민족공조'로 조국통일을 추구해 오고 있다"고 보겠다.[35] 한 걸음 더 나아가 북한은 선군정치를 한(조선)반도 평화수호의 담보로 규정하는 한편, 남한 사회의 '평화애호세력의 연대연합', '국가보안법 철폐', '반미투쟁의 적극화'를 한반도 평화보장을 위한 합리적 방도로 내세우고 있다.[36]

북한은 '북핵 합의→평화체제 수립→관계정상화→비핵화 실현'의 과정으로 대미 전략을 설정해 왔다. 그러나 2005년 외무성 담화(7. 22)를 기점으로 북핵문제 해결과정과 평화체제를 조응시키는 입장을 보임으로써 「9·19 공동성명」에서 한국과 미국의 기본 입장과의 접점을 찾을 수 있었다. 그럼에도 한반도 평화체제 논의과정에서 북·미 양자협상에 대한 북한의 전략은 근본적으로 변화하지 않았으며, 이러한 북한의 의도는 결국 「2·13 합의」 실무그룹(W/G) 설치 합의사항 가운데 '미·북 관계정상화 실무그룹'(제Ⅲ항)으로 나타났다. 북·미 관계정상화를 위한 실무그룹 설치는 아주 당연한 것 같으나, 반 세기 이상 북·미 양자협상 구도를 요구해 온 북한으로서는 엄청난 성과가 아닐 수 없다. 아마 북한은 핵시설 폐기에 대한 경제적 보상보다는 북·미 양자협상 구도를 제도적으로 확보한 정치적 이익에 더 큰 만족을 얻었다고 본다.

앞으로 북·미 간 '평양-워싱턴 채널'이 본격 가동된다면, 비핵화·평화체제 문제는 북·미 중심으로 논의될 수밖에 없다. 이 경우 「9·19 공동성명」에서 공약한 '직접 관련당사국들'인 미국, 북한, 한국, 중국 4개국 간 '적절한 별도 포럼'에서 논의할 한반도 평화체제에 관한 협상은, 이미 북·미 채널을 통해 양자 간 합의된 사안을 추인하거나 또는 '적절한' 수준에서 검토되는 형태에 그칠 개연성이 높다. 말하자면, '평양-워싱턴' 간 합의를 베이징에서 4개국이 형식적으로 추인하

[35] 허문영, 『6·15 공동선언 이후 북한의 대남협상 행태: 지속과 변화』, 통일연구원, 2005, p. 61.

[36] 엄국현·윤금철, 『조선반도 평화보장문제』, 평양출판사, 2006. 10 참조.

는 과정이 될 가능성이 크다. 이러한 구도가 작동되면 북한이 한반도 평화와 통일문제에 대한 정치적 이니셔티브를 장악하게 된다.

여기서 북한과 미국 간의 3대 합의문에 반영된 한반도 비핵화 합의사항을 주목할 필요가 있다. 1993년에 나온 북·미 공동성명(Joint Statement of the Democratic People's Republic of Korea and the United States of America, New York, 1993. 6. 11)은 「북남 비핵화 공동선언」에 대한 지지를 표명하면서 북한의 NPT 탈퇴효력 임시정지에 합의한 문서이지만, 한국전쟁 이후 미국과 북한 간의 최초의 합의문으로 합의사항 셋 가운데 "조선의 평화적 통일을 지지한다(Support for the peaceful reunification of Korea)"는 조항이 눈을 끈다. 이는 앞으로 북·미 양자 간 협의 틀 내에서 한반도 통일에 대한 북한식 통일방안의 이니셔티브를 확인하는 조항이 될 수 있다.

1994년의 북·미 기본합의문(Agreed Framework between the Democratic People's Republic of Korea and the United States of America Geneva, 1994. 10. 21)에서도 북한은 남북한 간 합의한 "한반도 비핵화 공동선언(the North-South Joint Declaration) 이행"(Ⅲ-2)을 재확인하였다. 그러나 북한은 핵보유선언(2005. 2. 10)에 이어 핵실험(2006. 10. 9)을 감행하여 마침내 한반도 비핵화 공동선언을 휴지조각으로 만들었다. 이 과정에서 북한은 한반도 비핵화 공동선언의 한쪽 당사자인 한국으로부터 공식적인 유감표명이나 비판을 받지 않았다. 한국은 한반도 비핵화 공동선언의 파기를 '관용'하고 '포용'하는 모습으로 비칠 우려도 없지 않았다. 북한은 한국의 입장은 아랑곳하지 않고 한반도 비핵화 공동선언을 희화화(戱畵化)시켰다. 북핵문제 해결의 접근방식 차이나 또는 남북한 미래를 위한 정부의 신중한 자제력과 인내심을 충분히 존중한다 하더라도, 북한의 한반도 비핵화 공동선언의 일련의 파기과정에서 정부의 적극적이고 효율적인 대응책이 마련되지 못함으로써 향후 평화협정 과정에서 많은 어려움이 예상된다.

2000년의 「북·미 공동성명(DPRK-US Joint Communique)」(2000. 10.

12)은 "정전협정을 공고한 평화보장체계로 바꾸어 한국전쟁을 공식 종식시키는 데" 견해를 같이하였다. 이 공동선언에서 이미 평화체제와 한국전 종전에 대한 북·미 간 합의를 이루었다는 점에서 지난 2006년 11월 미국의 종전선언 검토 제의는 북한측 요구를 재확인한 셈이라고 하겠다. 물론 이 공동선언에서도 북한은 "한반도의 비핵평화"를 확언하였다.

2.2.2. 미국

미국은 2005년 「9·19 공동성명」의 "한반도의 항구적 평화체제에 대한 협상"을 가질 것에 합의함으로써 처음으로 평화체제와 평화협정 등에 관해 공식적인 입장을 밝혔다. 다음 해 하노이 APEC 정상회담(2006. 11. 18)에서 미국의 부시 대통령은 북한과의 한국전 '종전선언(an official end to the Korean War)' 검토의사를 표명하였다.[37] 종전선언 언급은 북한의 핵포기를 전제로 「9·19 공동성명」에서 합의한 '한반도의 항구적 평화체제' 또는 북·미 수교로 나아가기 위해 반드시 해결해야 할 과제로, 법적 전쟁상태의 종식문제에 대한 정치적 의지의 표명으로 볼 수 있다. 6자회담이 교착되고 있던 중에 부시 대통령의 제의는 북·미 간 전쟁상태를 청산하기 위해 평화협정을 비롯하여 북핵문제 해결방식에서 미국의 정책적 변화를 예고한 구상이었다.

그 동안 대북 평화협정 제의는 이미 미국 당국자들의 언명을 통해 수 차례 나타났다. 북핵 6자회담 미국측 수석대표인 힐은 "한·미 양국이 4차 북핵 6자회담에서 북한과 평화협정 추진문제를 검토하였고 중국과도 협의하였다"고 하면서, "동북아의 질서를 구축하고 한반도 분단상황을 종식시킨다는 차원에서 평화협정이 존재하지 않는 점

[37] Press Gaggle by Tony Snow, "an official end to the Korean War …… an end to the Korean War and also the way forward, in terms of economic and other co-operation," *For Immediate Release Office of the Press Secretary*, November 19, 2006(http://www.whitehouse.gov/news/releases/2006/11/20061119-5.html).

을 상기할 필요가 있다"고 하여 평화협정문제를 관계국 간 공론화하고 있음을 밝혔다.[38] 최근 졸릭(R. B. Zoellick) 전 미 국무부 부장관은 부시 행정부의 대북 평화협정 제안 구상은 2006년 미·중 정상과의 대화에서 싹이 텄다고 밝혔다.[39] 졸릭은 월스트리트저널 기고문에서 부시 행정부의 대북 정책은 비핵화뿐 아니라 한반도와 동북아의 오랜 갈등구조를 청산하려는 큰 그림에서 비롯되었다고 전한다. 그에 의하면, 부시 대통령은 2006년 4월 후진타오(胡錦濤) 중국 국가주석과의 백악관 오찬회동에서 김정일 위원장의 개혁가능성과 미국의 대북 평화협정 제안문제를 타진하였다. 그리고 6월 고별방문한 고이즈미(小泉純一郎) 전 일본 총리는 "평양의 셈법에는 미국의 신호가 많은 영향을 끼친다"면서 대북 대화를 제안하면서, 한국인들은 역사적 경험으로 주변국을 의심하는 반면에 미국을 미래의 중요한 보장자로 여긴다는 점도 덧붙였다고 한다.

미국은 이 같은 대화의 결과 최근 6자회담에서 초기조치를 북한의 비핵화 및 한반도 평화의 시작으로 삼는 접근방식을 선택하였다. 그에 따라 부시 정부는 북한을 개방시키는 최선의 방법은 외부환경을 변화시키는 것이라고 믿고 핵무기 프로그램에 대한 압박을 유지하면서 신뢰를 구축하고 안전보장과 투명성을 제공한다면 동북아 안보환경의 개선이 가능하다고 여긴다. 이러한 일련의 과정이 한반도 평화협정 제안의 배경으로 작용하였으며, 앞에서 검토한 젤리코 보고서의 접근방식을 재확인하는 과정으로 나타났다.

한편, 미국의 대북 평화협정 제의 등 대북 정책의 전향적 접근과정에서 한국 정부의 역할과 노력을 외면할 수는 없다. 사실 부시 대통령

38 힐은 전략국제문제연구소(CSIS) 연설(2005. 8. 17)을 통해 "북한 대표단과는 베이징에서 공식적으로 만나기 2주 전 평화협정문제를 논의하였다"고 밝혔다(연합뉴스, 2005. 8. 18).

39 Robert B. Zoellick, "Long Division," *The Wall Street Journal*, Feb. 26, 2007(http://news.khan.co.kr/kh_news/khan_art_view.html?artid=200702271830461&code=910303).

의 후진타오 중국 국가주석과의 대북 평화협정 제의 논의, 고이즈미 전 일본 총리와의 체제안전을 담보로 하는 대북 개방전략문제 등에 대한 부시 정부의 이른바 '발상의 전환'은 이미 몇 달 전 한·미 정상회담을 통해서도 나타났다. 2005년 APEC 개최기간에 이루어진 한·미 정상회담(11. 17)에서 「한·미동맹과 한반도 평화에 관한 공동선언」을 채택하였다.[40] 이 경주선언은 한·미 양 정상 간 최초로 정전체제로부터 평화체제로의 이행을 공식적으로 거론하였다는 점에서 무척 주목된다.

이 공동선언에서 양 정상은 북한 핵문제 해결과정이 한반도에서 공고한 평화체제를 수립하는 데 중요한 기초를 제공할 것이라는 인식을 같이하면서, 한반도에서 군사적 위협을 감소시키고 현 정전체제로부터 평화체제로 이행하는 것이 한반도에서의 완전한 화해와 평화통일에 기여할 것이라는 데 동의하였다. 이처럼 '경주선언' 당시 미국은 비로소 북한 핵문제 해결을 위한 접근방식의 전환을 보였다고 여겨진다. 즉, 핵문제 해결과정과 한반도 평화체제 구축과의 연계를 시사한 것으로, 이는 대북 '선(先) 핵포기'를 강력히 주장해 온 미국 대북 정책의 획기적인 변화를 의미한다. 더욱이 북한체제 보장을 전제로 "한반도의 현 정전체제로부터의 평화체제로의 이행"을 추구하겠다는 입장은 미국이 마침내 한국의 설득과 북한의 주장을 수용한 것으로 이해된다. 북핵문제 해결방식에 대한 공감대의 확산 속에서 그 다음 해 워싱턴에서 열린 한·미 정상회담에서 한·미 양국은 6자회담 재개를 위한 '공동의 포괄적 접근방안'[41]을 마련하기로 합의하였다.

이 시기 미국의 대북 정책의 변화는 북한의 대미 평화체제 수립 요구와 맞물린다는 점에서 주목을 요한다. 북한은 이즈음 또다시 대미 평화체제 수립을 요구하였다.[42] 북한은 한반도에서 정전체제를 평

40 「'한·미동맹과 한반도 평화에 관한 공동선언' 채택」, 2005. 11. 17(http://www.president.go.kr/cwd/kr/archive/archive_view.php...).
41 「북핵 해결 '공동의 포괄적 접근방안' 마련 합의」, 2006. 9. 15(http://www.president.go.kr/cwd/kr/archive/popup_archive...).

화체제로 전환하게 되면 핵문제의 발생근원인 미국의 대조선 적대시 정책과 핵위협이 없어져 자연히 비핵화 실현으로 이어진다고 하면서, "평화체제 수립은 조선반도의 비핵화 목표를 달성하기 위해서도 반드시 거쳐 가야 할 노정(路程)"이며, 조선반도에서 불안정한 정전상태를 공고한 평화체제로 전환하는 것은 곧 조선반도 문제의 평화적 해결과정이며, 평화체제 수립과정은 반드시 북·미 사이의 평화공존과 남북 사이의 평화통일을 실현하기 위한 환경조성에 기여하는 것으로 되어야 한다고 주장하였다. 그 후 2006년 APEC 하노이 한·미 정상회담에서 부시 대통령이 북한이 핵을 포기한다면 한국전 '종전선언'을 할 수 있다는 입장을 밝힘으로써 종전선언과 관련된 평화협정 논의가 진지하게 제기되는 계기를 맞게 되었다.[43]

미국이 한반도 평화체제 구축, 특히 대북 평화협정까지 이르는 사안에 대해 정치적 결단을 내린 데에는 다음의 세 측면에서 이해된다.

첫째, 북한 핵문제 해결을 위해 군사적 옵션을 선택할 수 없는 제약조건 속에서 북한 핵무기와 핵물질 보유증대 가능성을 더 이상 방치할 수 없는 상황이었다. 이에 미국은 타협과 협상을 통한 외교적 해결방식을 택할 수밖에 없는 현실을 수용하지 않을 수 없었다.

둘째, 북·미 양자 간 직접협상을 회피하고 다자 간 협상 틀인 6자회담을 통해 북핵 포기를 위한 다자 간 설득과 압력을 기대하였지만 오히려 그 반대의 효과만 나타났다. 즉, 한국, 중국, 러시아의 북핵문제에 대한 이해와 접근방식은 미국과 달랐다. 따라서 미국과 일본이 주도하는 대북 제재는 실효성을 거둘 수 없었고, 점차 6자회담 구도에서 미국이 소외되고 포위당하는 형세로 반전되었을 뿐만 아니라, 회담이 거듭될수록 중국의 조정과 영향력이 증대되는 추세였다. 말하

42 「조선 외무성 대변인 미국이 정전유지정책을 평화체제 수립에로 전환할 것을 주장」, 조선중앙통신, 2005. 7. 22.

43 당시의 한·미 정상회담에서 한국은 북한 핵폐기시 경제적 인센티브 제공을 거론하였다(2006. 11. 19)(http://www.president.go.kr/cwd/kr/archive/popup_archive...).

자면, 6자회담 구도에서 미국의 주도력과 정책적 의지가 쉽사리 관철될 수 없었던 상황은 미국의 당혹과 함께 접근방식의 전환을 모색하지 않을 수 없게 만들었으며, 그 결과 미국은 한반도와 동북아 질서의 안정과 북핵문제 해결과정에서 북·미 타협을 통한 평화적 해결을 추구해 온 한국, 중국, 러시아의 입장을 반영할 수밖에 없었다.

셋째, 앞의 두 측면에서 나타난 수세적 대응과는 달리 미국은 한반도 평화체제 구축논의와 평화협정문제에 대해 더 이상 소극적으로 대응할 필요가 없다는 인식의 전환이 나타난 것으로 보인다. 북한은 오랫동안 미국과의 관계개선을 통해 체제보장과 미래를 보장받으려고 노력해 왔다. 여기서 북한의 핵전략은 대미 전략의 핵심으로 작용하였다. 그와 달리 그 동안 미국은 북한을 포용해야 할 전략적 가치를 발견하지 못하였고, 오히려 군산학복합체의 이익과 MD체제의 구축을 위해 북한의 존재와 위협을 실체 이상으로 과장해야 할 필요성이 있었다. 그럼에도 북핵은 미국의 '필요악' 정도의 위협수준을 넘었을 뿐만 아니라, 북핵 해결과정에서 중국의 국제적 위상증대와 더불어 한반도 북부 지역이 중국의 영향권 속으로 급속히 편입되는 현상도 주목하지 않을 수 없을 것이다.

미국의 한반도 평화체제 구축논의와 대북 평화협정 제안은 미국의 주도적 역할과 함께, 평화협정의 경우 미국의 당사자 지위뿐만 아니라 보장자로서의 역할과 지위를 향유하게 된다. 즉, 한반도 평화체제 논의과정에서나 평화협정문제에서 미국의 주도적 역할이 전제되어야 한다. 따라서 이 과정에서 미국은 동북아 질서를 미국 중심적인 구도로 되돌려 놓을 수 있을 뿐만 아니라, 특히 한국과 북한 양자 모두를 통제할 수 있다. 우선 오매불망 대미 관계의 개선을 국가전략의 최대 목표로 삼고 있는 북한을 북·미관계 정상화 과정과 평화협정 논의 속에서 충분히 관리·통제할 수 있는 이점이 있다. 그와 함께 한국도 미국의 한반도 전략구도 속에 묶을 수 있다. 한·미동맹의 미래에 대한 양국 간 불협화음이 쉽사리 진정될 것 같지 않은 상황에서 한국인의 한반도 평화에 대한 열망과 한반도 평화체제 구축의 기대에 부응함으로써 반미감정을 억제할 수 있다. 더욱이 한반도 평화체제 구축과정과, 특히 핵을 보유한 북한과의 평화협정 논의과정에서 한국의 안보와 한반도 평화에 대한 궁극적인 보장자로서 미국의 역할과 위상을 재확인함으로써 미국에의 의존을 한층 불가피하게 만들 수 있다.

「2·13 합의」를 계기로 한반도 평화체제 구축문제의 실현가능성과 함께, 한반도 문제의 구도는 부시 대통령 1기 당시 네오콘(Neo-Con)이 주도하였던 방향과 내용보다 한층 복잡해졌다. 북한을 '악의 축'으로 규정하였던 '단순하고 명료한' 네오콘 입장보다 국제정세의 변화된 현실의 인정 위에서 미국의 국익을 실리적으로 관리하는 '현실주의자'들에 의한 북핵 해결방식의 전환과 더불어, 한반도 평화체제 구축과정을 통한 남북한 통제방식은 우리에게도 새로운 대응양식을 요구한다. 한반도 평화체제 구축과정에서 북한의 개혁·개방을 위한 에너지 및 경제지원, 그리고 동북아 지역 국가들의 관계개선을 통해 한반도의 통일환경을 조성해 나가야 한다. 이 과정에서 한국은 최소주의적 접근의 한계를 극복하는 한편, 대북 개방의 '전략적 비전' 마련이 절실하다.

3 한반도 평화체제 로드맵: 한반도 평화 프로세스

3.1. 북핵/북·미 수교 시나리오

「2·13 합의」 이행조치의 핵심은 핵시설 불능화에 달려 있다. 그러나 「2·13 합의」의 이행조치 이후 본질적인 문제가 부각될 수밖에 없는데, 이는 북한이 이미 개발한 핵무기를 어떻게 처리할 것인가의 문제가 아닐 수 없다. 이에 대해 북한과 미국 간 다음과 같은 세 가지 시나리오를 상정할 수 있다.

① 북한 핵무기 포기, 북·미 수교 병행 추진
② 북한 핵무기 인정하되 확산방지를 전제한 북·미 수교
③ 북한 핵무기 인정한 북·미 수교

이 가운데 북한의 핵무기를 인정하면서 수교를 추진하는 세 번째 시나리오는 미국 부시 행정부가 도저히 받아들이지 못할 것이라는 점에서 그 가능성이 낮다. 그럼에도 완전하고 검증가능하며 돌이킬 수 없는(CVID) 방식의 핵포기문제는 이미 추진력을 잃었다. 우선 첫 번째의 핵무기 포기와 연계된 수교 시나리오, 그리고 두 번째, 북한 핵무기의 공식적 인정을 거부한 채 북·미 수교에 이르는 시나리오의 실현가능성이 높으나, 유동적인 상황 속에서 어느 시나리오로 귀착될지 섣부르게 단정하기는 힘들다.

한국이 예상하고 바라는 시나리오는 첫 번째 방식이나, 우리의 바람과는 달리 두 번째 방식의 실현가능성도 결코 무시할 수 없다. 최근 미국 조야에서는 두 번째 시나리오, 즉 북핵의 비공식적 인정 속에서 북핵의 '확산방지'에 초점을 맞출 수밖에 없다는 논리가 고개를 들고 있다. 북·미관계를 돌아볼 때 이 방식이 불가피한 현실적 대안이라는 입장이다. 두 말할 나위도 없이 북·미 간 이러한 타협결과는 한국과 일본에게는 악몽의 시나리오일 수밖에 없다.

북한은 핵보유국 자격으로 미국과의 관계정상화를 겨냥할 수 있다. 미국 내에서도 북한과 관계정상화를 하지 않으면 핵을 통제할 방법이 없다는 논리가 나타나고 있기 때문이다. 여기서 북·미 간 핵보유를 기정사실로 전제하고 확산방지에만 협조하는 이른바 '파키스탄

모델'을 염두에 둔 시나리오가 가능하다. 북한의 핵무기는 단순한 무기가 아니다. 핵무기는 북한 선군(先軍)정치의 핵심으로, 선군정치에서 가장 중요한 것은 총이다. 핵은 곧 총으로, 핵을 포기하는 것은 총을 포기하는 것과 다름 아니다. 이는 선군정치의 기반을 흔드는 행위이다. 따라서 북한 핵무기의 완전 폐기를 기대하는 것은 불가능하다는 인식이 나타날 수 있다. 북한체제의 특수성을 고려한다면 핵폐기의 성공적인 국제적 사례를 북핵의 경우에 적용하는 것은 한계가 있다.[44]

북핵문제의 상황은, 핵보유를 전후하여 근본적으로 달라졌다. 핵보유 추진상황과 핵실험 이후 핵보유국으로서의 지위를 획득한 상황은 전혀 다르다. 북한은 지금까지 미국이 북한의 체제를 보장해 준다면 핵을 포기할 수 있다고 주장해 왔다. 그러나 북한의 입장으로서는 이제 수십 년간의 노력과 엄청난 희생을 대가로 획득한 핵보유국의 지위를 미국의 안보약속만으로 포기하기에는 쉬운 상황이 아니다. 북한은 군부를 중심으로 최근 완전한 안전보장은 '우리 스스로' 하는 것이지 그 누구도 대신해 줄 수 없다는 주장을 공공연히 밝히면서, 미국과 한국이 북한을 핵보유국으로 인정할 수밖에 없다는 확신에 차 있는 모습이다. 그러나 한국은 북한의 핵보유국 지위인정의 요구와 기대를 수용할 수 없다. 따라서 한국은 한반도 비핵화 공동선언 준수의 원칙 위에서 북한 핵포기와 한반도 평화체제 구축을 연계·조응시키는 '비핵화 평화'전략을 추진해야 한다. 따라서 첫 번째 시나리오

---

44 핵폐기의 국제적 사례는 우크라이나, 남아공, 리비아의 경우에 해당한다. 우크라이나는 소련 해체로 1,900기의 전략핵무기를 보유하게 되자 러시아로부터의 안보보장과 미국의 경제원조를 대가로 핵폐기협상에 임하였으며, 의회가 협상과정에서 보다 유리한 협상조건을 내세웠다. 남아공 백인정권은 핵보유로 아프리카의 정치적 헤게모니를 장악하고자 하였으나, 예정된 민주정권의 등장에 백인정부가 스스로 핵폐기에 나선 경우이다. 리비아는 실제 핵보유의 의지와 필요성이 불확실한 가운데 핵개발 카드를 대미 관계개선을 위해 활용함으로써 사실상의 협상카드로 활용하였다. 어느 경우나 핵을 보유해야 할 체제적 요인은 없었다(정영태, 『북한의 핵폐기 가능성과 북·미관계』, 통일연구원, 2004, pp. 19~36).

이외에 어떠한 다른 선택을 고려할 수 없다.

3.2. 한반도 평화 프로세스(Peace Process on Korean Peninsula: PPKP)

3.2.1. 미국의 비핵화 목표시한

미국은 서두르고 있다. 그렇다고 아직 북핵 폐기에 대한 체계적이고 명확한 정책적 프로그램이나 로드맵을 구축한 상태는 아니다. 더욱이 향후 북한이 비핵화 약속을 성실히 이행하면서 협상을 계속한다고 해도 부시 대통령의 임기 내에 핵폐기를 완료하기는 쉽지 않다. 이런 조건 속에서 미국은 지금 세계를 향해 동북아의 북한 핵문제 해결의 성과를 과시해야 할 절박한 상황에 처하였다. 여기서 미·소 냉전이 피크를 이루던 1970년대에 미국 닉슨 대통령이 소련으로부터 중국을 분리시키기 위한 전략으로 대중 데탕트정책을 구사하여 세계적인 충격을 가하였던 것처럼, 부시 대통령도 한반도 비핵화를 목표로 충격적인 대북 제의를 할 것으로 전망된다. 말하자면, 부시 대통령은 북핵 폐기를 끌어내기 위한 특단의 조치로서 '드라마틱한' 변화를 연출할 수도 있다.

미국 국무부는 2008년 상반기를 북핵 폐기시한으로 설정하였다. 미 국무부는 『2008 회계연도 업무계획보고서』에서 2008년 초까지 북한 핵협상을 마무리하고, 그 다음 북한 핵무기와 핵프로그램 해체 시작 및 검증체제 가동을 목표로 하고 있음을 분명히 천명하였다. 그리고 2008년에는 북한의 모든 중·장거리 미사일의 해체를 위한 대북 미사일협상 개시를 목표로 제시하였다. 이 업무계획은 금년 한 해 동안 대북 핵협상을 지속시켜 2008년 초 협상타결을 목표로 제시하였다. 그리고 화학무기 수출통제체제인 호주그룹(AG)을 통해 지속적으로 북한의 화학무기 거래를 감시하고 적절하게 대응할 것임을 밝혔다. 다음으로 북한의 생물무기문제에 대해서는 북한의 생물무기 협약

준수를 계속 압박해 나가면서 이를 위한 전략보강 입장을 밝혔다. 특히, 북한의 미사일문제와 관련, 미사일기술통제체제(MTCR)의 1등급 대상인 탄두중량 500kg 이상, 사정거리 300km 이상의 미사일과 관련 프로그램을 모두 제거하는 것을 포함해 북한의 미사일 프로그램에 대한 검증가능한 제한과 수출금지협상에 대해 2008년을 시작연도로 설정하였다.[45]

미국은 『2008 회계연도 업무계획보고서』에서 내년 초까지 북한 핵협상을 '마무리'하는 한편, 북한의 중·장거리 미사일의 해체를 위한 협상을 개시하겠다는 정책목표를 천명한 셈이다. 콘돌리자 라이스가 이끄는 국무부는 이 업무계획보고서를 지침으로 올해 북핵문제 협상타결에 적극적으로 나올 것이며, 목표시한인 2008년 초까지 큰 틀에서 협상타결을 위해 북한의 요구를 전향적·전격적으로 수용할 가능성이 크다.

북·미관계 정상화 문제도 활발하게 논의되는 분위기 속에서 수교는 북한 비핵화의 마지막 단계이나, 테러지원국 리스트 해제는 조만간 타결될 수 있을 것으로 보인다. 이는 미국이 2000년 10월 북·미 공동 코뮤니케에서 이미 북한과 약속한 문제다. 클린턴 행정부는 정전협정의 평화체제로의 전환, 주권존중 및 내정불간섭 그리고 경제교류 협력을 약속하였으며, 북한은 미사일 모라토리엄을 선언하였다.[46] 그러나 '북·미 공동 코뮤니케'는 뒤이어 집권한 부시 행정부가 클린턴 행정부의 정책을 모두 반대하는 정책을 펴면서 휴지조각이 되고 말았다. 이제 미국이 2000년 10월 당시 북·미 코뮤니케의 합의원칙과 내용을 되살리는 결단도 예상된다. 다시 한번 미국 국무장관 레벨에

[45] U.S. Department of State FY 2008 Performance Summary 02/05/07 Indicator #24: Status of Verified Elimination of North Korea's Nuclear, Chemical, Biological, and Long-Range Missile Programs(http://www.state.gov/documents/organization/79679.pdf).

[46] US-DPRK Joint Communique U.S. Department of State, October 12, 2000; 「조선민주주의인민공화국과 미합중국 사이의 공동콤뮤니케」, 조선중앙통신, 2000. 10. 12.

서 '북·미 공동 코뮤니케' 발표가 기대된다. 이야말로 미국 대북 포용정책의 상징적 이벤트가 아닐 수 없다.[47] 향후 다양한 분야에 걸쳐 미국의 대북 '미소(微笑)정책'이 예상된다. 즉, 북한의 문화, 예술, 스포츠, 과학기술 등의 분야의 종사자들을 미국에 초청·환대함으로써 북한을 '감동'시키고 대미 의존도를 높여 갈 수 있다.

3.2.2. '북한 비핵화·한반도 평화체제' 로드맵

한반도 평화 프로세스는 6자회담의 직접 관련당사국인 한국, 북한, 미국, 중국 4국의 합의사항의 이행·실천의 진전에 따른 단계별 접근을 예상할 수 있다. 이 과정에서 북한의 비핵화와 그에 대한 상응조치로서 미국의 체제보장과 북·미 수교문제가 핵심적인 사안이 되며, 그와 관련하여 한국을 비롯한 6자회담 참가국의 역할과 합의사항의 이행이 각국의 과제로 부각된다.[48]

47 Joel S. Wit, "Enhancing U.S. Engagement with North Korea," *The Washington Quarterly*, Spring 2007, 30: 2, pp. 53~69.

48 "김정일은 결코 핵을 포기할 수 없다"는 명제는 핵무기 없는 수령체제는 존속될 수 없다는 점에서, 김정일체제가 유지되는 한 핵포기를 기대할 수 없다는 논리다. 이는 북핵문제에 대한 타협과 보상에 의한 외교적·평화적 해결방식을 냉소적으로 보면서 핵문제 해결의 구체적·실천적 대안제시 노력 자체를 원천적으로 봉쇄한다. 문제는 그 지점에서 그치지 않는다. 최근 「2·13 합의」로 미국 주도로 전개되고 있는 한반도 정세의 엄청난 변화에 당혹해 하고 '의식불명'상태에까지 이르렀다는 데 안타까움이 있다. 다른 한편 "김정일은 김일성의 유훈대로 한반도 비핵화를 실현할 것이다"라는 입장은 미국의 대북 적대시정책만 포기되면 북한이 핵을 가질 하등의 이유가 없다고 하면서 북한 핵은 대미 '협상용'이라고 주장한다. 북한의 체제보장은 주한미군 철수뿐만 아니라 한·미동맹 해체까지 요구하고 있다. 그러나 궁극적으로 미국에 의해 북한 김정일체제의 보장이 가능하다는 인식은 북한체제의 특성과 북한 현실에 대한 '나이브(naive)'한 발상의 소치다. 오히려 미국의 대북 적대시정책으로 김정일체제가 지금까지 유지되어 온 측면도 무시할 수 없다. 북한이 주장하는 체제보장은 한반도에서 미군의 존재가 완전히 사라지는 상태에만 그치지 않는다. 사실 남한의 경제적 번영과 민주화 역량에 의한 위협이 더욱 결정적이며 우려되는 대상이다. 더욱이 북한체제의 또 다른 위협요인은 김정일 수령체제의 극단적 폐쇄성과 기만적 허장성세 그 자체에 내장되어 있다. 국제적 외부환경만 허용되면 북한은 중국, 베트남처럼 개혁·개방정책을 적극 추진할 것이라는 주장은 개혁·개방과 김정일체제 자체는 상호 배타적·모순적 관계에 놓여

한반도 평화 프로세스는 북한의 비핵화에 따른 단계별 접근과 각국의 상응조치를 전제로 종적·횡적 두 축에서 접근할 수 있다. 아래의 한반도 평화 프로세스 로드맵에서 보듯이, 종적 차원의 단계적 구분은 '비핵화·평화체제'의 합의수준에 따른 예상시한을 설정한 축이다. 북한은 비핵화가 의무이행사항이다. 그와 함께 횡축은 이에 대한 각국의 상응조치로 미국의 대북 체제보장, 한국의 대북 개발협력 및 통일준비 그리고 중국, 일본, 러시아의 경우 동북아 다자안보 및 경제협력체를 추진해 나가는 구도이다. 횡적 차원의 국가별 구분은 북한, 미국, 한국 등 관련국의 의무사항, 즉 핵심적 실천사안을 중심으로 접근한 축이다.

[각국의 합의이행 핵심 사안]
- 북한: 비핵화
- 미국: 대북 체제보장, 북·미 수교협상
- 한국: 대북 개발협력, 통일준비
- 중국·일본·러시아: 동북아 다자안보 및 경제협력체 추진
  일본: 북·일 수교협상

단계별 시기구분은 최근 세계의 주목 아래 추진되고 있는 미국의 비핵화에 대한 주도적 의지와 정책방향을 감안하여 목표시한(target time)을 「2·13 합의」 내용과 부시 정부의 예상가능한 정치일정과 연동시켰다. 특히, 제1단계의 경우 「2·13 합의」의 초기 조치와 다음 단계 조치를 한반도 비핵화의 실천적 행동계획단계로 규정하고, 2008년 상반기까지 모든 핵프로그램 폐기를 목표로 하는 미국 정부의 목표시한을 출발점으로 보았다. 그 이후 제2단계부터는 북한의 사정과 한국,

있다는 사실을 애써 외면한다. 이제 미국의 적대시정책이 한풀 꺾이면 실질적인 위협실체인 남한 문제가 부각된다. 그런 점에서 남한의 정치적 변동과 사회적 역학관계는 김정일체제의 사활과 미래와 관련된 그야말로 자기 문제가 아닐 수 없다.

표 2 | 한반도 평화 프로세스 로드맵

단 계	북한: 비핵화	미국: 대북 체제보장 및 미·북 수교	한국: 대북 개발협력 및 통일준비	중국·일본·러시아: 동북아 다자안보·경제협력체 추진
제1단계 (Phase Ⅰ)	〈2007년〉 ·비핵화 초기 조치 이행 ·다음 단계 조치 이행 -핵시설 불능화 -현존 핵프로그램 완전 신고(사찰 및 검증완료)	〈2007년〉 ·미·북관계 정상화 협의 -테러지원국 리스트 해제 -대적성국 교역법 적용 종료 검토 ·한반도 평화포럼 가동 -경수로 제공시기 논의 〈2008년〉 ·미사일 및 생·화학무기 협상 시작 ·한반도 평화협정 논의·체결	〈2007년〉 ·경제 및 에너지 협력 W/G 운영 ·군사당국자회담 개최 -군사적 긴장완화 방안 논의 -한반도 평화포럼 가동 〈2008년〉 ·한반도 평화협정 논의·체결 ·군축방안 협의 ·대북 개발협력 프로젝트 가동	·중국: 한반도 비핵화 W/G 운영 ·일본: 북·일관계 정상화 W/G 추진 -납치문제 해결 ·러시아: 동북아 평화·안보체제 W/G 운영
제2단계 (Phase Ⅱ)	·핵무기 및 핵물질 신고·검증·사찰·폐기 시작 -2008년 상반기 핵무기 및 핵물질 완전 신고, 2013년 폐기	·한반도 평화협정 체제 개막 -경수로 공사재개 ·수교협상 개시 -북·미 연락사무소 설치(2008년 중) ·유엔사 해체	·군축 추진 -북한군의 대북 진출기업 우선취업 보장 ·'남북경제공동체' 형성	·일본: 배상금지불 시작 ·일·북 수교 ·동북아 안보·경제 협력기구 출범
제3단계 (Phase Ⅲ)	·핵무기 완전 폐기 및 핵물질 반출 완료	·미·북 수교 ·주한미군 평화유지군 전환	·'남북연합'단계 진입 -유엔 보장	·동북아 안보·경제 공동체 형성

주: 종축: 목표시한의 단계별 구분, 횡축: 북한 비핵화 조치의 단계와 연계된 각국 상응조치 핵심 사안.

미국의 정치상황을 고려한 시기별 단계구분을 시도하였다(〈표 2〉 참조).

(1) 제1단계(Phase I): 2007~2008년 상반기

제1단계 목표시한은 2008년 상반기로 설정된다. 이 단계에서는 북한의 핵폐기 의지가 결정적인 변수이다. 그러나 북한의 의무사항이 가혹하지 않다는 점에서 적어도 이 단계에서는 파국적 상황이 도래하지는 않을 것으로 예상된다. 북한은 「2·13 합의」에서 핵카드를 두 차원으로 분리한 협상전략으로 나왔다. 하나는 핵프로그램, 다른 하나는 핵무기 및 핵물질로서 북한은 전자에 대해서만 협상대상으로 삼았다. 초기 단계의 영변 핵시설 폐쇄·봉인절차는 별탈 없이 통과될 것이다. 미국의 상응조치로서 미·북관계 정상화 협의 속에서 테러지원국 리스트 해제논의가 진전되는 가운데 대북 적대시정책의 구체적 포기로 테러지원국 리스트 해제가 이루어지는 한편 대적성국 교역법 적용 종료 검토가 진행된다. 이와 함께 북한의 HEU 프로그램을 포함한 핵프로그램 완전 신고 및 핵시설 불능화 조치를 포함한 '다음 단계' 조치가 거의 동시에 이루어질 수 있다. 또한 한반도 평화포럼이 가동되어 여기서 경수로 제공시기가 논의될 것이다.

미국은 2008년에 일단 1단계 핵협상 완료를 전제로 미사일 및 생·화학무기 협상을 시작하게 되며, 한반도 평화협정문제는 논의수준을 넘어 극적인 체결상황까지 진전될 수도 있다. 미국이 이 단계를 2008년 상반기 목표시한에 끝내기 위해서는 미국의 대북 적대시정책 포기의 상징적 조치의 선행적인 결단이 필요하다. 이 모든 과정은 대개 북·미 실무그룹의 양자협상에서 대체적인 가닥이 잡힐 것으로 보인다.

한국은 2007년에는 경제 및 에너지 협력 W/G를 운영한다. 후반기에 군사당국자회담 개최를 통해 군사적 긴장완화방안을 논의해야 한다. 직접 관련당사자들과 함께 '한반도 평화포럼'을 가동하여, 한반도 평화협정문제를 논의한다. 또한 이 채널을 통해 남북한 군축방안을 협의하게 된다. 군축협상과정에서 북한 군병력 감축의 경우 민간부문으로의 전환에 따른 경제지원을 고려해야 하며, 특히 제대 군인력을 대북 진출기업에 우선적으로 채용을 추진하는 방안도 바람직하다. 한편, 제1단계에서부터 한국은 대북 개발협력 프로젝트를 적극 가동해야 한다.[49]

중국, 일본, 러시아 각국의 상응조치는 다음과 같다. 중국은 한반도 비핵화 W/G를 운영하며, 일본은 북·일관계 정상화 W/G를 운영하면서 납치문제 해결을 추구할 것이다. 그리고 러시아는 동북아 평화·안보체제 W/G 운영책임을 맡는다.

'평화협정': 원칙 및 접근방향

제1단계 후반에 이르러서는, 특히 평화협정 논의·체결문제가 가장 중요한 사안으로 부각될 것이다. 첫째, 평화협정 접근의 원칙으로 한국은 반드시 한반도 비핵화 공동선언을 국제적으로 공인받으면서 북한이 세 차례의 북·미 간 합의문에서 확인한 바와 같이, 한반도 비핵화 공동선언의 합의 이행·실천을 재확인해야 한다. 그런즉 한반도 비핵화 이행·실천 없이 평화협정은 논의·체결될 수 없다는 원칙적 입장을 국제적으로 적극 천명해야 한다. 이는 한국 안보의 사활적 이익과 관련된 문제이기 때문이다.

둘째, 평화협정 접근방향에 있어서는 단순한 안보중심적 접근방식을 지양할 필요가 있다.[50] 여기에는 '안보와 경제협력'이라는 두 축을 중심으로 접근해야 한다. 안보는 비핵화와 군축문제를 중심으로 논의될 수 있으며, 경제협력은 궁극적으로 북한의 시장경제로의 전환을 통한 한반도 경제통합을 추구하는 데 초점을 맞추어야 한다. 물론

---

49 조민, 「평화경제론: 남북경제공동체 형성의 이론적 틀」, 『통일정책연구』 제15권 제1호, 통일연구원, 2006, pp. 183~206.

50 헬싱키협정은 안보, 경협, 인권의 세 바스켓으로 구성되어 있다(Conference on Security and Co-operation in Europe Final Act Helsinki August 1, 1975).

시장경제의 수용문제에 대한 북한의 경계가 예상되나, 이미 세계사적으로 폐쇄체제에 의한 국가중심적 통제경제체제의 실패가 검증되었으며, 더욱이 북한도 「9·19 공동성명」을 비롯한 다양한 합의문에서 경제지원·협력을 요구하고 있다는 점에서 경제중심 논리로 접근될 필요가 있다. 따라서 평화협정은 안보를 한 축으로 한다면, 또 다른 하나의 축은 경제, 과학·기술 그리고 환경 등 다양한 분야에서 협력의 틀을 갖추어야 한다. 평화협정은 안보와 경협의 두 축으로 이루어져야 한다는 점에서, '한반도 평화협정체계=안보+경협'으로 정의할 수 있다.

(2) 제2단계(Phase Ⅱ): 2008년 후반기~2013년[51]

두 번째 단계는 비교적 긴 시간을 요한다. 이 단계에서는 핵무기 및 핵물질을 폐기대상으로 북·미 간 그리고 '별도 포럼'의 4국 간에 지리한 협상이 지속된다. 이 시기의 마지막 부분에서는 북핵 폐기는 거의 불가역적 수준으로 진전되어야 한다. 여기서는 미국의 체제보장에 대한 북한의 확신과, 핵무기 포기에 대한 북한의 '역사적' 결단 여부가 결정적인 변수이다. 이는 오로지 북한 김정일 국방위원장의 고독한 고뇌의 산물일 수밖에 없다. 결단 후에도 상황은 반전을 거듭할 수 있다. 어쨌든 제2단계는 앞 단계, 특히 평화협정의 협상내용에 따라 이 단계의 진행속도가 영향을 받을 것이다.

북한의 비핵화 조치는 핵무기 및 핵물질의 신고·검증·사찰·폐기에 이르는 전 과정을 포괄한다. 그러나 무엇보다 2008년 상반기에 핵무기 및 핵물질의 완전 신고가 이루어지는 일이 중요하다. 핵무기 및 핵물질의 성실한 신고가 이 단계의 출발점이기 때문이다. 미국은

[51] 제2단계 목표시한을 2013년으로 설정한 까닭은 두 가지이다. 2012년은 김일성 100주기이자 김정일 70주기가 되는 해로 대내외적으로 북한의 정치적 변신을 선언할 수 있는 시기로 기대된다. 그리고 미국과 한국의 국내정치적 전환기라는 점에서 2012~2013년 사이의 대타협을 전망할 수 있다.

국내외적 정치적 스케줄에 따라 북한이 제2단계의 문턱에서 주저 없이 돌입하기를 바랄 것이다. 물론 북한에 대한 아주 매력적인 정치적·경제적 인센티브를 제공해야 한다. 이 단계는 이미 전 단계의 발전형태로 한반도 평화협정체제가 개막되어, 경수로제공 논의 차원을 넘어 경수로공사 재개에 들어가야 한다. 북한의 핵물질 재처리시설이 완전히 불능화된 상태에서 경수로에서 플루토늄을 추출하는 작업은 전혀 무의미하다. 따라서 경수로공사 재개는 결코 어려운 과제가 아니며 미국이 주저할 이유가 없다. 또한 이 단계에서 평양-워싱턴 간 북·미 연락사무소 설치가 기대된다.[52] 이는 2008년 초 무렵에 가능하며, 예상보다 빠른 시일 내에 이루어질 수도 있다. 평화협정에 의한 평화보장 관리기구의 구성·운영이 시작되면서 UNC는 자동적으로 해체된다.

한국은 남북한 간 군축 추진의 본격적인 단계에 들어간다. 퇴역 북한군에게 대북 진출기업의 우선취업 보장을 비롯하여 다양한 경제 지원방식을 제공함으로써 군축유인 동기를 강화해야 한다. 이 단계에서 우리는 통일기반의 확충을 위해서 '한반도 경제공동체' 형성을 적극적으로 추진해 나가야 한다. 이제 북한만 홀로 사회주의 국가의 섬으로 남아 있기는 어렵다. 정상국가로 되기 위해서는 자본주의적 시장경제체제에 편입되는 길 외에는 대안이 없다.[53] 그럼에도 북한은 개

[52] 북한과 미국 간의 연락사무소(Liaison Office) 개설문제는 이미 제네바 미·북 기본합의문(1994. 10. 21)에서 합의되었다. "양측은 전문가급 협의를 통해 영사 및 기타 기술적 문제가 해결된 후에 쌍방의 수도에 연락사무소를 개설한다"(Ⅱ-2)). 나아가 대사급 관계까지 합의하였다. "미국과 북한은 상호 관심사항에 대한 진전이 이루어짐에 따라 양국 관계를 대사급(the Ambassadorial level)으로 격상시켜 나간다"(Ⅱ-3))(Agreed Framework between the United States of America and the Democratic People's of Korea, Geneva, October 21, 1994). 북한은 연락사무소 개설문제는 이미 1994년에 합의되었던 사안이라는 점을 주지시켜 연락사무소 단계를 뛰어넘어 양국 관계의 대사급 형태인 직접수교협상을 요구할 수도 있다; 미국·중국, 미국·리비아 간 수교의 경우 연락사무소 개설단계를 거쳤으나, 미국·베트남은 연락사무소 개설단계 없이 1994년부터 수교교섭이 시작되어 1995년 12월 전격적으로 수교가 이루어졌다. 미국·베트남 간 수교논의는 1977년부터 시작되었으나 캄보디아 정권 지원, 미군유해 송환문제 등 양국 간 현안이 모두 해결되면서 수교협의가 본궤도에 올랐다.

혁·개방에 대해 아주 신중하게 접근할 것이다. 개성공단의 사례를 충분히 검토하면서 개방에 따른 체제충격을 완화하고 사회주의 체제유지에 순기능적인 개방형태를 모색할 것이다. 북한의 개방충격에 대한 우려를 이해하면서 대북 개발협력을 다양화·제도화시켜 나갈 필요가 있다. 그리고 이 단계의 후반에 이르러서는 '한반도 경제공동체' 형성의 전망을 확보해야 한다.

여기서 반드시 환기되어야 할 사실은 한반도 평화체제 수립은 한반도의 공고한 평화상태를 구축하는 과정이나, 평화체제 수립 자체가 한반도의 영구한 '평화적 분단'을 제도화하는 상태로 귀결되어서는 안 된다는 점이다. 따라서 평화체제 수립·전환과정에서 한민족의 통일문제, 즉 통일의 원칙과 기본 방향에 대한 남북한 간 합의가 반드시 이루어져야 하며, 평화체제 수립과 관련하여 통일문제 논의시점은 바로 제2단계의 중반 즈음에서 시작되어야 바람직하다.

한편, 일본은 배상금문제에 대한 협상을 개시하며, 이 단계 중반에 이르러 북·미관계 정상화에 앞서 북·일 수교를 단행할 수 있다. 그와 함께 중국, 일본, 러시아는 동북아 안보·경제공동체 협력기구를 출범시켜야 한다.

(3) 제3단계(Phase Ⅲ): 2013년 이후

이 단계는 핵폐기의 최종적 완료와 북·미 수교가 맞교환되는 단계이다. 북한은 핵무기 완전 폐기와 핵물질의 북한 밖으로의 반출을 완료해야 한다. 이에 대한 상응조치로 미국은 주한미군 철수를 단행할 가능성도 없지 않다. 그러나 남한, 북한, 미국의 합의에 의해 주한미군의 '평화유지군'으로서의 성격전환을 통해 계속 주둔할 수 있다. 북핵의 완전 폐기 확인시 북·미관계의 정상화 조치가 단행되면서 평화포럼의 역할종료와 함께 한반도 평화체제로의 제도적·공식적 전환

53 서재진, 「북한의 미래」, 『세계체제이론으로 본 북한의 미래』, 황금알, 2004, pp. 293~298.

이 이루어진다.

한국은 이 시기 상당한 수준의 남북한 경제통합을 바탕으로 남북한 합의에 의해 '남북연합' 단계로의 진입을 국제적으로 선언한다. 한반도의 남북관계의 특수한 성격, 즉 남북한 두 정부에 의한 국가연합 형태인 '남북연합'의 지위에 대해 유엔의 인정과 함께 '남북연합' 헌장에 기반한 국제법적 보장을 획득한다.

마지막으로 북한의 핵폐기에 따른 한반도 비핵화 달성과 함께 평화포럼과 러시아, 일본이 참가한 6자회담에서 국제적인 보장방안과 평화체제 관리방안 등이 마련된다. 이미 북·미 수교를 통한 관계정상화가 이루어진 시점에서, 국제적 보장 아래 한반도 평화체제의 법적·제도적 구축상태를 완료한다. 따라서 한반도의 '공고한 평화상태' 유지를 위해 앞 단계에서 이미 합의된 '평화보장 관리기구'를 작동시키면서 평화협정 합의사항 이행을 심화시켜 나간다.

동북아 차원에서는 미국을 비롯한 6자회담 관련국들은 마침내 '동북아 안보·경제공동체' 형성을 완료함으로써 동북아의 새로운 문명의 시대를 열어 나간다. 한반도의 평화체제 수립으로 북한은 동북아의 안보와 평화의 공동책임을 부여받고 정상국가로 발돋움하게 된다. 한반도 평화체제의 유지·지속이 법적·제도적으로 보장되는 시기에 들어서면 비로소 '평화체제'가 정착되었다고 할 수 있다. 마지막으로 평화체제단계에서 통일문제는 상당한 수준으로까지 진전되어야 한다. 이 시기에 이르러 통일추진에 대한 남북한 합의 속에서 통일의 방법과 절차 등에 대해 높은 수준의 합의가 마련될 수 있다.

이제 다시 원점으로 돌아와 보자. 「2·13 합의」는 2002년 10월에 불거진 제2차 북핵위기를 미국이 스스로 자초하였다고 보는 시각에 더욱 확신을 가져다 주었다. 이에 대해 우리 사회 한편에서는 미국의 실패와 '배반'으로 미국의 대북 정책을 비판하는 입장, 다른 한편에서는 북한 핵문제 해결과 함께 한반도 평화체제 구축의 출발점으로 환영하는 입장으로 대별된다. 그러나 미국의 대북 정책의 전환을 환영하거나 비난하는 입장은 한반도 주변의 급변하는 상황변화의 의미를 이해하는 데 전혀 도움이 되지 않는다.

비핵화와 한반도 평화체제 구축과정에서 한국의 '평화 이니셔티브'가 관철되기에는 상당한 한계가 노정되고 있다. 비핵화와 평화체제 구축 추진과정에서 미국과 일본을 비롯한 관련국들의 전술적 방향과 한국의 대북·통일정책의 원칙 사이에 균열이 발생할 수 있다. 말하자면, 미국·일본의 길과 한국의 길이 반드시 일치하는 것은 아니라는 말이다. 「2·13 합의」의 과정에서 나타났듯이, 미국은 동북아 지역의 전략적 선회를 추구하면서 한국과 일본의 안보우려를 신중하게 고려하거나 협의하지 않았고 자국의 국익을 우선시하는 입장을 보였다. 앞으로도 한반도 비핵화와 평화체제 구축과정에서 한·미 양국의 이해관계가 반드시 일치한다는 보장이 없다는 데에 보다 큰 문제가 놓여 있다. 이는 엄연한 현실이다. 우리가 현실을 끌어갈 수 없다면, 변화된 현실을 냉혹히 직시하고 창조적으로 적응·대응함으로써 '현실'을 변화시킬 수 있다. 한국의 주도적 역할공간이 제약되는 조건 속에서 핵심 의제 설정과정에서 한국과 미국의 이해관계 불일치가 나타나고, 우리 입장이 충분히 반영되지 못할 상황이 우려된다. 특히, '비핵화·평화체제' 연계 속에서 미국과 북한 중심의 협상구도로 기우는 상황을 주시해야 한다.

동북아 지역에서 중국, 북한, 러시아의 북방 삼각관계가 복원되고 있는 가운데, 한국, 미국, 일본의 남방 삼각관계는 약화·해체되고 있는 실정이다. 동북아 정치지형의 변화 속에서 한국은 전통적 우호관계에서마저 소외·배제되고 있는 상황을 경계해야 한다. 자칫 한국은 국제적 미아(迷兒)가 될 수도 있다. 지금 동북아 정치지형의 변화 형태는 한국에게 결코 우호적이거나 낙관적인 국면이 아니다.

한국과 미국은 한반도를 비롯한 동북아 지역에서 공통의 가치와 미래 이익의 공유에 대한 상호 확신이 절실한 때이다. 양국은 시장경제, 자유민주주의 그리고 인권 등의 보편적 가치와 더불어, 미래 이익의 공유에 대한 확신을 토대로 한반도 비핵화와 평화체제 구축을 추진해 가야 한다. 우리는 이 길을 가지 않으면 안 된다. 이 길을 통해 한반도 '비핵화·평화체제' 구축, 그리고 통일로 나아가야 한다.

제 3 장

핵국가 북한, 한국의 선택

➢ 이 글은 평화재단의 「평화논평」 제11호 (2006. 10. 11) 에 수록된 원고입니다.

1 북한 핵실험: 동북아 안보 패러다임의 전환

북한은 핵실험 강행으로 세계에서 9번째 핵무기 보유국으로 떠올랐다. 핵은 하루아침에 약소국을 군사강대국으로 만든다. 북한은 이제 동북아에서 아무도 무시하지 못할 군사강국의 위상을 굳혔다. 북한 핵실험은 이미 예정된 수순이었다. 작년 2월 10일 북한은 핵보유국임을 스스로 밝혔다. 이미 2년 전부터 부시 행정부의 대북 강경정책이 변하지 않는다는 전제하에 핵실험을 통해 핵보유국으로 간다는 방침이었다.

북한의 핵보유는 세 차원에서의 파급효과를 낳았다. 첫째, 미국 주도의 비확산체제에 기반한 국제적 핵질서에 대한 중대한 도전으로, NPT체제의 동요를 가져왔다. 이는 대만, 호주, 인도네시아, 미얀마, 그리고 이란, 시리아, 터키 등 핵무기 개발능력을 가진 세계 30여 개국이 핵정책을 재검토하도록 자극할 수도 있다. 둘째, 북한의 핵보유로 동북아 안보지형의 구조적 변화가 불가피해졌다. 한반도를 가름축으로 하여 정치군사적 측면에서 해양세력과 대륙세력의 대치구도가 첨예해질 수 있다. 셋째, 북한 핵실험 이후 상황은 이전 단계의 우리 정부의 대북 정책과 안보전략이 그대로 적용될 수 없게 되었음을 의미한다. 즉, 북한의 핵보유로 국제핵질서, 동북아 안보지형, 그리고 남북관계라는 세 차원에서 '패러다임의 전환(paradigm shift)'이 초래되었다.

북한 핵실험은 치밀하게 계산된 공세적 전략이다. 2002년 10월 제2차 핵위기 발생 후 지금까지 북한은 핵문제로 점차 위기수준을 높여 오면서 미국에 대북 협상을 요구해 왔는데, 부시 정부가 이에 적극 응하지 않자 마지막 카드로 핵실험을 강행하였다. 말하자면, 미국의 의도적 무시에 북한은 되받아치기로 나온 것이다. 미국은 북한 뜻대로 움직이지 않았고 '의도적 무시'로 일관해 왔다. 지난 해 제4차 6자회담의 「9·19 공동선언」 합의문의 잉크가 채 마르기도 전에 미국과 북한은 각각 딴소리를 하였다. 미국은 마카오 소재의 방코델타아시아(BDA)은행에 대한 미국의 대북 금융제재를 시발로 지금까지 북한을 궁지에 몰아넣었다. 금융제재를 해제하면 6자회담에 복귀하겠다고 북한이 수 차례 밝혔는데도 미국은 오히려 금융제재를 강화하였고, 6자회담 미국측 대표의 방북초청도 거부하였다. 이에 북한은 7월 4일 미국 독립기념일에 맞추어 미사일을 발사함으로써 미국측에 협상을 강요하였다. 그러나 그 결과 북한은 미국, 일본이 주도하고 중국, 러시아도 찬성한 UN 안보리 결의를 불러와 국제사회에서 고립무원의 처지를 자초하고 말았다.

이제 북한은 핵실험으로 미국에게 마지막 '진검승부'를 걸었다. 10월 3일 핵실험을 하겠다고 밝힌 후 엿새 만에 핵실험을 감행한 셈이다. 11월 7일 미국의 중간선거에서 부시 행정부의 대북 정책 실패 여론을 기대한 것으로도 볼 수 있다. 북한은 중간선거 이후 예상되는 미국 부시 행정부의 대북 제재 강화국면을 미리 '되받아치기'로 대응하였다. 9월 8일자 노동신문 정론은 전체 6면 가운데 2면에 걸쳐 「여명이 불탄다」는 제목의 글을 게재하였다. "지금 우리 나라에 강성대국의 여명이 밝아오고 있으며, 승리의 동이 터온다고 하신 김정일 장군님의 말씀이 천만의 가슴을 무한히 흥분시키고 있다"고 하여 승리의 새 역사를 크게 부각시켰다. 이것으로 비추어 볼 때 북한은 핵실험 강행방침을 굳힌 뒤, 핵실험 날짜를 잡아놓고 지난 3일 계획을 발표한 것으로 보인다.

그렇다면 북한의 핵실험이 또다시 협상용이라는 말인가? 물론 미국의 대북 협상을 끌어 내기 위한 측면도 있다. 그러나 북핵은 협상용이라기보다는 북한 김정일 정권의 체제유지를 위한 것이라는 데 문제의 본질이 있다. 핵 없는 김정일 정권은 상상할 수 없다. 돌이켜보면, 6자회담은 지지부진한 협상이라 생각되지만, 북한으로서는 6자협상이든 어떤 형태의 협상이든 충분한 수준의 핵보유로 가는 데 시간을 버는 수단에 불과하였다. 1991년 12월의 「남북기본합의서」, 1992년 1월의 「한반도 비핵화 공동선언」의 감동적인 이벤트가 펼쳐지던 바로 그 시간에 북한은 부지런히 핵물질을 추출하고 핵개발을 서두르고 있었다. 북한에게 남북한 간 합의문서는 애초부터 기만술의 휴지조각에 불과하였다.

북한은 곧 북·미 핵군축협상을 제안할 것이다. 핵실험 이전부터 북한은 그 동안 북한의 핵문제를 '조선반도의 핵문제'로 주장해 오면서 미국과 북한이 다함께 보유하고 있는 핵문제를 풀자는 논리를 내세워 왔다. 따라서 지금까지 6자회담에서 논의된 북한 핵문제가 아니라, 미국과 북한이 동등하게 핵군축을 협상하자는 논의구도로 바꾸고자 할 것이다.

2 북핵의 손익계산서

북한의 입장에서 핵실험 손익계산서를 따져 보자. 당연히 득이 손실보다 훨씬 크다. 북한은 유엔을 비롯한 국제사회의 대북 제재를 감내할 각오가 되어 있다. 북한이 핵실험을 하더라도 미국의 군사적 조치는 가능하지 않다. 미국은 핵보유국을 공격한 경우가 없다. 자국 또는 해외주둔 미군에 대한 핵공격이 예상되는 상대에 대한 미국의 공격은 정치적으로 불가능하다. 그 이유는, 첫째 대북 공격시 북핵이 몰고 올 미군 및 한국 거주 미국인 피해는 감당하기 어렵다. 둘째, 북한의 117만 정규군과 500만 비정규군의 위력도 엄청나다. 셋째, 미국의 동맹국인 남한과 스커드미사일, 노동미사일의 위협 아래 놓인 일본의 대북 공격에 대한 반대도 만만찮다. 넷째, 대북 공격에 대한 중국과 러시아의 반대도 무시할 수 없다. 마지막으로, 미국은 중동 정치에 손이 묶여 있는 상황이다. 현재 2,500여 명에 달하는 미군 전사자와 3,000억 달러의 전비를 쏟아 부은 이라크전의 수렁에서 빠져 나오지 못한 상태이다. 여기에다 이란의 핵도전, 레바논과 이스라엘의 어수선한 상황을 고려해 볼 때 미국으로서는 대북 공격을 감행할 여력이 없다.

북한의 핵실험 이득은 상당하다. 첫째, 핵보유로 김정일의 정권안보는 한층 공고해진다. 이 점이 사실 핵보유의 알파요 오메가다. 핵무기 보유국가로 등장함에 따라 군사·안보전략적 안전판의 확보가 가능하다. 둘째, 대내 통치기반 강화와 체제이완을 적절히 통제할 수 있게 된다. 셋째, 핵무기 보유국가로서 미국과 핵군축 차원에서 협상을 요구할 수 있다. 핵보유로 대미 협상을 통해 정권안보, 대규모 경제지원 획득, 주한미군 철수, 한·미동맹 해체를 주장할 것이다. 넷째, 남한을 북한의 대남·대외정책의 인질로 붙잡아 맬 수 있다. 그리하여 한·미갈등 유도, 남남갈등 확산 및 반미 분위기 고조 등을 획책함으로써 한반도 전역을 '주체국가'의 통제 아래 둘 수 있다는 기대도 한몫하였을 수 있다.

대개 우리와 국제사회는 대북 경제제재로 인한 북한의 타격을 예상하고 있는 분위기다. 그러나 북한은 군사적 제재 측면뿐만 아니라 경제제재 측면에서도 대책을 수립한 것으로 보인다. 1990년대 중후반 '고난의 행군' 시기 수백만 명의 아사자가 발생하였는데, 당시에는 그때까지 유지되었던 국가배급제가 붕괴됨으로써 숱한 아사자가 발생할 수밖에 없었다. 그러나 지금은 국가배급제 혜택이 체제유지에 필요한

계층에게만 돌아가고 배급제 밖의 다른 일반 주민들은 스스로 자구책을 마련해 살아가고 있는 실정이다. 한편, 중국을 비롯해 반미전선을 펼치고 있는 이란, 쿠바 등과 경제교류협력이 완전히 단절되지 않는 한 최악의 상황은 피할 수 있다는 판단도 있다. 그러나 김정일 정권에게 주민들의 경제적 궁핍이나 생존문제는 아주 부차적인 사안이다. 사실 우리가 우려하는 경제제재로 인한 주민의 고통은 김정일 정권의 핵실험 강행과정에서 결코 고려할 만한 가치가 있는 문제가 아니다. 김정일 정권의 입장에서 핵실험의 손실은 별로 보이지 않는 데 비해, 이득은 상당하고 구체적이다. 따라서 김정일 정권이 존속되는 한 핵 포기를 기대하는 것은 무의미하다.

그렇다면 북한 핵을 저지해야 한다는 데 국제사회의 협력이 순조롭게 이루어질 수 있을까? 북한이 핵을 가짐으로써 동북아 안보지형이 아주 불안정하고 불투명해진다. 여기에다 군비경쟁이 가속화되면서 핵의 도미노 상황까지 우려된다. 이런 점에서 동북아 역내국가들은 모두 북한의 핵보유를 바라지 않는다. 그러나 핵을 보유한 북한과 공존할 수밖에 없다고 여기면서 미국, 중국, 러시아, 일본은 나름대로의 대응논리를 개발할 수 있다.

우선 미국이다. 미국은 북한 핵을 막을 수 없다는 판단에서 최근 북한의 핵보유가 미국으로서는 최악의 시나리오가 아닐 수도 있다는 논의들이 조심스럽게 개진되고 있다. 북한의 핵이 미국에게 실질적 위협이 되기에는 아직 시간이 남아 있다. 지금 중동 문제로 여력이 없는 미국은 북한의 핵보유를 역이용하여 적절한 수준에서 일본의 군사안보적 전진을 통해 안보비용 절감을 기대할 수 있다. 또한 미국의 핵우산에 대한 한국의 대미 의존이 불가피한 상황은 한국을 관리하는 데도 무척 효율적이다. 중국은 북핵문제로 일본의 재무장 상황을 바라지 않기 때문에 북한 핵이 중국에게도 부담일 수밖에 없다. 구체적으로 미국은 UN을 통한 대북 경제제재와 함께 핵물질의 유출을 막기 위해 국제사회와 협력하여 대량살상무기 확산방지구상(PSI)의 수준을 높여 나가거나 금융제재국면을 유지하면서 북한 인권문제 등을 대북 전략 차원에서 다룰 것이다. 이 과정에서 중국과 한국의 대북 지원 자제요청이 예상된다.

중국의 입장은 이중적이다. 중국은 북한 핵보다 북한체제의 붕괴를 더 우려한다. 중국의 동북아 전략은 두 축이다. 하나는 대만이고, 다른 하나는 북한이다. 중국은 '하나의 중국'이라는 원칙 아래 대만의 독립을 허용하지 않는다. 그와 함께 북한의 붕괴로 한반도가 미국의 영향권에 들어가는 것을 악몽의 시나리오로 여긴다. 중국은 동북아에서 미국의 힘을 대만과 북한으로 양분시켜야 한다. 북한은 미국과 중국의 완충지역으로 존재해야 하기 때문에 북한의 붕괴위기를 결코 방관할 수 없다. 따라서 북한의 핵보유를 바라지는 않지만, 핵보유국 북한을 체제위기에 이를 만큼 미국과 일본이 강력하게 제재를 가하는 상황은 허용할 수 없다. 중국은 북한 핵실험을 비난하는 수준에는 동참하지만 북한체제의 위기상황을 초래할 수 있는 대북 제재는 반대할 것이다. 중국 외교부는 벌써부터 북한 핵실험을 협상과 대화를 통해 평화적으로 해결해야 한다는 입장을 밝혔다. 중국은 UN 안보리에서 당분간 대북 비난에는 동의하지만, 북한 핵보유에도 불구하고 대북 지원의 끈을 완전히 놓지는 못할 것이다. 물론 북한은 중국의 이러한 입장을 충분히 활용하고 있다.

러시아는 북한을 핵보유국으로 인정하는 입장이다. 러시아는 재빠르게 북한을 군사적 파트너로 삼아 동북아 진출의 확고한 교두보로 활용하려는 의도를 감추지 않고 있다.

일본은 북한의 핵·미사일 위협으로 최악의 상황에 부딪히는 것만은 아니다. 아베 신조(安倍晋三) 등 일본 우익 정치인들은 북한 핵위협을 계기로 그들의 오랜 숙원인 일본의 '보통국가'로 나아가는 길을 열 것이다. 공고한 미·일동맹을 한 축으로 하면서 중국의 부상을 적극 견제하기 위해 북핵으로 인한 일본 국민의 위기의식을 바탕으로 정치군사적 대국화의 길을 모색할 것이다. 제2차 세계대전의 전범국가 일본은 북한 핵문제로 정치군사적 대국화로 나아가는 길에 60여 년 이상 묶였던 빗장이 풀릴 순간을 학수고대하고 있다.

패러다임이 급변하고 있다. 동북아 국제정치적 좌표 위에 한국은 과연 어디에 있는가? 북한 핵실험으로 한반도 문제는 최고도의 위기 상황(climax)에 처하였다. 우리로서는 더 이상 물러설 곳이 없는 상황을 맞이하였다. 제대로 대처하지 못한다면 한국은 동북아의 정치군사적 역학관계에서 전략적 왜소화를 피할 수 없게 된다.

이제 우리는 어디로 가야 하며, 어떠한 미래를 선택해야 하는가? 지금의 위기가 자칫 파국으로 치달을 수도 있지만, 위기를 전환의 기회로 삼아야 한다. 우리 국민 모두의 합리적 판단과 냉철한 정치적 리더십이 요구되는 엄중한 순간이다. 천하의 흥망은 필부(匹夫)에게도 책임이 있다.

제 4 장

북한 미사일사태와 한반도 평화

1. 서　　론
2. 북한 미사일 발사: 돌파전략
3. 미사일 발사의 후폭풍: 유엔과 국제적 대북 제재
4. 한반도 평화와 미국
5. 결　　론

➢ 이 글은 독일 프리드리히 에베르트 재단과 매봉통일연구소가 공동 주최한 국제학술회의 '북한사회 변화를 위한 국제사회의 역할과 남북협력(International Society's Role for North Korean Change and Inter-Korean Cooperation: Seoul, 2006. 8. 8)'에서 발표한 글을 수정·보완하여 경남대학교 극동문제연구소, 『한국과 국제정치』 제22권 제3호(통권 54호), 2006년(가을)에 게재된 논문입니다.

1 서　론

북한의 미사일사태는 핵개발과 함께 한국과 동북아 안보에 대한 중대한 도전이다. 한반도의 제2차 미사일 위기는 마침내 현실로 드러났다. 북한은 2006년 7월 4일 미국 독립기념일에 맞추어 미사일을 발사하였다. 새벽 3시 32분부터 오후 5시 22분까지 스커드, 노동, 대포동 2호 등 총 7기의 미사일을 쏘았다. 그러나 북한은 미사일 발사 열흘 만에 예상치 못한 강력한 후폭풍을 맞았다. 미사일 시험발사의 무리한 강행으로 유엔 안전보장이사회의 대북 제재 결의안이 통과됨으로써 스스로 국제사회의 고립과 제재국면을 자초한 것이다.

우리 정부는 북한의 미사일 발사는 국제사회의 대북 강경론의 입지를 강화함으로써 북한의 국제적 고립을 심화시킨 것은 물론이고 동북아 군비증강의 빌미를 제공함으로써 동북아의 평화와 안정을 저해하고 남북관계에도 우리 국민의 대북 정서를 악화시키는 등 부정적 영향을 미치는 현명하지 못한 행위로 규정하고 심각한 유감을 표명하였다.[1]

북한 미사일사태로 한반도를 비롯한 동북아 지역은 새로운 긴장국면에 빠져들었다. 북한 핵문제 해결의 전망이 불투명한 가운데, 미사일사태로 북한의 벼랑끝전술과 미국의 강경노선이 다시 한번 격돌하였다. 북한의 미사일 발사 강행으로 남북관계, 북·미관계, 북·중관계, 미·중관계 그리고 한·미관계는 새로운 국면에 접어들었다.

---

[1] 통일외교안보정책수석은 7월 5일 북한 미사일 발사에 대한 정부성명을 발표하였다.

북한 미사일사태로 야기된 미국 주도의 대북 제재국면은 상당 기간 지속될 가능성이 높다. 그 동안 미국의 대북 정책은 '대화와 압력'의 주기적 반복형태로 나타났다. 그러나 금번 북한 미사일사태로 다음과 같은 패턴의 변화가 예상된다. 부시 행정부 내에서 북한 핵·미사일문제에 대한 보다 '근본적인' 접근방식이 강화될 수 있다. 북한의 핵·미사일문제에 대한 미국의 군사적 조치는 처음부터 현실적 가능성이 크지 않았다. 미국은 외교적 해결방식에도 적극적인 관심이 없었다. 그런 가운데 미국은 최근 금융제재를 통한 새로운 대북 압박수단을 찾았다.

본고의 문제의식은 한반도를 둘러싼 동북아 지역의 갈등과 평화의 문제는 북·미관계가 핵심적 사안이라는 데서 출발한다. 북·미관계의 분석을 위해서는 냉전시대의 억지이론이나 전통적인 패권이론으로 해명되지 않는 역사적 특수성에 대한 깊은 이해도 필요하다. 그러나 북한의 계산된 도전과 도발의 의미는 북·미관계 속에서 접근될 수 있으며, 특히 이 글에서는 미사일사태로 인한 '위기국면'의 극복은 구조적 접근 못지않게 상황전개에 대한 면밀한 분석과 이해가 전제되어야 한다는 점을 강조하고 싶다.

북한의 미사일 발사는 대북 협상론의 위상을 약화시키면서 미국과 일본 중심의 국제사회의 논리가 득세하는 국면을 초래하였다. 본고에서는 먼저 미사일 발사를 강행한 북한의 입장을 살펴볼 것이다. 그리고 미사일 발사의 후폭풍으로 대북 제재의 기본 틀인 유엔 안보리 결의안과 함께 미국 주도의 다양한 대북 제재의 가능성을 검토한다. 끝으로 세 개의 시나리오를 통해 '북한 문제'에 대한 해결방식의 대략적인 유형화를 시도하였다.

2 북한 미사일 발사: 돌파전략

북한은 미사일 시험발사로 전략핵능력을 과시할 수 있다. 미사일이 전략적 운반수단이라는 점에서 미국과 일본은 북한의 장거리 미사일 능력 자체를 위협적인 도발로 규정하였다. 그렇다면 북한은 왜 6자회담이 상당 기간 공전되고 있는 시점에서 미사일 발사를 강행하였을까?

2.1. 평양의 오기, 워싱턴의 오만

핵·미사일문제는 지금까지 북한의 '배짱전략'과 미국의 '오만외교'가 서로 한 발짝도 양보 없이 맞부딪혀 온 사안이다. 그럼에도 북한은 6자회담의 공전과 함께 미국의 대북 금융제재로 인한 장기화된 북·미 교착국면을 타개해야 할 절박한 상황이었다. 이번 미사일 발사는 북한식 '돌파전략'으로, 여기에는 대미 전략과 함께 북한의 절박한 현안인 금융제재문제를 타개하려는 의도를 읽을 수 있다.

우선 대미 전략 차원이다. 북한의 미사일 발사는 돌출적이거나 예상하지 못한 돌발적 행동으로 보기 어렵다. 북한은 지난 해 3월 미국의 고립압살정책에 대처한 자위적 조치로 핵억제력 보유를 밝히면서, 미사일문제에서도 국제조약이나 국제법적 구속을 받지 않는다고 선언하였다. 북한은 "이전 미 행정부 시기인 1999년 9월 대화가 진행되는 기간 미사일 발사 임시중단조치를 발표하였으나 2001년 부시 행정부가 집권하면서 조·미 사이의 대화는 전면 차단되었다. 따라서 미사일 발사 보류에서도 현재 그 어떤 구속력도 받는 것이 없다"(북한 외무성비망록, 2005. 3. 3)고 밝혔다. 이를테면 북한은 미사일 발사 보류조치가 더 이상 유효하지 않다는 입장이었다. 그 후 북한은 지난 5월 초 미사일 발사준비를 시위하는 한편, 6자회담 미국측 대표의 초청담화를 통해 "우리를 계속 적대시하면서 압박 도수를 더욱더 높인다면 우리는…… 부득불 초강경조치를 취할 수밖에 없다"(북한 외무성 대변인 담화, 2006. 6. 1)고 미국을 압박하였다. 그러나 미사일 발사준비 시위를 통한 북한의 강력한 대화요구 메시지에도 불구하고 부시 대통령과 라이스 국무장관은 북한의 행동을 '쇼 비즈니스(show business)'로 보면서 국제사회의 여론몰이를 통한 강경언술로 일관해 왔다.

이 과정에서 당시 북한의 상황판단에 우호적이었던 미국 의회 분위기를 지적할 필요가 있다. 지난 6월 22일 미국 상원은 대북정책조정관 임명을 규정한 「2007년 국방수권법 수정안」을 만장일치로 통과시켰다. 이 법안은 대북 정책에 대한 전면 재검토를 명시해 놓았는데, 법안이 확정될 경우 부시 행정부의 대북 정책은 전환과 변화가 기대될 수 있었다. 또 민주당이 발의한 법안을 공화당이 동조, 만장일치로 통과시킨 것은 여야를 떠나 부시 행정부의 대북 정책이 이대로는 안 되며, 어떤 돌파구가 필요하다는 데 공감대가 형성되어 있음을 보여준다. 민주당은 그 동안 부시 대통령 취임 이후 북한 문제를 6자회담의 틀 속에만 넣어 둔 채 사실상 방치하는 바람에 오히려 북한의 핵능력만 키워 주었다며 비판해 왔다. 여기에 공화당이 가세하여 부시 행정부로 하여금 북한 문제에 우선순위를 두면서 북한과의 직접협상을 촉구하였다.[2]

이 법안은 부시 대통령의 대북 정책이 실패하였다는 전제에서, 2개월 이내에 대북정책조정관을 임명하여 북한과 직접협상을 하도록 규정하고 있다. 따라서 부시 대통령은 북·미 직접협상을 하지 않을

[2] 이런 분위기 속에서 미국의 '제2호' 대북정책조정관 임명에 관심이 제고되었다(연합뉴스, 2006. 6. 23).

수 없고, 미국 의회 분위기로 보아서는 상당 기간 동안 북한에 대해 실질적 조치를 취하기 어려운 기류가 흐르고 있는 장면이었다. 이는 북한측에 매우 우호적인 국면이며, 이 상황에서 미사일 발사를 감행할 경우 미국은 협상에 임할 수밖에 없다고 계산하였을 것이다.

2.2. 미사일, 금융제재 돌파

또 다른 요인으로 지난 해 말부터 불거진 미국의 금융제재국면을 타결해야 할 북한의 절박한 상황을 지적할 수 있다. 6자회담의 「9·19 공동성명」의 도출에도 불구하고 곧이은 대북 금융제재와 인권문제 제기 등으로 인해 대북 압박이 가중되는 상황이었다. 그럼에도 미국은 북한이 요구한 양자대화 채널을 줄곧 거부해 왔다. 이에 북한은 세계의 관심을 집중시킬 수 있는 충격적인 카드로 미사일 발사를 감행하여 미국의 대북 포위국면을 뚫는 '돌파전략'으로 맞대응하였다.

이와 관련하여 이번 미사일 발사 준비과정에서 이란 미사일 전문가의 초청과 발사현장 참관 등 이란과의 커넥션에 대한 잇따른 보도가 주목된다(B. Demick, 2006. 7. 27).[3] 북한은 미사일 강국이자 미사일 수출국이다.[4] 미사일은 북한의 주요 외화획득원이다. 북한과 이란의 미사일 유대는 미국의 즉각적인 제재가 어려울 것이라는 판단에서 미사일의 성능테스트 결과를 과시하여 미사일 수출을 재개하려는 의도

3 북한 미사일의 이란과의 커넥션은 일본 產經新聞(Sankei Shinbun, 2006. 6. 30)에서 가장 먼저 보도되었다.

4 북한형 SCUD-B 및 SCUD-C는 각각 1985년경, 1990년경 최초 시험발사에 성공하여 리비아, 시리아, 이집트, 예멘 등에 수출하였다. 노동미사일은 사거리 1,100km, 탄두중량 700~1,000kg, 1단계 추진로켓, 정확도 2~4km로 1993년 최초 시험발사에 성공하여 200여 기를 실전배치하였으며, 파키스탄은 핵기술 밀거래 대가로 노동미사일을 수입하여 핵탄두를 장착한 가우리미사일을 개발하였다. 대포동 1호는 사거리 1,500~2,000km, 탄두중량 700kg, 2단계 추진로켓, 정확도 2~4km로 1998년 8월 31일 시험발사를 통해 성공하였다. 대포동 2호는 사거리 4,000~6,000km, 탄두중량 1톤 정도로 추정되며 지난 7월 5일(한국시간) 시험발사하였다.

로 이해된다. 미사일 수출은 미국의 금융제재를 비롯한 다양한 경제적 압박조치에 대한 돌파구이자, 미사일 개발·수출 자체가 대미 협상 전략 카드로 활용될 수 있다.

한편, 북한의 대내적 상황도 고려되어야 한다. 미사일 발사로 체제결속도 노릴 수 있다. 북한은 1998년 광명성 1호를 쏘아 올려 '고난의 행군' 3년 동안의 굶주림과 절망적 분위기를 일거에 날려버렸고 강성대국의 기치를 한껏 올렸다. 그야말로 '국가적' 쾌거였고 김정일 위원장의 존엄을 결정적으로 높였다. 그로부터 8년이 지났다. 그 동안 대미 전략 차원에서 미국에 대한 양보로 군부의 불평불만도 상당한 수준에 달하였고, 북한체제에 대한 맹목적 복종과 충성도의 급격한 이완, 대민 통제력 상실 등 국내적 요인은 김정일 위원장으로 하여금 '특단의 결단'을 내리지 않을 수 없게 만드는 상황이었다.

북한은 대포동 1호 미사일 발사로 상당한 성과를 거두었다. 제네바 기본합의(1994. 10. 21)와 대포동 1호 미사일 발사(1998. 8. 31)에 따른 대미 협상결과를 김정일 시대의 위업적인 두 개의 전취물로 여긴다. 모두 클린턴 행정부 시절의 이야기다. 그 결과 지금까지 북한의 대미 협상 지향점은 '그 좋았던 시절'의 북·미관계로 되돌리는 데 있다. 그러나 안타깝게도 미국은 그 때의 미국이 아니다. 북한의 대미 정책 실패요인은 바로 여기에 있다. 북한은 미사일 발사로 국제사회의 이목을 집중시키는 전술적 성과를 거두었으나 국제적으로 광범위한 대북 강경여론을 확대시키는 전략적 실책을 범하고 말았다. 유엔 안전보장이사회의 대북 결의안 채택에 이어 미국과 일본이 주도하는 대북 제재의 추가조치들이 동북아의 안보상황을 한층 긴장시키고 있다.

3 미사일 발사의 후폭풍: 유엔과 국제적 대북 제재

3.1. 유엔 안보리 결의안: 대북 제재의 기본 틀

유엔 안전보장이사회는 7월 15일 북한의 미사일 발사를 규탄하고 유엔 회원국들에게 북한의 미사일 개발을 감시하는 한편, 북한제 미사일 및 미사일관련 물품이나 기술을 구매하지 않도록 요구하는 내용의 대북 결의를 15개 이사국 만장일치로 채택하였다. 전문과 8개 조항으로 구성된 결의문은 "북한이 미사일 프로그램과 관련된 모든 행동을 중지하고, 이러한 맥락에서 미사일 발사 유예선언에 대한 기존의 약속을 지킬 것을 요구한다"면서, 조건 없는 6자회담 복귀와 「9·19 공동성명」 이행, 모든 핵무기 및 기존 핵프로그램의 포기, NPT와 IAEA 안전규정 재가입을 촉구하였다. 이어 "이 문제에 대해 계속 유의하기로 결정한다"고 밝혀, 북한이 또 다른 도발행위를 강행할 경우 추가조치를 논의할 뜻을 밝혔다. 결의문은 "유엔 회원국, 특히 북한에 긴장을 악화시킬 수 있는 행동을 삼가고 자제를 보여 줄 필요가 있다는 점, 또 정치적·외교적 노력을 통해 핵확산 금지문제의 해결을 위해 계속 노력할 필요가 있다는 점을 강조한다"(Resolution 1695)고 덧붙였다.

미국과 일본은 안보리 결의문이 채택된 뒤 북한에 대해 이의 무조건적이고 즉각적인 이행을 촉구하였다. 그러나 북한은 이를 전면 거부하였다. 북한은 안보리 결의문 채택 비난성명을 내고 "안보리 결의를 강력히 규탄하고 배격"하며, "모든 수단과 방법을 다하여 자위적 전쟁억지력을 백방으로 강화해 나갈 것"(북한 외무성 성명, 2006. 7. 16)이라면서 반발하고 나섰다. 북한이 유엔 결의를 무시하고 실제로 미사일 추가시험을 강행할 경우 안보리의 다음 단계 제재수준이 본격화될 것이다.

북한의 미사일 능력은 아직 미국에게 실질적 안보위협이 되는 수준이 아니다. 북한의 미사일 발사 강행을 군사적 무력과시라기보다 미국과의 직접 협상을 위한 정치적 '러브콜'로 이해한다고 하더라도 미국은 미사일 위협에 6자회담을 제쳐 두고 북한의 직접대화 요구를 받아들일 가능성은 처음부터 크지 않았다. 더욱이 부시 행정부는 북한에 대한 양보는 이란의 핵보유 의지와 미국에 대한 반미국가들의 도전에 잘못된 메시지를 줄 수 있다고 여기기 때문이다. 그럼에도 두 달 가량 지속된 미사일국면에서 북한은 미국이 주도하는 국제정세의 흐름을 정확히 읽지 못하였다. 미국은 북한의 핵·미사일에 대한 '외교적' 해결을 강조하면서도 결코 양자협상방식을 통합 타협의 길을 열어 놓지 않았다. 사실 '외교적' 해결은 국내정치적 레토릭에 불과하였다. 그리고 처음부터 군사적 옵션은 테이블 위에 올려져 있지도 않았다. 오직 다양한 형태의 대북 압박방식만이 고안되고 있던 상황이었다. 미국은 북한을 잡기 위해 중국에 대한 설득과 압박을 병행하면서 영국, 일본, 호주, 뉴질랜드, 스페인, 싱가포르 등 유럽과 아시아 주요 국가들과의 은밀한 공조체제를 구축해 왔다.

북한은 미국이 쳐 놓은 그물망에 빠졌다. 김정일 위원장의 계산된 배짱과 오기가 부시 대통령의 비타협적 오만 앞에 일단 좌절된 셈이다. 이제 미사일사태는 북한 대 미국의 문제가 아니라, 북한 대 유엔, 즉 북한 대 국제사회의 문제가 되었다. 이는 분명 북한이 바라는 구도가 아니다. 결의안은 대북 봉쇄를 위한 주요한 걸음으로 미국은 대북 압박 측면에서 6자회담과 유엔 안보리라는 두 개의 다자 틀을 확보하였다. 유엔 안보리 결의안은 권고적 성격을 띠고 있으나, 만장일치로 채택된 점에서 아주 강력하고 포괄적인 성격을 지닌다. 북한이 이번 대북 결의안을 무시하고 미사일 발사 등 도발행위를 재개할 경우 안보리는 제7장의 집단적 강제조치를 명기하여 한 단계 강화된 결의안을 채택할 수 있다.

3.2. 대북 제재의 새 국면

미국과 일본은 안보리 결의안 채택 이후 대북 억압수준을 점차 높여 가면서 전방위 압력을 추진하고 있다. 미국은 확산방지구상(PSI)을 안보리 결의안에 허용된 조치로 활용할 태세이며, 일본은 국내법과 안보리 결의안에 의거하여 송금규제, 북한 선박 기항통제 등 대북 압력수위를 한 단계 높였다.

미 상원은 북한에 미사일과 핵 등 대량살상무기(WMD)와 관련하여 물자나 기술을 거래하는 기업과 개인을 제재할 수 있는 내용의 「북한비확산법안(North Korea Non Proliferation Act)」을 만장일치로 가결하였다(7. 25).[5] 북한이 미사일 발사를 강행한 직후 미 상원에 제출된 북한비확산법안의 상원 가결은 유엔 안보리 대북 결의 이후 미국측의 첫 번째 관련 입법조치라는 점에서 의미가 크다. 이는 미 의회와 정부 내에 확산되고 있는 대북 제재와 압박강화 의지를 반영한 것으로, 미국 내 협상파들의 주장과 입지가 약화되고 북한을 압박하는 또 다른 입법조치와 정책들이 이어질 수 있는 분위기를 말해 준다.

미국이 취할 수 있는 대북 압박조치들은 다양하다. 우선 북한의 자산동결과 거래금지를 포함하는 광범위한 금융제재가 예상된다. 마카오 소재 방코델타아시아(BDA)에 대한 제재가 북한에 미친 예상 밖의 충격에 더욱 확신을 가진 미 재무부는 중국, 아시아, 유럽 등 전 세계의 북한관련 계좌를 파악하고 추적해 온 것으로 알려졌다. 미 국무부

5 「비확산법안」은 당초 이란과 시리아를 겨냥해 입법되었으나, 북한이 국제사회의 거듭된 경고에도 불구하고 미사일 시험발사를 강행함에 따라 북한을 포함한 법안을 제출하여 통과되었다(연합뉴스, 2006. 7. 26).

는 2001년부터 슈퍼노트로 불리는 북한의 위폐에 대한 조사에 착수하였으며, 2003년부터는 관계부처 합동조사팀인 불법행위방지구상(Illicit Activities Initiative: IAI)을 출범시켜 북한의 위폐문제를 정밀조사해 왔다(S. Mihm, 2006. 7. 23). 따라서 미국은 미사일과 핵개발관련 거래혐의가 있는 북한 기업과 북한과 거래관계에 있는 중국 등 기업에 대한 자산동결과 미국 기업·은행과의 거래금지조치 등 금융제재를 확대할 수 있다.

또한 2003년 8월부터 미국은 부산항에 자국 세관원을 파견하여 북한 항구에서 나오는 불법 컨테이너가 국제해상수송망에 들어가지 못하도록 이들 국가의 기항지에서부터 차단하여 화물선 컨테이너 등에 대한 검색을 실시해 왔는데, 이러한 컨테이너보안조치(CSI)를 더욱 강화할 것으로 보인다.

더욱이 국제사회의 지지와 협력을 통한 대량살상무기 확산방지구상(PSI)을 적극 추진함으로써 공해상에서 북한 선박에 대한 강제검색을 한층 강화할 것이다. 이 경우 북한과의 충돌과 마찰이 예상되며, 그 결과 미국이 바라는 상황이 전개될 수 있다.

그리고 미사일 발사로 대북 경제제재조치를 부활시킬 수 있는 명분도 확보되었다. 클린턴 행정부 당시 1999년 북한의 미사일 발사유예에 따른 대북 금수해제조치에 의해 2000년 6월 시행된 일부 조치들이 다시 원점으로 돌아갈 가능성도 없지 않다. 북·미 통상관계는 아주 미미한 수준이지만 대북 금수조치의 부활은 상징적인 의미가 있다.

한편, 아세안지역안보포럼(ARF)에서 북한의 미사일 발사와 관련해 의장성명이 발표(2006. 7. 28)됨으로써 북한 미사일사태는 새로운 국면에 접어들게 되었다. 말레이시아 대표가 발표한 ARF 의장성명은 "미사일 발사에 대해 우려를 표명하였으며, 그러한 실험은 지역평화와 안정, 안보에 부정적인 영향(adverse repercussions)을 미칠 것"이라고 밝혔다. 그리고 북한에 대해 미사일 시험발사 유예선언의 준수를 촉

구하였다.[6]

미국은 6자회담 틀을 '북한 대 5개국' 구도로 만들어 북한을 압박하면서 호주, 캐나다, 말레이시아를 포함시킨 '8자회동'을 제안하자, 이에 중국은 인도네시아, 뉴질랜드를 가세시켜 '10자회동' 테이블로 가져갔다. 여기서 6자회담 거부 입장을 고수하고 있는 북한은 미국이 치밀하게 연출한 외교 이벤트에 의해 더욱 고립적인 국면으로 몰렸다. 미국은 유엔 안보리 결의 이후 아세안지역안보포럼을 적절히 활용하여 다시 한번 '국제사회'라는 클럽을 동원하여 '북한=문제아'라는 인식을 확산시켰으며, 이는 상당한 성과를 거둔 것으로 평가할 수 있다.

레비 보고서, 판도라의 상자

대북 제재국면에서 가장 핵심적인 이슈는 무엇보다 금융제재문제가 아닐 수 없다. 이는 앞으로 국제사회에서 북한의 국가적 위상에 결정적인 타격을 가할 수 있는 엄청난 폭발력을 지닌 사안이기 때문이다. 그러나 미국은 슈퍼노트의 제조·유통과정과 마약거래나 북한의 외화벌이에 대한 추적조사를 중단할 기미를 전혀 보이지 않고 있다. 미국의 테러와 대량살상무기 확산방지대책을 국제금융면에서 총괄하는 레비(Stuart Levey) 미 재무차관이 이끄는 조사팀은 상당 기간 동안 세계 각국에 분산되어 있는 북한의 '통치자금'을 추적·조사해 왔다. 이와 관련하여 중국 제2위 은행인 중국은행(Bank of China)도 북한의 위조달러 혐의와 관련하여 북한 계좌를 동결하였고, 미국은 이를 긍정적인 조치로 받아들였다.[7]

북한은 미 재무부가 조사활동을 중단하고 금융제재를 해제하면 6

6 백남순 북한 외무상은 앞서 ARF가 일부 국가의 뜻을 무시하고 일방적인 내용의 공동성명을 낼 경우 이 회의의 탈퇴를 검토할 것이라고 경고하였다(연합뉴스, 2006. 7. 28).

7 중국은행의 북한 자산 동결은 미사일 발사정국과의 관계보다는 방코델타아시아(BDA)에 대한 미 재무부의 제재조치와 관련이 있다.

자회담에 즉각 나올 뜻을 수 차례 밝혔을 정도로 이 사안에 대해 당혹감과 초조감을 감추지 못하고 있다. 북한의 미사일 발사 강행은 BDA 제재에 대한 항의표시의 일환으로 볼 수 있다. 현 단계에서는 위폐문제와 금융제재가 김정일 위원장의 행동을 결정하는 가장 중요한 요인이다. 그런 점에서 레비 보고서는 미국 대북 정책의 회심의 카드일 수 있으며, 레비 보고서의 내용에 따라 미국은 북한의 통치자금 카드로 북한 정권에 치명적인 결정타를 가할 수도 있다. 레비 보고서는 그 충격과 파장을 예상하기가 불가능한 그야말로 '판도라의 상자'가 될지도 모른다.

북한의 불법행위에 대한 미 재무부의 레비 보고서가 공개되었을 경우 아주 심각한 문제가 발생한다. 조사내용 공개의 파장은 결코 북한 김정일 정권에 대한 도덕적 비난 차원에서 사태가 봉합되지 않는다. 재무부의 조사로 북한의 다양한 불법활동이 규명된다면, 불법활동과 관련하여 김정일 위원장에 대한 '기소'가능성을 전혀 배제할 수 없다. 물론 이 사안은 미국 법에 의해 미 법무부 소관으로 넘어가고, 기소는 당연히 해당 부처에서 결정하게 된다. 기소상황은 북한 당국자가 불법행위자로 규정될 뿐만 아니라, 국제사회에서 북한의 '국가'로서의 위상이 심각하게 훼손되고 존재근거마저 부정당하는 치욕적인 결과를 초래한다. 이는 북한으로서는 최악의 시나리오가 아닐 수 없다. 더욱이 최근 인터폴(국제형사경찰기구)은 미국 재무부 산하 연방비밀검찰국(United States Secret Service)과 함께 북한이 제작한 것으로 추정되는 '슈퍼노트'에 대한 회의를 열고, 위조달러 제조 근절을 위한 대책마련에 합의하였다(Interpol media release, 2006. 7. 26). 이러한 국제사회의 분위기로 북한은 점점 더 궁지에 몰리는 형국이다. 이처럼 국제사회에서 거대한 정치범수용소, 무자비한 억압, 만성적 식량부족, 그리고 대량아사상태의 국가에다 위폐제조·유통의 불법국가로 낙인찍히면 북한은 활로를 찾기가 어렵다.

부시 미국 대통령은 8월 "도둑정치(Kleptocracy) 분쇄 국가전략"

(George W. Bush, 2006. 8. 10)을 천명하였다. 이는 지난 7월 서방 선진 7개국과 러시아가 참가한 G8 정상회담에서 합의된 「부패근절을 위한 법·금융정책의 협력방침」(G8, St. Petersburg, 2006. 7. 16)을 이행하는 차원에서 마련된 선언으로, 그것의 내용과 대상국가가 북한과 깊은 관련을 지닌다는 점에서 많은 주의를 요한다. 부시 대통령은 도둑정치체제는 전 세계적으로 범죄와 불신을 확산시켜 왔다고 주장하였다. 그는 범세계적으로 통치자들의 부패행위를 예방하고 그 실태의 공개를 강조하면서, 도둑정치체제에 대한 국제적 투쟁을 위한 국가전략을 밝혔다. 이 가운데 미국 정부는 국제금융기관들과 함께 부패통치자들의 불법적인 비자금을 조사·추적·동결할 것이며, 그리고 양자 또는 다자 간 협력을 통해 부패통치자들에게 재정 및 경제제재조치를 가함으로써 그들을 무력화시키는 전략을 추진한다고 선언한 내용이 주목된다. 특히, 부패통치자들이나 부패권력자들의 불법자금 마련행위를 근절하기 위한 노력의 일환으로 미국 정부는 그들의 부패행위나 돈세탁 등을 수사하고 기소하겠다는 입장을 천명함으로써 미국 국내법에 의거한 법적 제재의지를 밝혔다.

부시 대통령의 도둑정치 분쇄를 위한 국가전략이 당연히 북한 김정일 정권을 문제 삼는 것이냐는 의문이 제기되지 않을 수 없다. 이에 대해 조셋 샤이너 국무부 경제·기업·농업담당 차관은 북한은 여러 면에서 특별 관심국가이지만, 부패문제에서도 핵심적인 국가라고 규정하면서, "모든 수준에서 부패가 만연하고 부패의 수요와 공급 측면에서 북한은 그 자체가 '거대한 부패(grand corruption)'"라며, "통치층 부패가 정부 전반과 체제에 확산되어 국가발전에 쓰여야 할 종자돈(core fund)마저 불법적인 목적들에 유용되는 대표적 사례"라고 역설하였다(J. S. Shiner, 2006. 8. 10).

부시 행정부는 '도둑국가와의 전쟁'이 민주주의를 회복하는 한편, 정당한 경제원조와 경제발전의 약속을 실현시켜 궁극적으로 미국의 국가안보전략을 발전·강화시키는 효과를 낳는다고 믿고 있다. 이런 점에서 미국의 국제협력을 통한 대북 경제제재조치는 결정적인 타협국면이 마련되기 전에는 갈수록 북한을 더 옥죄는 형태로 진전될 가능성이 높다. 이처럼 미국은 북한에 대한 군사적 옵션을 배제한 가운데 북한 김정일 정권의 행태변화(behavioral change)를 끌어낼 수 있는 압박수단을 계속 강화시키고 있는 모습이다.

3.3. 대북 제재의 보루(堡壘): 중국과 한국

3.3.1. 중국: '북한 길들이기', '북한 끌어안기'

중국은 대북 제재국면에서 이중적 모습을 취하고 있다. 즉, 대북제재 참여와 '북한 끌어안기'로 상호 모순적 태도를 보여 주고 있다. 그러나 이는 북·중관계의 본질적 성격을 반영하는 것에 불과하다. 중국은 북한의 붕괴를 바라지 않는다. 북한의 붕괴로 한국 및 한국의 동맹국인 미국과 한반도 북부 지역에서 어깨를 맞대는 상황은 결코 허용하지 않을 것이다. 전략적 완충지역인 북한이 미국의 영향권 아래 놓인다면 미·일 연합에 의한 대륙진출의 가능성은 중국의 안보에 치명적인 결과를 낳게 된다. 따라서 중국은 미국의 군사적 개입이 우려되는 사태가 북한 지역에서 발생할 경우 미국보다 선제적으로 북한에 대한 무력개입을 단행할 것으로 예상된다.[8] 이미 이러한 상황에 대비한 중국의 주도면밀한 군사적 준비는 학술적 문제로 위장된 '동북공정'전략으로 나타났으며, 최근 국경지역의 군사배치 증강에서도 확연히 드러난다. 현재 대북 방어를 담당하고 있는 중국군은 4만여 병력으로 지난 2003년부터 대북 군사력을 강화하기 시작하여 지금까지 2개 자동화 보병여단 1만여 병력이 북한 방어를 맡고 있다. 최근 중국은 여기에다 북한 미사일 위기상황에 대처하여 북·중 접경지역에 2,000여 병력을 증파하였다(香港信報, 2006. 7. 27).

[8] 중국의 선제조치 예상은 미 국방부 보고서(*Annual Report to Congress Military Power of the People's Republic of China 2006*)에도 명시되어 있다.

중국은 전략적 차원에서 완충지역으로서의 북한을 보장하기 위해 대북 지원을 통한 북한의 체제유지에 협력하지 않을 수 없다. 물론 이 점에서 북한은 중국에 대한 북한의 전략적 가치를 충분히 활용하는 측면이 있다. 그럼에도 중국은 경제성장에 매진하기 위해 주변지역의 안정을 바라며, 그런 맥락에서 중국에게는 한반도의 안정과 평화가 필요하다. 여기서 북한의 핵과 미사일은 동북아의 안정을 저해하는 요소로 중국은 6자회담 틀 내에서 문제해결을 추구하나, 북한은 중국의 설득과 회유에 결코 순응적이지 않다. 이번 북한의 미사일 발사는 중국의 수 차례에 걸친 자제요청에도 불구하고 이를 거부한 북한의 독자적 결행으로 중국의 체면은 상당히 구겨지고 말았다.

중국은 미국과 일본의 유엔 안보리에서의 대북 강경제재 주장에 일단 동의하였다. 중국이 끝까지 북한을 싸고돌기는 어려웠다. 이는 과거 북·중 동맹관계의 관점에서 보면 북한으로서는 엄청난 '배신감'을 느낄 수밖에 없는 문제였다. 석유자원과 같은 에너지전략이나 세계적 차원에서의 전략적 재편을 둘러싼 미국과 중국의 갈등은 피하기 어려운 사안이나, 북한의 핵·미사일문제에서까지 중국이 미국과 대립각을 세울 필요는 없다. 북한은 중국이 미국과 일본 주도의 유엔 안보리에 완강히 제동을 걸기 힘들며, 끝내는 동참할 수밖에 없는 사정을 충분히 고려해야 하였다. 그러나 중국은 유엔 안보리 결의 이후부터 미국과 일본이 주도하는 대북 제재의 후속조치에는 반대할 수밖에 없다. 즉, 북한 미사일사태로 미·일이 주도하는 동북아 안보문제에 계속 끌려다닐 수만은 없을 뿐만 아니라, 북한의 고립상태를 더 이상 관망하기 어려운 입장이다.

따라서 중국은 전술적 차원에서 한편으로는 '북한 길들이기'로, 다른 한편으로는 '북한 끌어안기'로 나올 수밖에 없다. 중국이 북한에 등을 돌리고 미국과 일본의 한편에 서기를 기대하는 것은 불가능하다. 균형이 깨지면 동북아 안보상황은 더욱 불안정해진다고 여기기 때문이다. 이에 중국은 북한의 미사일 발사와 관련하여 북한을 '특수한 국가'라고 규정하면서, 대북 강경태도는 북한과 같은 특수한 국가를 더욱 강경하게 만든다는 논리로 대북 제재를 반대한다. 그렇다고 해서 중국도 딜레마가 없는 것은 아니다. 북한의 핵프로그램과 미사일문제에 대해 북한에 압력을 가하지 않는다면 미국으로부터 신의를 잃을 뿐만 아니라, 일본의 재무장세력을 자극할 것이라는 데 큰 우려가 있다.

미사일사태가 발생하기 전까지 북·중관계는 정치적·경제적 측면에서 우호적인 관계가 지속되고 있었다. 2005년 10월 중국 국가주석 후진타오의 방북과 2006년 1월 김정일의 답방은 경제관계를 한층 심화시켰다. 북한 안팎에서 중국의 많은 인프라 건설 프로젝트들이 진행중이며, 중국은 북한 대외무역의 40%를 차지하고 있다. 2003년부터 150여 개가 넘는 중국 기업들이 북한에 진출하고 있으며, 북한에서 거래되고 있는 상품의 80%가 중국산이다(crisisgroup, 2006. 2. 1). 중국이 북한의 핵프로그램을 당장 종식시킬 수는 없지만 북한의 핵무장 위협을 감소시킬 수 있는 기회를 가졌다는 점에서 다른 어떤 나라와는 비교될 수 없을 정도로 영향력이 크다. 다른 어떤 나라도 북한에 협상을 촉구하고 중재할 정치적 포지션과 이익을 가지고 있지 않다는 점에서 미국은 중국이 적극적으로 대북 억제력을 발휘할 것을 촉구하고 있다.

중국 내에서 설득과 보상책만으로는 김정일 위원장의 '벼랑끝전술'을 중단시키기 어렵다는 인식이 나타난다면, 중국은 대북 에너지 및 경제지원부문에서 비공개적으로 제한적이고 잠정적인 지원유보 형태의 대북 압력을 가할 수 있다. 그러나 이러한 압력조치는 북한의 반응을 보면서 매우 신중하게 접근할 것이다. 북한 정권의 붕괴는 중국의 안보와 국익에 심대한 충격을 주기 때문에 중국이 가세한 대북 제재로 인해 북한 정권이 위기상황에 처하는 것을 바라지 않는다. 이러한 중국의 입장을 충분히 간파하고 있는 김정일 정권은 중국의 대북 제재에 대해 북·중 국경지역의 마찰 조장, 미사일 재발사 위협, 핵실험 준비 등의 형태 등으로 강력히 반발할 가능성이 높다.

그럼에도 칼자루는 여전히 중국이 쥐고 있다. 중국은 김정일 정권의 변화를 유도할 충분한 힘이 있다. 그러나 북한 정권의 변화를 유도하거나 강제해야 할 절실한 상황은 아니라고 판단해 왔다. 앞으로 미·일의 대북 제재조치가 강화될수록 북한은 중국의 보호와 지원을 요청할 수밖에 없고, 그러한 상황은 대북 영향력을 확대시키면서 궁극적으로 중국에의 종속을 회피할 수 없게 만든다. 그러나 북한의 대중 종속보다 더욱 우려되는 상황이 전개될 수 있다. 이러한 구조적 악순환이 해소되지 않는 상황이 지속된다면 큰 틀에서 보아, 미국은 북한 핵·미사일 등 대량살상무기와 '범죄정권'의 근본적 해결을 위해 중국과 더불어 한반도에 대한 모종의 '전략적 합의'를 제안할지도 모른다. 이는 한국이 가장 상상하기 싫은 시나리오다.

3.3.2. 한국: 북한의 볼모

한국은 북한의 미사일 발사로 가장 어려운 입장에 처하였다. 국제사회에서 북한 핵문제의 평화적 해결을 강조하던 외교적 입지가 크게 위축되었으며, 남북관계에서 인도적 지원 중지와 추가 경제협력사업 유보에 대한 북한의 강한 반발로 당국대화가 난관에 부딪쳤다. 이에 평화번영정책에 대한 비판과 대북 정책의 전면 재검토 요구에 직면하게 되었다.

미국의 대북 경제제재조치는 중국과 한국의 대북 지원이 지속되는 한 결정적인 효력을 기대하기 어렵다. 북한의 지난 해 대외무역규모는 30억 200만 달러였다. 이 가운데 중국과의 교역액이 절반이 넘는 15억 8,100만 달러였고, 한국과의 교역은 10억 5,500만 달러에 달하였다(통일부, 2006). 국제사회의 식량지원의 경우 지난 해 북한에 대한 식량원조규모는 전년도에 비해 23% 증가한 108만 톤에 달하였다. 대북 식량지원규모는 에티오피아에 이어 두 번째로 많은 수준이었다. 지난 해 국가별 대북 식량지원규모를 보면 중국이 53만 1,000톤으로 최대의 지원국이었다. 다음으로 한국 39만 4,000톤, 일본 4만 8,000톤, 미국 2만 8,000톤을 지원한 것으로 조사되었다(FAO, 2006. 7. 2).

따라서 미국은 북한의 해외자금을 동결하더라도 중국과 한국이 경제제재에 합류하지 않으면 강력한 힘을 발휘하기 어렵다는 입장이다. 즉, 중국과 한국이 북한 체제유지의 근간이 되고 있다고 여기면서 중국을 비롯하여 한국측에 대북 제재 동참을 설득하고 있다. 이런 입장을 반영하듯 미국의 한 보수지는 최근 중국의 북한에 대한 금융제재조치를 환영하면서, 한국이 북한에게 자금을 지원하는 유일한 나라라고 논평하였다(WSJ, 2006. 7. 28). 그러나 이처럼 한국의 사정을 전혀 고려하지 않고 마냥 미국의 대북 제재에 즉각 동참할 것을 요구하는 여론몰이도 문제가 있다.

한국의 입장은 미국의 입장과 다르다. 한국은 미국과 일본의 대북 제재방침에 대해 원칙적으로 찬성하나, 실천적 측면에서는 한국이 처한 위상과 남북관계의 특수성이 반드시 고려되어야 한다는 입장이다. 미국은 한국의 대북 경협자금이 핵·미사일 개발관련 자금으로 전용될 수 있다는 데에 의구심을 품고 있다. 이에 미국은 개성공단과 금강산관광의 두 민간경협사업에 대한 한국 정부의 재정적 보조 중단을 은근히 압박하고 있다. 그러나 미국이 우려하는 것만큼 두 사업은 경제지원의 규모면에서 큰 문제가 될 수 없다. 지난 해의 경우 모두 2,000만 달러 수준에 그치는 적은 액수의 사업에 불과하였다.[9] 어떤 경우에도 우리는 북한으로서는 '생명줄'과 같은 이 끈마저 놓아버림으로써 상당 기간 우리 국민들의 인내와 희생을 통해 쌓아올린 남북관계의 현재와 미래를 송두리째 포기할 수는 없는 것이다.

북한 미사일사태에서 한국은 위기관리방식과 국제공조 측면에서

[9] 금강산관광 입장료수입: 2001년 3,700만 달러, 2002년 2,100만 달러, 2003년 1,300만 달러, 2004년 1,500만 달러, 2005년 1,348만 달러, 2006년 1,200만 달러(예상); 개성공단 북한 근로자 임금: 2005년 상반기 310만 달러, 2005년 전체 600만 달러로 추정되었다.

많은 문제점이 드러났다. 대북관 및 대미관에서 정부의 통일안보정책은 '평균적인 국민들'의 인식과 상당한 갭이 있음을 보여 주었다. 북한 미사일 발사를 전후하여 한국은 먼저 한반도의 평화와 안보에 대한 단호한 의지와 결연한 입장을 천명할 필요가 있었다. 북한 입장에 대한 과도한 배려는 오히려 남북장관급회담에서 남한이 "선군정치의 덕"을 보고 있다는 북한의 모욕적인 발언을 감수해야 하는 상황을 초래하였다.

북한 미사일문제는 어떤 국제법이나 미사일기술통제협정(Missile Technology Control Regime: MTCR)과 같은 국제조약 또는 국제규범을 준수할 의무가 없는 그야말로 북한의 '주권적 사안'이다. 북한 미사일 발사는 법적 차원에서 제재사안이 아니다. 그러나 북한은 나쁜 행태 때문에 다른 나라들과는 다른 차별대우를 받고 있다. 인도는 북한의 시험발사 나흘 뒤인 9일 사정거리 3,000km인 '아그니3' 장거리 미사일을 성공리에 발사하였지만, 미국을 포함해 아무도 이를 문제 삼지 않았다. 미사일 시험발사와 관련해 북한과 인도가 다른 취급을 받아야 할 이유는 원칙적으로는 없으나, 인도는 민주주의 국가라면 북한은 지구상에서 가장 억압적이고 폐쇄적인 국가이기 때문이다.

북한의 미사일 발사가 동북아의 안보상황을 복잡하게 만들었지만 안보리의 강제적인 제재조치 부과를 정당화할 수 있는 국제법이나 협약을 위반한 것은 아니다(NYT, 2006. 7. 10). 그럼에도 일본과 미국이 나서 강력한 제재를 요구한 것은 국제사회에서 통하는 힘의 논리 때문이다. 그러나 더욱 중요한 점은 북한체제를 좋아하든 싫어하든 간에, 국제사회에서의 일반적인 규범에 비추어 '북한'의 핵과 미사일은 용납되지 않는다는 사실이다. 이는 엄연한 현실이다. 이 현실이 정당하지 못하다거나 또는 틀렸다고 강변하면서 북한을 두둔할 필요는 없다.

북한은 중국과 한국이 미국과 일본의 대북 제재와 압박조치를 무력화시키는 역할을 할 수 있다고 기대할 것이다. 이런 점에서 중국과 한국은 대북 제제의 보루이며, 특히 한국은 북한의 볼모상태에서 빠져 나오지 못할 가능성이 높다. 한국과 중국의 지원과 경제협력을 통해 대미 교착국면의 어려움을 상쇄할 수 있다는 북한의 기대도 짐작된다. 중국과 한국의 협력을 전제로 북한은 부시 행정부의 잔여임기 동안 지속될 대북 압박에 대해 '맞대응' 또는 '버티기'전술로 나올 것이다. 대내적으로는 "총대중시, 군사중시"(로동신문, 2006. 7. 19)의 '선군정치'를 강조하는 한편, 대남전략에서는 반미 민족공조를 강력히 호소할 것이 분명하다. 북한의 '버티기'전술은 남한의 볼모상태를 전제로 가능하다.

4 한반도 평화와 미국

4.1. 부시 행정부의 대북 핵정책

부시 행정부는 클린턴 행정부의 대북 포용정책을 근본적으로 수정하였다. 부시 행정부 출범 초기 미 중앙정보국(CIA) 산하 국가정보위원회(NIC)에서 발간한 회의결과 보고서 서론에 미국 대북 정책의 기본 입장이 잘 드러난다. 보고서는 북한이 국제사회의 경제지원을 얻고 정치적 인정을 받으면 오히려 한반도에서 미국의 영향력이 감소할 것이라는 우려가 일반적인 평가라고 결론지었다. 남한, 중국과 일본 등의 다른 나라들이 북한과 관계를 개선하면 미국의 대북 통제능력의 감소가 불가피하다. 특히, 가장 중요한 것은 북한에 대한 미국의 포용정책은 미국이 지난 50년간 북한을 주요 적대국이자 군사적 위협이라고 보아 왔던 미국의 안보 패러다임에 심대한 도전이 된다. 이는 주한미군 주둔명분을 약화시키고, 미국적 가치에 도전하는 나라와의 협상추구는 미국적 가치와 규범을 훼손한다고 보았다(US National Intelligence Council, 2001. 6).

다음으로 미국은 북한의 미사일문제에 대한 해결보다는 미사일문제를 이용하는 쪽으로 정책추진을 시도하였다. 미국의 MD계획을 추진하기 위한 명분으로서 북한의 미사일과 핵개발 의혹을 활용하고자 하였으며, 따라서 북한을 '악의 축'으로 규정할 필요가 있었다. 부시 대통령이 2001년 1월 29일 국정연설에서 북한을 이라크·이란과 더불어 '악의 축'에 포함시킨 이유는 분명하지 않으나, 이슬람국가인 이라크와 이란만을 지목하면 기독교와 유태인 대 이슬람문명권의 이른바 '문명충돌'로 규정되어 중동 지역의 이슬람국가 전체의 단결과 미국과의 대결구도를 초래할 가능성도 있기에 전혀 다른 문명권인 북한을 끼워 넣었다는 해석도 가능하다.

어쨌든 동북아에서 미국은 중국과 러시아를 견제하고, 지난 반세기 동안 동북아 전략의 축이었던 미·한·일동맹을 강화하고, 이 지역의 긴장상태를 유지하기 위해 북한을 활용할 필요가 있다. 삼국동맹의 근거였던 냉전구조가 해체되어 가고 남북한 정상회담을 계기로 한반도의 긴장이 완화되어 가면서, 한반도에 대한 중국의 영향력이 증대되어 가는 상황에 쐐기를 박고 한반도의 긴장을 유지·고조시키기 위해 북한이라는 '악'이 요구되었다.

그 후 미국은 '9·11' 이후 '테러와의 전쟁' 수행에서 북한을 분명한 타깃으로 삼았다. 북한은 미국의 이러한 대북 강경책에 대하여 대미 비난과 맞대응으로 나왔다. 그러나 민주주의와 인권문제의 사각지대로 이미 국제사회에서 나쁜 이미지로 각인된 '불량국가' 북한의 호소를 진지하게 경청할 국가는 없었다. 그 후부터 북한은 미국의 동북아 전략의 덫에 빠져 옴짝달싹 못하는 형국에 처하게 되었고, 북한의 핵·미사일문제를 둘러싼 북·미 간 긴장국면의 주기적인 반복 속에서 한반도 평화구축과정은 지금까지 답보상태에 머물고 있다. 이처럼 1기 부시 행정부는 북한 미사일문제의 '해결'보다는 '이용'에 무게를 두고 있었던 것으로 볼 수 있다. 북한의 존재야말로 MD체제 구축의 적절한 명분이기 때문이었다.

한편, 북한 핵문제는 부시 행정부 1기 중반부터 지속된 현안이었다. 북한 핵문제는 2002년 중반기에 이미 미국 내 협상파와 대결파 간의 정책 헤게모니 쟁취를 둘러싼 "무자비한 적대자들 사이의 피튀기는 싸움"(*The Washington Post*, 2002. 8. 2)의 내홍을 겪었다. 그러자 곧 그 해 10월 미국은 북한 핵문제를 본격적으로 들고 나왔다. 여기서 미국의 북한 핵문제 제기의 배경과 의도를 살펴볼 필요가 있을 것이다.

우선 동북아 긴장완화국면을 봉합해야 하였다. 이를테면 북한과 일본의 정상회담(평양, 2002. 9. 17)과 북·일 수교국면은 미국에게는 준비되지 않은 돌발사태였다. 북·일 수교는 미국 중심의 동북아 국제체제의 역학구도에 커다란 변화를 초래한다. 따라서 북·일 수교와 일본의 대북 지원은 반드시 통제되어야 하였다. 또한 북한의 신의주 지역 개방조치에 따른 한반도 정세의 변화 분위기를 관망하는 것도 곤란하였다. 더욱이 한반도 문제가 남북한 중심 논리로 작동되는 것은 바람직스럽지 않았으며, 특히 당시 한국의 대선과정에서 나타난 반미 분위기의 확산도 미국의 동북아 전략구도의 변화를 가져올 수 있는 위험스런 징후였다. 바로 이 지점에서 미국은 그 해 10월 제2차 핵문제를 제기하여 '한반도 흔들기'로 나왔다. 당시 미국의 이러한 북핵문제 접근방식에 대해 부시 행정부 내에서 불협화음이 없었던 것은 아니다(*The Washington Post*, 2002. 11. 16). 그러나 결국 1기 부시 행정부는 동북아 지역에서 북한 핵문제를 고리로 한반도 상황을 통제할 수 있었다.

북핵 타협은 이란에게 나쁜 선례

부시 2기에 들어와서 국제정세의 상황은 달라졌다. 부시 2기 행정부는 이라크의 수렁에서 빠져 나오지 못하고 있는 상황에 이란 핵문제로 도전받고 있다. 중동의 이란과 동북아의 북한 핵문제로 미국의 세계적 차원에서의 헤게모니 유지는 시험대에 올랐다. 미국은 지금까지 북한의 핵문제를 더 이상 악화되지 않는 상태로 봉합하는 방식으로 접근해 왔다. 그럼에도 이 과정에서 대북 직접협상을 통한 해결보다는 6자회담과 같은 다자 틀을 통해 미국의 부담과 비용을 줄이는 해결방식을 추구해 왔다.

그러나 이제 이란의 등장과 핵보유 의지로 오히려 북한 핵문제에 대한 긴장과 함께 접근방식의 변화가 나타나게 되었다. 말하자면, 이란 핵보유 의지를 꺾을 수 있는 모범사례를 북한 핵문제 해결과정에서 찾아야 하는 절박한 상황에 처하였다. 북한에 대한 타협과 양보는 이란에게 그릇된 판단과 나쁜 메시지를 줄 수 있다고 여긴다. 이런 점에서 최근 부시 행정부 내에서는 이란 핵문제와 연계하여 나쁜 선례를 남겨서는 안 된다는 거의 강박관념에 가까운 주장이라 할 수 있는 비타협적인 대북 강경노선이 더욱 힘을 얻고 있는 실정이다.

이란의 핵보유는 중동 지역의 정치지형을 완전히 바꾸는 세계사적 드라마의 서곡이다. 미국은 북한 핵문제를 핵물질 유출 억제, 테러집단과의 연계 차단 등 더 이상 지금까지의 소극적인 접근방식으로 다룰 수는 없게 되었다. 여기에 이란의 핵문제가 불거졌기 때문이다. 미국 세계전략의 핵심은 중동 지역으로, 이 지역을 중심으로 카스피해, 중앙아시아, 유라시아, 아프리카 북부 지역 등을 관장할 수 있다. 이처럼 중동 지역에는 미국의 사활적 이익이 걸려 있다. 중동에서 미국 유일 헤게모니의 퇴조는 '제국'의 위상을 급격히 추락시킨다. 더욱이 이란의 핵보유는 미국으로 상징되는 서구문명에 대해 문명충돌 차원의 강력한 정치군사적 도전으로 부각될 수 있다.

미국은 이란의 핵을 결단코 용납할 수 없다. 그런 점에서 이란과의 미사일 커넥션까지 우려되는 북한 핵문제는 반드시 해결되어야 하며, 미국은 '이란 핵불용'원칙을 지키기 위해서 북핵문제에 대한 모범답안을 마련하지 않으면 안 된다. 이러한 문제상황을 전제로, 핵·미사일 등 대량살상무기 해결을 위한 미국의 '북한 문제' 해결방식에 대한 세 개의 시나리오를 상정할 수 있다.

4.2. '북한 문제' 해결 시나리오

4.2.1. [시나리오 1] 대북 압박 지속 및 강화

미국은 대북 비타협적 노선을 견지하면서 유엔 안보리 결의에 입각하여 대북 제재의 수준을 단계적으로 높여 갈 것이다. 이는 현재 진행중인 시나리오이다. 대북 압박의 강도를 더해 갈 경우 그에 대한 북한의 반응과 미국의 역반응 등으로 한반도 안보상황은 더욱 악화될 수 있다. 미국은 5자회담, 10자회담 등 국제사회의 동참을 통해 북한을 6자회담에 끌어내기 위한 명분을 축적해 나간다. 대북 압박은 경제적·군사적 측면에서 다양하게 전개된다.

북한에게 적당한 명분이 주어진다면 북한은 6자회담에 복귀할 수 있다. 그러나 미국의 강경파는 6자회담에 회의적이다. 미국이 북핵의 선 포기를 전제로 6자회담 틀을 활용하려는 입장을 고수할 경우 북한이 6자회담에 참여하더라도 문제해결의 출구를 찾기는 어렵다. 더욱이 북한의 6자회담 참여와 금융제재는 별개의 사안이라는 미국의 입장이 변화되지 않는 한 6자회담의 미래는 전혀 낙관적이지 않다.

미국은 효율적인 경제제재를 위해 중국과 한국의 대북 지원중단을 요구할 것이다. 한반도와 동해상에서의 미국과 일본의 군사적 시위가 계속되면서 북한의 신경질적인 반응이 나타날 수 있다(평양방송, 2006. 7. 31, 8. 1; 중앙방송, 2006. 8. 1). 그와 함께 미국 주도의 일본, 호주, 캐나다 등이 참가하는 확산방지구상(PSI)은 북한을 인내의 한계로 내몰아 신중한 판단과 자제력을 잃도록 만든다. 북한 인권문제 압력과 탈북자의 반북활동, 그리고 국제사회에서 북한의 불법정권 부각 등을 통해 북한을 계속 몰아부칠 것이다.

이 시나리오 국면에서 한국 사회는 두 진영으로 쪼개질 수 있다.

'민족과 동맹', '민족공조와 국제공조' 사이에서 국론은 분열되고 북한은 이 틈새를 파고들 것이다. 이 상황에서 벗어나지 못한다면 2007년 대선국면에서 '반미(민족)와 반북(동맹)' 사이에서 '죽기살기식'의 사활을 건 싸움판이 벌어지면서, 한국 사회의 상처는 더욱 깊어지고 국가의 미래는 한층 불투명진다.

4.2.2. [시나리오 2] 북한 체제변화 추구

북한의 체제전환(regime change) 시나리오는 이제 테이블 위에 올려질 수 있다. 체제전환은 현실적인 가능성의 문제 못지않게 북한 사회의 '빅뱅'을 초래하는 폭발성을 지닌다. 그런즉 체제전환에 따른 변화의 폭과 심도를 예상할 수 없을 뿐만 아니라, '후과'를 감당할 수 없다는 점에서 본격적인 논의의 영역에 포섭되지 못하였다. 대개 체제전환은 북한의 붕괴를 가져와 군사적 충돌, 핵물질 및 대량살상무기 유출, 대량탈북 등 통제할 수 없는 상황을 가져올 수 있다는 두려움에서 북한의 급변사태는 결코 바람직스럽지 않다고 여긴다. 그럼에도 핵·미사일문제는 북한체제의 변화 없이는 해결이 불가능하다는 인식이 나타나면서, 북한 사회주의체제의 존속을 전제로 정권 차원의 변화에 대한 논의가 제기되고 있다. 이를테면 '체제변환(regime transformation)'이나, 또는 통치방식의 변화를 기대하는 '리더십 변화(leadership change)' 등이 이론적 차원에서 언급되고 있는 실정이다. 이러한 분위기 속에서 북한 미사일사태와 관련하여 '정권행태의 변화(change in regime behavior)'에 대한 주장도 제기되었다.

최근 북한체제의 변화를 추구할 수 있다는 분위기가 워싱턴과 베이징 주변에서 흘러나왔다. 북한체제의 변화에 대한 논의는 사실 지금까지 거의 금기시되어 왔다. 이러한 사정에 비추어 보면 체제문제에 대한 논의의 시작은 분명 한반도 문제에 대한 모종의 변화 분위기를 감지할 수 있게 하며, 무척 주목되는 현상이 아닐 수 없다. 이와 더불어 미국 조야에서 대북 정책의 전면 재검토 논의가 조심스럽게 나타나고 있다. 힐 차관보는 미국이 유엔 안보리 결의에 중국이 참여한 것을 계기로 북·중관계의 변화계기를 적극 활용하기로 하고, 중국측에 한반도 현상타파시 미국이 전략적 이득을 취할 생각이 없다는 점을 거듭 강조하였다고 하면서 대북 정책의 전면 재검토를 주장하였다.

미 상원 외교위원회 청문회에 출석(7월 20일)한 힐 차관보는 미국의 대중 관계에 대해 증언하면서 베이징에서 중국과 나눈 대한반도 정책에 대한 막후 대화의 일단을 소개하였다. 핵심은 "한반도에서 정치적 관계의 어떤 변화가 있더라도, 그로부터 미국이 어떤 전략적 이득을 취하는 데는 관심이 없다"는 것을 계속 중국측에 설득시켜야 한다고 주장하였다. 또한 중국의 대북 압박으로 북·중관계가 틀어지거나 북한체제에 이상이 발생할 경우 "중국이 안보적 관점에서 우려하는 바를 미국이 이해하고 있다"는 것과, "우리는 중국과 협력하기를 원한다"는 것을 중국측에 계속 설득하고 있다고 밝혔다(C. R. Hill, 2006. 7. 20).

미국과 중국의 빅딜(?)

미국과 중국은 상호 이익의 존중을 전제로 북한 문제에 대한 '빅딜'을 단행할 수 있다. 미국은 북한의 핵·미사일문제와 위폐 등 불법문제가 해결된다면 중국의 북한 관리를 받아들 수도 있다는 입장이다. 중국은 대량난민 유입을 초래할 북한 붕괴를 가장 우려한다. 그러나 미국 입장으로서는 북한 붕괴 시나리오보다 대량살상무기(WMD)가 훨씬 우려되는 사안이다. 미국은 중국의 한반도 현상유지 입장에 동의하지만, 북한체제 자체가 중국의 끝없는 불안요인이라면 미국과 협의하여 이 문제를 근본적으로 해결하는 것이 미래지향적이라는 논리다.

미국은 북한 지역을 미국의 영향권 아래에 두기를 바란다. 그러나 이러한 최선책을 실현하기 힘들다면 차선책을 선택할 수밖에 없다. 차선책은 '핵 없는 북한'이다. 즉, 체제유지를 위한 핵이 필요 없는 북한은 오직 중국의 적극적인 개입과 결단을 통해서만 가능할 수 있다. 이는 중국의 국가이익과도 배치되지 않는다. 미국은 한반도 북부 지역에 대한 정치적 야심을 포기하는 대신, 중국이 북한을 '변화' 시킨다면 중국의 한반도 북부 지역에 대한 배타적 특권을 인정하겠다는 차선책으로 기울 수 있다. 중국으로서는 미국의 제안을 신중히 검토할 수 있을 것이다. 이 경우 한반도에서 주한미군의 역할과 존재가치는 상당히 약화될 것이며, 상징적 수준의 소규모 주둔에 그칠 가능성이 높다(R. Holloran, 2006. 7. 28). 어쨌든 미국과 중국의 빅딜 개연성은 결코 가공의 소설 소재로 끝날 문제는 아니다. 미국 조야에서 들려오는 미국과 중국의 빅딜 발상 자체는 우리에게 지난 세기의 역사의 악몽을 떠올리게 한다. 두 말할 필요도 없이 이 시나리오에서 '자주국가' 한국의 존재는 찾을 수 없다.

4.2.3. [시나리오 3] 북한 정권진화 추진

정권진화(regime evolution)는 북한의 개혁·개방을 통해 북한체제의 점진적 변화를 기대할 수 있고, 또한 북한체제의 변화를 통해 평화와 번영을 추진해 나간다는 시나리오이다. 사실 현실적으로 외부의 개입에 의한 북한의 체제변화는 거의 불가능한 일에 가깝다. 또한 세계사적으로도 성공한 사례를 찾아보기 어렵다(J. S. Nye, Jr., 2006. 7. 9). 우리 정부의 대북 정책의 기본 방향은 북한의 붕괴를 바라지 않으며, 북한의 개혁·개방을 적극 유도하여 한반도의 평화와 민족의 공동번영을 추구하는 데 있다.

정권진화는 군사력보다 외교를 앞세워 '주고받기식'의 점진적인 접근을 추구한다. 이는 문제국가를 고립시켜 직접적인 군사력을 동원하는 정권교체와는 다르다. 정권교체는 대상정권을 축출한 뒤 대체정권을 수립해야 하는데, 문제는 이라크에서 보듯 엄청난 정권대체비용을 치르고도 성공하기 어렵다는 데 있다. 그러므로 북한의 경우 북한정권의 진화정책을 추구해야 한다는 주장은 상당히 설득력이 있다(R.

N. Haass, 2005). 정권진화의 논리는 미국이 한국·중국과 협력하여 북한체제의 안전보장과 에너지를 포함한 경제협력을 제공하여 그 대가로 북한의 핵동결과 핵폐기를 이끌어 내는 전략이다.

정권진화전략은 한반도 상황에서 가장 바람직한 방식이다. 그러나 북한의 수령체제가 존속되는 한 개혁·개방을 기대하는 것은 불가능하다는 인식이 점차 높아 가고 있다. 이런 상황에서 이 시나리오는 '희망적 전망(wishful thinking)'에 불과하다는 비판적 지적도 제기된다. 어느 면에서 보면 [시나리오 3]인 정권진화논리는 오히려 [시나리오 2]의 다음 단계에 해당하는 것으로 볼 수도 있다. 그러나 무엇보다도 이 시나리오가 현실화되는 데에는 한국과 미국 간의 신뢰와 협력이 전제되어야 한다. 즉, 미국과 한국 사이에 통일한국의 미래에 대한 이해의 일치가 부재한 상태에서는 무의미한 시나리오로 전락된다. 현재 한·미관계의 이완상태를 심각하게 우려하는 분위기 속에서 정권진화 시나리오의 적극적인 추진을 기대하기는 어렵다.

결론적으로 보아, 북한 문제 해결의 시나리오 진행의 전망은 다음과 같이 예측된다. 즉, 미국의 정책기조에 따라 [시나리오 1] 상태가 상당 기간 지속될 것으로 예상되는 가운데, 미국은 북한체제의 변화를 추구할 수 있다. 여기서 미국과 중국 간의 비공개적 차원에서 빅딜이 이루어진다면 [시나리오 2] 국면이 나타날 수 있다. 물론 [시나리오 2]가 가까운 시간 내에 현실화되기는 쉽지 않다. 북한은 미사일사태로 인한 경색국면을 타개하기 위해 조만간 대담한 결단을 내릴 수 있다. 북한은 '적절한 시점'에 대대적인 개방 드라이브로 극적인 국면전환을 단행할 수도 있을 것이다. 이 경우 미국과 일본이 북한의 의도를 긍정적으로 이해하면서 잠정적으로 대북 압박조치를 유예한다면 북한 문제의 새로운 출구를 찾을 수 있다.

그러나 대북 압박에도 불구하고 북핵문제 해결의 전망이 불투명할 경우 점차 공식적·비공식적 수준에서 체제전환문제가 논의될 것이다. 따라서 북한 문제 접근방식은 앞으로 [시나리오 1]과 [시나리오

2]의 초입단계에서 선택될 가능성이 높다. 반면 [시나리오 3]은 북한 문제에 대한 대화와 협상국면이 자리잡는 상황을 상정한다. 이 시나리오가 현실화될 때 비로소 한반도의 위기해소와 평화정착의 과정을 기대할 수 있다.

5 결 론

미국과 일본은 대북 강경론자들의 입지가 강화되면서 대북 정책의 공세적 주도권을 확보하는 계기로 삼고 있다. 미국은 대북 제재로 북한을 완전히 궁지에 몰아넣고자 하고, 일본은 유엔 결의안을 일본 외교의 성과이자 승리로 자축하면서 미국과 보조를 맞추고 있다. 반면 북한의 안보동맹국인 중국과 우방 러시아의 설득이 효과가 없는 것으로 밝혀지면서 이들 국가의 향후 대북 정책도 어느 정도 변화가 불가피할 것으로 보인다.

미국의 대북 압박기조의 변화를 기대하기는 힘들다. 부시 행정부는 국제금융수단과 확산방지구상(PSI)의 두 축을 중심으로 대북 압박을 지속해 나갈 것으로 예상된다. '북한 문제'는 미국의 중동 전략과 연계되는 경향이 더욱 커지고 있다. 유엔 안보리의 대북 제재 결의 직후 중동 정세가 급박하게 돌아가자 북한의 핵·미사일문제는 마치 세계 뉴스의 초점에서 사라진 듯하지만 그 사이에도 미국의 대북 압력조치는 차츰 구체화되고 있었다.

레비 차관은 한국을 포함한 유엔 회원국이 최소한 취해야 할 조치로, 대량살상무기 연루기업으로 지정된 북한 기업 11개에 대한 자산동결과 거래금지를 요청하였다. 더욱이 미국 대외정책의 모든 관심이 중동 지역에 쏠려 있던 상황에서도 부시 대통령은 전 세계적인 '도둑정치' 분쇄전략을 선언하고 북한과 김정일 위원장이 그 주된 대상의 하나임을 밝혔다. 이는 북한과 같은 독재권력층의 부정부패행위와 독재자의 통치자금의 해외유출·은닉 등에 대해 강력한 법적 제재조치를 취하여 그들을 무력화시킨다는 전략이다. 말하자면, 독재자와 독재정부가 '국민의 돈'을 강탈하여 불법활동이나 대량살상무기 구입에 사용하는 것을 막겠다는 강력한 의지의 발로라고 하겠다.

안보리 결의의 대북 제재수준을 넘어 북한 정권의 '행태변화'를 끌어 내겠다는 미국의 압박전략과 북한의 대응 사이에서 중간지대를 찾기가 쉽지 않다. 그럼에도 향후의 상황전개는 북한의 선택에 달려 있다. 역풍에 처한 북한이 수습국면으로 전환할 것인가, 그렇지 않으면 국제사회의 압박에 반발하여 전면 도전의 길을 선택할 것인가에 따라 한반도 정세가 요동칠 가능성이 크다.

제 5 장

평화경제론: 남북경제공동체 형성의 이론적 틀

➢ 이 글은 통일연구원 개원 15주년 기념 국내학술회의(2006. 4. 7) '남북경제 공동체 형성전략'에서 발표한 논문입니다.

1 서론: 평화경제론의 의의

평화경제론은 평화와 경제의 이중주(二重奏)이다. 평화는 남북한 정치군사적 긴장완화의 전제이자 결실이다. 경제는 남북한 공동번영의 추구를 뜻한다. 남북한 공동번영은 남북경제공동체 형성을 통해 성취될 수 있다. 여기서 평화경제론은 정부의 평화번영정책의 이론적 틀과 비전 위에서 남북경제공동체 형성을 위한 방법론적 열쇠 개념으로 제시되었다. 평화경제는 평화와 경제의 상호작용 또는 상승작용을 추구한다. 그런 점에서 평화경제는 '평화와 경제의 선순환'을 지향한다.

우리 정부는 평화를 위해 단순히 전쟁억지에만 초점을 맞추는 소극적 평화유지를 넘어 항구적인 평화를 위한 적극적 평화를 추구하고 있다. 그와 함께 한국 경제의 도약과 활로의 개척은 한반도의 공고한 평화상태의 구축 없이는 불가능하다는 사실을 절감하였다. 따라서 평화와 경제는 따로 떼어 놓고 접근할 수 없다. 그런즉 "평화를 위한 경제, 경제를 위한 평화"야말로 우리가 가야 할 길이다.

평화경제론은 전혀 새로운 개념이다. 남북관계는 경협을 통한 남북한 공동발전의 추구에도 불구하고 핵문제를 비롯한 정치군사적 사안에 의해 기대한 만큼의 진전을 이루지 못하였다. 정치군사적 문제로 인해 항상 남북관계의 발전이 정체되거나 지연되는 상황이 반복적으로 나타났다. 미국의 동북아 전략에 따른 정치군사 중심적 대북 정책과 북한의 체제생존전략이 맞물리면서 한반도의 긴장과 위기국면이 주기적으로 나타났고, 그에 따라 남북관계의 안정적 발전의 지속적인 추진이 힘들었다. 여기서 다시 한번 남북경제공동체 형성을 통해 정치군사적 난관을 극복하려는 문제의식이 태동하게 되었다. 이를테면 남북한 간 공고한 경제적 유대 또는 경제적 공동체를 형성함으로써 평화를 정착시킬 수 있다는 입장의 발로다. 이는 사실 오래된 발상이면서도, 새로운 형태의 발상의 전환을 함축하고 있다.

한반도의 평화와 번영은 우리의 국가목표이다. 이를 위해서는 남북 간 갈등과 분쟁의 소지를 없애고 공고한 평화상태를 구축해야 한다. 여기에는 서로 인식론적 기반을 달리하는 평화론으로 '민주평화론'과 '시장경제평화론(capitalist peace)'이 제기될 수 있다.[1] 전자는 평화사상과 관련하여, "민주국가끼리는 서로 전쟁을 하지 않는다"는 명제로 커다란 호응을 받았다. 후자, 즉 시장경제평화론은 민주평화론을 비판하면서 자본주의적 시장경제를 통한 평화의 확대를 주장하고 있다. 민주평화론과 시장경제평화론은 대립적이나 양자 모두 한반도의 평화구축과정에 상당한 시사점을 제공한다는 점에서 이에 대한 깊이 있는 통찰이 필요하다.

이러한 문제의식 위에서 제2절에서는 평화경제론의 이론적 배경은 시장경제평화론에 닿아 있음을 밝히고자 하였다. 민주평화론은 학문적 발견과는 달리 부시 행정부에 의해 오독(誤讀)되고 있다. 부시 대통령은 '민주주의와 자유'의 이념으로 세계를 관리하겠다는 의지를 드러냈다. 그럼에도 여기에서는 미국의 무력개입으로 민주주의를 성취한 경우는 아주 드물다는 사실을 검토하였다. 사실 클린턴 행정부도 냉전의 승리로 이끈 민주주의 이념에 도취되었던 것은 마찬가지였다. 다만 반공·냉전 승리의 여파로 아직 본격적인 도전세력을 만나지 못하였던 시기에 민주주의는 무력개입과 정권교체의 도구로 활용될 단계가 아니었을 뿐이다. 이러한 민주평화론은 한반도의 평화와 관련하여 대북 정책의 주된 방향이 되어야 한다는 주장의 인식론적 배경이 되고 있다.

---

[1] 'Capitalist peace'는 자본주의평화론으로 옮길 수 있으나, 21세기 시장경제론이 확산되고 있는 일반적 추세를 감안하여 시장경제평화론으로 옮긴다.

시장경제평화론은 개방적인 시장과 경제적 공동이익의 추구야말로 국가 간 갈등과 분쟁을 방지하고 평화로 이끈다는 주장이다. 지난 60여 년 동안 선진 자유시장경제 국가 간 전쟁은 없었다. 시장경제평화론은 정치에 선행하는 경제우선 논리로, 경제결정론적인 것은 아니지만 자본주의적 공동시장과 공동이익의 창출이 전쟁 자체를 불필요한 것으로 만든다는 논리다. 나아가 민주평화론에서 말하는 민주화 주장과는 달리, 선(先) 자유시장, 후(後) 민주화를 강조하는 입장이다.

제3절에서는 평화경제, 즉 시장경제평화론의 성공적인 세 사례를 검토하였다. 첫 번째, 유럽통합의 초석이었던 유럽석탄철강공동체(ECSC)는 경제공동체의 모델로 남북경제공동체의 궁극적인 지향점으로 파악하였다. 두 번째, 대만해협의 경우, 두 차례에 걸친 중국의 무력시위가 있었지만 양안 간 '교역정치'로 인해 파국적 상황으로 치닫지 않았던 사례를 분석하였다. 세 번째, 남북한 서해교전이 더 큰 전쟁으로 확전되지 않았던 데에는 대북 포용정책에 의한 '평화비용'의 효과임을 살폈다.

제4절에서는 평화경제의 추진전략으로, '선 시장경제(자본주의), 후 민주화' 원칙 위에서 해양경제와 대륙경제의 융합을 강조하였다. 그리고 실천전략으로 한반도 북부 지역의 전략거점 중심의 접근과, 남북한 중심의 협애한 시각을 넘어 동북아 전망 속에서의 추진, 여기에 개발협력방식의 대북 진출을 검토하였다.

2 민주평화 VS 시장경제평화

2.1. 민주평화

"민주국가끼리는 서로 싸우지 않는다(Democracies almost never fight each other)." 이는 널리 알려진 민주평화(democratic peace)의 명제이다. 민주평화론은 민주국가 상호간의 전쟁은 없다는 사실을 역사적 사례를 통한 경험적 연구로 증명하였다. 민주평화론에 의하면, 어떤 국가든 민주적일수록 그 나라는 대개 평화지향적이고 대외관계에서 전쟁을 회피하려 한다. 이러한 민주평화론은 한반도의 평화문제에 대한 인식론적 배경의 한 축을 형성하고 있다.

일반적으로 자유주의 국가와 민주국가는 전제정과 독재국가에 비해 평화지향적이다. 뱁스트(D. Babst)는 1789년부터 1941년까지 116개의 전쟁사례를 분석하면서 민주국가 간의 전쟁은 거의 없었다는 경험적 사실을 밝혔다.[2] 그리고 러멜(R. Rummel)은 자유주의 국가 간의 전쟁은 드물었다는 연구결과를 제시하였고,[3] 오웬(J. Owen)에 따르면 자유주의가 민주적 평화를 낳는다.[4] 이러한 민주평화론은 다른 정부형태보다 공화정이 평화적이라는 칸트(I. Kant)의 평화사상에 닿아 있다.

---

[2] Dean Babst, "A Force for Peace," *Industrial Research*, April 1972, pp. 55~58.

[3] R. J. Rummel, "Libertarianism and International Violence," *Journal of Conflict Resolution*, 27(1), 1983, pp. 27~71.

[4] John M. Owen, "How Liberalism Produce Democratic Peace," *Debating the Democratic Peace*, ed. by Michael E. Brown, Sean M. Lynn-Jones, and Steven E. Miller, MIT Press, 1996, pp. 116~154.

칸트는 자유, 대의정부, 권력분립 등을 공화정의 기본 요소로 규정하였다. 칸트의 영구평화는 그러한 공화제적 요소와 더불어 통상과 자유무역을 구현하는 세계보편법과 공화정 국가 간 국제법적 조약에 의해 수립된 '평화연합(pacific union)'을 추구한다. 이처럼 칸트의 평화조건으로서 공화정의 이념은 현대 민주평화론의 토대가 되었다.

그렇다면 왜 민주국가 상호간에는 전쟁이 없는가? 어느 국가건 전쟁은 궁극적으로 통치엘리트층에서 결정한다. 그러나 민주국가의 지도자들은 전쟁을 통해 얻을 수 있는 인센티브가 거의 없다.[5] 민주국가에서 국민의 희생을 요구하는 전쟁은 지도자의 자의적 판단과 독단에 의해 결정되기 어렵다. 국민여론이나 비판적 언론, 그리고 비평화적 수단에 의한 분쟁해결방식의 대가에 대한 책임을 의식하지 않을 수 없기 때문이다. 민주국가에는 폭력적 갈등상황을 예방하고 서로 전쟁을 할 필요가 없는 문화와 규범, 그리고 제도적 기반이 존재한다.[6] 독재국가나 비민주국가의 지도자들이 대외전쟁을 통치의 수단으로 활용하려는 유혹에 빠지기 쉬운 데 비해, 민주국가는 전쟁을 피하면서 분쟁을 해결할 수 있는 다른 평화적 수단들이 많다. 이와 더불어 민주국가끼리는 전쟁을 해서는 안 된다는 규범을 서로 존중하고 따른다. 이런 까닭에 민주평화론은 민주국가가 많을수록 서로 적대적인 국가들은 적어지고 보다 광범한 평화지대가 확산될 수 있다고 믿는다.

2.1.1. 민주평화와 미국

미국의 존재는 민주평화론의 명제를 아주 곤혹스럽게 만든다. 냉전시대로부터 지금까지 세계의 모든 군사개입은 대부분 미국이 치른

---

[5] Alex Mintz, and Nehemia Geva, "Why Don't Democracies Fight Each Other? An Experimental Assessment of the 'Political Incentive' Explanation," *Journal of Conflict Resolution*, 37(3), 1993, pp. 484~503.

[6] Bruce Russett, "Why Democratic Peace," *Grasping the Democratic Peace—Principles for a Post-Cold War World*, Princeton University Press, 1993, pp. 35~40.

대외전쟁이었다. 미국이 제2차 세계대전 후 사회주의 국가나 독재국가들과 치른 전쟁을 제외하더라도, 제3세계의 민주정부를 전복시키기 위해 무력으로 비밀리에 개입한 사례는 얼마든지 있다. 1953년 이란, 1954년 과테말라(다시 민주화될 가능성을 차단하기 위해 케네디가 군사쿠데타를 지원하였던 1964년), 1957년 인도네시아, 1961년 브라질, 1973년 칠레, 1981년 니카라과 등에서 미국은 은밀한 형태로 합법적인 정부를 폭력으로 전복시켰다. 그 후에도 지금까지 다양한 방식으로 군사적 개입을 자행함으로써 미국은 겉으로는 민주주의를 내세우면서 실제로는 미국의 이익 또는 미국 기업의 이익에 반하는 어떠한 민주정부도 용납하지 않았다.[7]

이처럼 민주평화론은 미국의 음모적이고 은밀한 군사개입 사례까지 모두 포괄할 수 있는 설명력을 지닌 것은 아니다. 그럼에도 민주평화론의 "민주적일수록 평화지향적이다"라는 명제는 경험적 측면에서 여전히 유효하다고 주장한다. 즉, 민주평화론은 산업화되고 정치적 안정을 구가하는 민주국가들 상호간의 공개적이거나 대규모 전쟁은 없다는 사실을 강조하기 때문이다. 달리 말해, 비록 프랑스가 미국을 따르지 않고 종종 반미성향을 보이더라도 산업화되고 민주국가인 미국과 프랑스 사이의 전쟁을 상상하기 어렵다는 말이다.

민주평화론은 냉전체제가 붕괴된 1990년대 초기의 평화연구에서 상당한 관심을 끌었다. 그러나 냉전시기 민주국가 간 분쟁발생이 현저히 낮았다는 사실은 국가 간 유사한 체제 덕분인지, 아니면 공통의 이익 때문인지는 뚜렷하지 않다. 그러한 맥락에서 당시 클린턴 행정부의 대외정책으로 민주주의의 확산을 위한 '확장(enlargement)'전략은 잘못된 가정에 근거하고 있다는 비판도 제기되었다. 민주주의 확장정책이 분쟁의 위험성을 없앨 수 있을 것이라는 가정에 대해 충분히 실증적인 증거는 발견할 수 없다. 그리하여 클린턴 행정부의 대외정책

7 노암 촘스키 저, 김보경 역, 『미국이 진정으로 원하는 것』, 한울, 1993, pp. 36~114.

방향은 오히려 국가 간 공동이익(common interest)의 창출을 모색하는 데로 맞추어져야 한다는 대안적 주장이 나타났다.[8] 이는 본 논문에서 검토할 시장경제평화론의 싹을 보여 준다.

민주평화론은 실증적 측면 못지않게 규범적 가치를 지닌다. 민주평화는 하나의 자기충족적 예언효과를 지닌다. 인간의 규범이 행동을 규제한다면 규범의 반복은 규범의 실현을 가능하게 한다. 즉, 민주국가 상호간 전쟁을 하지 않는다는 명제를 규범화함으로써 실제로 민주국가끼리 전쟁은 불가능해질 수 있다. 이런 점에서 냉전체제 붕괴 후 민주주의의 보편화에 상응하여 세계적 수준에서 민주국가 상호간의 군사적 대립과 전쟁의 가능성은 상대적으로 줄어들 것이라는 기대가 나타날 수 있었다.[9]

그런데 "민주국가 상호간 전쟁은 없다"라는 명제는 무엇을 말해 주는가? 그것은 국가 간 평화의 조건에 대한 메시지로 읽힐 수 있다. 민주평화론에 따르면, "평화의 조건은 독재국가나 비민주국가들이 민주국가로 전환되는 데에 있다"는 암묵적 명제가 도출된다. 바로 이 점이 민주평화론에 함축된 핵심적 내용이다. 또한 여기에 미국 중심의 세계질서 구축과정에서 민주평화의 오역(誤譯)의 계기가 도사리고 있다.

2.1.2. 민주주의를 내세우는 군사개입의 기만성

'민주주의와 자유'의 확산! 부시 행정부의 미국은 민주주의와 자유를 대외정책의 기본 원칙으로 천명하였다. 미국의 역사를 새로 쓰게 된 '9·11'을 계기로 부시 행정부 제1기는 대외정책의 모토로 '테러와의 전쟁'을 선언하였다. 그러나 미국의 일방주의는 '테러와의 전쟁'에서 오히려 동맹과 이웃을 잃었다. 이에 제2기 부시 행정부는 이

8 Henry S. Farber and Joanne Gowa, "Polities and Peace," *International Security*, 20 (2), Fall 1995, pp. 123~146.

9 최상용, 「현대의 민주평화사상」, 『평화의 정치사상』, 나남출판, 1997, pp. 267~276.

른바 '민주주의와 자유'를 대외정책의 기치로 내걸었다. 이처럼 민주주의 문제가 이론적 영역을 떠나 실천적 정책으로 표방되자, 마치 미국의 대외정책이 민주평화론의 반영인 것처럼 여겨지면서 민주평화론은 도마에 올랐다.

러셋(B. Russett)은 부시 대통령이 민주평화론을 완전히 망쳐 놓았다고 성토한다.[10] 민주평화론은 전쟁을 반대한다. 더욱이 미국과 같은 강대국의 외부로부터의 군사적 개입에 의한 정권교체(regime change) 방식을 수용하지 않는다. 평화는 마땅히 평화적 수단과 방법에 의해 추구되어야 한다. 따라서 평화구축을 위한 민주정부의 수립을 말한다고 하더라도 군사행동과 같은 무력적이고 비평화적 방식은 결코 인정될 수 없다.

부시 대통령은 사담 후세인의 대량살상무기(WMD) 개발·보유를 확신하고 그러한 무기들이 알 카에다 등 테러단체에 넘어가 미국을 비롯한 동맹국들이 심각한 위험에 빠지기 전에 선제공격을 하지 않을 수 없다고 하여 이라크 침공을 정당화하였다. 미국의 선제공격론은 새로운 것은 아니지만, 냉전시대에 이 논리는 적어도 '몇 시간 또는 며칠 내'에 핵공격이 있을 것이라는 아주 임박한 상황에 대한 대응논리로 주장되었으나, 미국의 선제공격으로 시작된 이라크 침공은 그러한 임박한 위기징후와는 전혀 무관한 상황이었다. 부시 행정부는 임박성에 대한 일언반구도 없이 냉전시대의 억제독트린조차 내팽개쳤다. 그 후 대량살상무기가 존재하지 않았다는 사실이 밝혀졌고, 전쟁비용이 천문학적으로 증대되자 이라크 침공을 정당화하기 위한 사후조치로 마치 민주평화론을 연상시키는 듯한 '민주주의와 자유'를 들고 나왔다. 이라크 정권교체를 위해 부시 행정부의 외부개입 모델로 주장된 정권교체론은 민주평화론에서 말하는 민주화와는 전혀 상관없다. 이처럼 민주국가가 독재국가나 전제국가에 비해 전쟁동원능력이

10 Bruce Russett, "Bushwhacking the Democratic Peace," *International Studies Perspectives*, 6, 2005, pp. 395~408.

훨씬 뛰어날 경우, 강대국 민주국가는 광범위한 차원에서 국제적 이해관계와 개입능력으로 약소국 민주국가보다 국제분쟁에 자주 개입하는 경향을 보인다.

이라크전쟁 당시 이라크를 쳐서 민주정부를 세워야 한다는 입장은 제2차 세계대전 후 패전국 독일과 일본에서 민주정부 수립을 추진한 미국의 역할을 상기시켰다. 전쟁 초기 미국은 독일과 일본의 정권교체를 통한 민주화를 목표로 삼지는 않았으나 처칠 영국 수상과 루스벨트 미국 대통령이 전후 평화문제를 논의하는 과정에 인민의 자치정부에 대한 비전을 공유하면서 평화적인 민주정부 수립문제를 구상하기 시작하였다. 전후 미국은 이 목표를 위해 마셜플랜을 비롯하여 엄청난 물질적·지적 자원을 쏟아 부었다. 부시 행정부 내에서는 바로 이 성공적인 사례가 이라크에서도 유사한 성과를 거둘 것으로 믿었다.

이라크의 경우 독일이나 일본과는 판이하게 달랐다. 전후 연합국은 독일과 일본에서 미국이 장기주둔하면서 대대적인 경제지원을 제공하기를 원했다. 미군의 장기주둔과 전폭적인 경제지원을 통해 독일과 일본은 평화적인 민주국가로 재건될 수 있을 만큼 성공적인 전환과 공고한 민주주의의 토대가 마련되었다. 그러나 이라크의 경제적 저소득, 민주주의 경험부재, 석유자원이 오히려 독재와 부패를 가져오는 '자원저주(resource curse)', 이슬람의 권위주의적 문화 등은 미국의 점령정책으로 쉽사리 해결될 수 없는 문제다. 또한 군사점령을 통한 민주주의의 이식을 우려의 눈초리로 바라보는 이라크 주변의 이슬람 국가들은 어느 나라도 이라크의 민주화를 바라지 않으며, 재건작업의 성공을 기대하지도 않는다. 더욱이 미국이 전후 독일과 일본에서와 같은 대대적인 지원은커녕 오히려 이라크를 비롯한 중동 지역 석유자원의 강압적 확보를 목표로 삼고 있다는 비판적 국제여론도 미국의 이라크 민주정부 수립의 성공가능성을 한층 어렵게 만든다.[11]

[11] John M. Owen, IV, "Iraq and the Democratic Peace," *Foreign Affairs*, November/December 2005.

군사적 무력개입과 민주주의와의 관련성에 대한 페스니(M. Peceny)의 연구결과가 시사하는 바는 무척 크다. 1898년에서 1992년까지 90회에 달하는 미국의 무력개입 사례를 살펴보면, 2개 국가는 민주정부에서 오히려 비민주정부로 전락하였고, 무력개입 후 14개 국가는 민주국가로 전환하였으나, 대부분의 국가는 10년이 지나서도 여전히 민주국가로의 전환과정에 놓여 있었다.[12] 이 사례연구를 통해 무력개입의 85%는 민주주의 증진과는 직접적인 상관이 없는 것으로 드러났다.

한편, 1946년에서 1996년 사이 미국, 영국, 프랑스가 개입한 92회의 군사개입 사례의 결과를 밝힌 페스니의 후속연구도 주목할 만하다. 영국의 무력개입의 경우, 우호적인 정권을 지원하기 위한 개입이든 정권교체를 위한 적대적 개입이든 정치적 자유를 가져온 사례는 전혀 없었고, 이전보다 민주주의의 질적 저하가 초래된 사례도 많았다. 프랑스의 무력개입은 초기에는 난폭하고 비민주적인 통치자들을 지원하는 형태를 띠었다가 나중에는 보다 민주적인 정권을 지지하는 태도를 보였다. 미국은 영국이나 프랑스와는 달리, 우호적인 정권을 지원하기 위해 개입한 경우에도 긍정적인 결실을 얻지 못하였다. 정권교체를 위한 미국의 무력개입 패턴은 독재정권 축출 후 곧 자유화 조치를 취하지만 민주화 프로젝트가 지속적으로 가동되지 않을 경우 대개 실패하고 말았다. 물론 지속적인 민주화 프로젝트가 반드시 성공을 보장하는 것도 아니지만, 이 시기 미국의 무력에 의한 자유주의적 개입은 거의 실패한 것으로 판명되었다.[13]

이와 함께 미국이 평화유지, 인도주의적 사명, 통상금지, 국경통제, 그리고 군사훈련 등 전쟁과 관련된 광범위한 활동을 포함한 228

[12] Mark Peceny, *Democracy at the Point of Bayonets*, Pennsylvania State University Press, 1999, p. 195.

[13] Mark Peceny and J. Pickering, "Foreign Democracy at Gunpoint," *Forthcoming in International Studies Quarterly*, 08-Feb-2006 16:11 111K(http://www.k-state.edu/polsci/fac/pickering).

회의 군사작전을 검토한 연구에서 흥미로운 결론이 도출되었다. 즉, 정권교체 불가능 사례 42%, 민주주의 악화 사례 30%, 그리고 민주주의 개선 사례는 28%에 불과한 것으로 나타났다.[14]

군사적 무력개입의 명분으로 민주주의를 내세우는 것은, 다양한 실증적 연구결과가 말해 주듯이 기만적이다. 민주주의 경험이 부재한 국가는 군사개입 후 민주국가로 전환되기 쉽지 않으며, 특히 개입 전후 내전을 겪은 나라들은 더욱 민주화되기 어렵다. 민주정부를 세우기 위해 타깃으로 삼은 정권을 축출하더라도, 그 과정에서 전쟁을 치르게 되면 전보다 한층 전제적인 정권이 들어설 가능성이 높다. 군사개입은 힘에 의한 민주주의를 강요하지만 결국 실패로 돌아가고, 성공의 경우도 인명과 재산상의 엄청난 비용을 치른다. 힘에 의한 민주화는 도덕적으로 매우 위험한 논리가 아닐 수 없다. 아프가니스탄의 탈레반 정권처럼 패퇴시킬 수밖에 없는 경우가 있다고 하더라도, 민주주의를 앞세워 전쟁을 일으키는 것은 거부되어야 한다.

2.2. 시장경제평화

고전적 자유주의 이론에서 두 갈래의 평화론이 나온다. 하나는 정부의 역할과 형태에, 다른 하나는 자유시장과 사적 소유에 평화의 초점을 맞춘다. 전자는, 특히 칸트의 평화사상의 핵심적 내용으로 국제정치학의 집중적인 조명을 받았다. 그렇지만 정부형태나 평화와 관련하여, 공화정이 다른 정부형태보다 전쟁성향이 덜하다는 칸트의 주장은 실제로 검증되지 않았다. 그 후 평화연구에서 민주주의는 폭력을 사용할 준비가 부족한 것은 아니나, 서로 좀처럼 싸움을 하지 않는다는 사실을 발견하였다. 이는 '민주평화'로 주장되었다. 그러나 민

[14] John A. Tures, "Operation Exporting Freedom: The Quest for Democratization via United States Military Operation," *Whitehead Journal of Diplomacy and International Relations* 6, 2005, pp. 97~111.

주평화는 개발도상에 있는 민주국가가 개발도상에 있는 독재국가보다 전쟁성향이 더 높다는 점도 밝혔다.

민주평화는 한계를 안고 있다. 민주적 규범·제도, 또는 투명한 통치 등의 민주적 제 요소들과 평화효과의 관련성에 대한 설명을 넘어, 번영이 평화의 필요조건임을 인식해야 한다. 자유주의 정치경제학은 자유시장과 번영의 전망 위에서 평화창출의 가능성을 모색한다. 몽테스키외(Montesquieu), 스미스(Adam Smith), 콥든(Richard Cobdon), 앤젤(Norman Angell) 등의 학자들은 전쟁발생의 조건과 관련하여 자유시장은 자유국가에 대해 일정한 규정력을 지닌다는 사실을 오래 동안 관찰해 왔다.

자본주의는 전쟁호소력을 없애거나 또는 전쟁이 필요 없는 조건을 창출함으로써 국가 간 협력을 진작시킨다. 자유시장은 때때로 소소한 분쟁이 발생하기도 하지만, 국가 간 경쟁을 위한 새로운 영역을 창출한다. 경제적 자유로 인한 무역과 통상의 증대는 국제관계의 전환을 가져온다. 군사적 행동이나 영토점령은 고비용에다 실익이 없다. 현대경제에서 국가의 부는 농업사회나 초기 산업사회와 달리 더 이상 강탈로 얻을 수 있는 것은 아니다. 이처럼 민주평화가 칸트의 공화정 이념 위에서 민주주의를 평화의 조건으로 파악하였다면, 자유시장과 자본주의적 방식을 통한 '평화경제론'적 접근은 자유주의 정치경제학의 계보에서 연원한다.

2.2.1. 선진 자유시장경제 국가 간 전쟁부재

평화는 민주주의의 문제인가, 그렇지 않으면 경제적 자유의 문제인가? 이에 대해 가츠크(E. Gartzke)는 경제적 자유는 분쟁을 줄이고 전쟁을 막는다는 이른바 '시장경제평화'를 주창한다. 경제적 자유와 평화와의 뚜렷한 상관성을 밝힐 수 있는 수단과 증거는 충분하다. 가츠크는 '민주주의'와 '경제적 자유'의 두 변수를 통계적 방식의 모델 개발을 통해 각각의 변수와 평화의 상관관계를 실증적으로 검증하였다. 그는 국가 간 무력분쟁(militarized interstate disputes: MIDs)에 대한 '경제적 자유'의 효과와 '민주주의' 효과를 다층적 통계처리방식을 활용한 분석을 통해 자유시장이 평화를 촉진시킨다는 검증결과를 제시하였다.[15]

여기서 아주 흥미로운 두 가지 연구결과가 제출되었다. 하나는, 국가 간 평화를 진작시키는 데 있어서, '경제적 자유'가 '민주주의'보다 평화에 대한 잠재력이 50배 이상이나 높게 나타났다. 다른 하나는, 민주주의는 평화에 대한 중요한 영향력을 지니지 못하고 있음에 비해, 경제적 자유의 수준이 매우 낮은 국가들은 경제적 자유의 수준이 매우 높은 국가들보다 국가 간 분쟁의 경향성이 14배나 많다는 사실이 밝혀졌다. 무력분쟁의 분석에 동맹국들, 핵억지력, 그리고 지역적 차이 등을 포함한 여타 변수들이 고려되었는데, 무력분쟁의 요인이 변화하더라도 경제적 자유와 평화의 상관성은 유지되었다. 따라서 평화와의 관련성에서 민주주의의 유용성보다는 경제적 자유의 문제가 결정적인 영향력을 지닌다는 사실이 판명되었다.

지난 60여 년 동안 선진국들은 서로 싸우지 않았다. 그러나 역사적으로 강대국들은 매우 높은 전쟁성향을 드러냈다. 그러므로 민주국가들은 서로 싸우지 않고, 민주주의는 평화를 증진시킨다는 민주평화는 더 이상 올바른 명제는 아니다. 더욱이 민주국가끼리 전면전으로 치닫는 전쟁도 종종 발생하였다. 그런데 최근 풍요한 민주국가끼리는 서로 싸우지 않는다는 사실이 밝혀졌다. 가난한 민주국가는 전쟁이 일어날 때 마치 비민주국가처럼 행동한다. 민주주의는 물론 바람직하지만, 민주적 대의정부의 대외정책들이 직접적으로 국제평화에 기여하는 것은 아니다. 민주주의보다는 자유시장이 군사적 무력행사로 쉽게 기우는 경향성이 있는 국가들에 상당한 영향력을 지닌다. 민주주

15 Erik Gartzke, "Economic Freedom and Peace," James Gwartney and Robert Lawson with Erik Gartzke, *Economic Freedom of the World: 2005 Annul Report*, Vancouver, B.C.: The Fraser Institute, pp. 29~44.

의는 기껏해야 선진산업화 국가들 간의 분쟁을 감소시킬 수 있다. 그러나 개발도상국은 민주평화와 무관하다. 특히, 전제정부가 권력을 장악한 지역에 민주주의를 소개한다고 하더라도 국제협력에 긍정적인 반응을 기대하기는 쉽지 않다. 민주정부는 상대적으로 높은 수준의 경제발전과 연계될 경우 안정적으로 된다. 가난한 나라를 대상으로 추진되는 민주화 정책은 궁극적으로 정치적 안정도 국제평화도 아무것도 보장받지 못하는 결과를 초래할 수 있다. 그런 점에서 번영은 평화를 가져올 뿐만 아니라 안정적 민주주의를 뿌리내리는 데 필수불가결한 요소로서, 미국을 비롯한 선진 제국의 최선의 대외정책은 자본주의를 확장시키고 고양시키는 데 있다고 하겠다.

한편, '시장경제평화'는 분쟁형태로 나타난 국가 간 알력이나 우발적 사태에 맞닥뜨린 국가 간 위기행태(interstate crisis behavior: ICB)의 분석을 통해서도 이와 유사한 결론에 도달하였다. 즉, 경제적 변수들이 그전까지는 민주주의 문제로 여겼던 분쟁행태의 변화를 설명해 준다는 사실을 밝혔다. 그 결과 민주주의 문제라기보다는, 자본주의가 자유로운 평화를 책임질 수 있다는 사실을 재확인하였다.[16] 시장경제평화, 즉 "높은 수준의 경제적 자유를 향유하는 국가끼리는 서로 전쟁을 하지 않는다"는 명제는 큰 설득력을 얻고 있다. 이는 고전적 자유주의의 지적 전통을 가진 오래된 논리이지만 최근에 다시 주목받게 되었다. 민주주의와 자유시장제도의 척도인 경제적 자유는 따로 떼놓기 어렵다. 그러나 경제적 자유가 평화의 근거로 작용할 때, 민주주의도 비로소 평화의 긍정적인 요인으로 작용할 수 있다.

시장경제평화에 의하면, '민주평화'는 경제적 자유와 정치적 자유를 혼동한 데서 비롯되었다. 국가주의적 중상주의로부터 하이테크 자본주의로의 전환은 전쟁의 배후에 작용하는 경제논리를 변화시켰

[16] Erik Gartzke and J. Joseph Hewitt, "International Crisis and the Capitalist Peace: Are Democracies Really Less Likely to Fight Each Other?," December 12, 2005 (http://www.columbia.edu/~eg589/pdf/icbfutilitywar_012006.pdf).

다. 시장은 전쟁을 무의미하게 만드는 경제적 기회를 창출한다. 영토 확장은 더 이상 부를 축적하는 최선의 방도가 될 수 없다. 자본시장의 자유로운 흐름과 세계화는 모든 국가들을 끌어들이면서 동시에 전쟁으로 인한 정치적 불안정이 무역과 투자를 억제하기 때문에 군사적 갈등은 경제적 고비용을 치를 수밖에 없게끔 만든다. 이러한 경제적 추세가 전쟁을 막는 데 충분하지는 않지만, 그렇다고 민주주의가 그러한 역할을 할 수 있는 것은 아니다. 민주국가끼리 통상 서로 싸우는 것은 아니지만, 민주국가들도 전쟁을 한다는 사실은 분명하다.

그렇다면 자유시장은 어떤 측면에서 평화에 기여하는가? 자본주의는 시장기능과 자유로운 교환 그리고 사적 소유와 법률적으로 자유로운 개인을 바탕으로 하는 체제로, 사적 소유와 자유로운 개인은 이를 인정하는 국가와 정치체제의 보호가 있어야 존재할 수 있다. 그러한 자본주의는 무한한 번영을 낳는 기제일 뿐만 아니라 경제적·사회적 그리고 정치적 변화의 혁명적 원천이다. 부는 현대사회에서 더 이상 토지나 자연자원으로부터 발생하지 않는다. 현대국가는 시장경쟁과 효율적인 생산을 통해 번영을 이룬다. 과거처럼 다른 나라를 정복하거나 영토침탈로 얻을 수 있는 전리품 형태의 부는 더 이상 가능하지 않다. 자유시장경제에서 전쟁은 승리자나 패배자 모두에게 엄청난 손실만 안겨 준다. 자본스톡은 회복되더라도, 효율적인 생산을 위해 소유권과 그리고 승리자 측에만 유리하게 조정될 수 없는 시장참여자들의 자유로운 결정권이 요구된다. 이처럼 경제적 자유가 반드시 평화를 보장하는 유일한 요소는 아니지만, 경제적 자유는 전쟁의 가능성과 필요성을 크게 축소시키는 데 기여한다.[17]

이러한 시장경제평화도 보다 면밀한 관찰이 요구된다. 경제적 자유를 안정적으로 제도화시키지 못한 신흥민주국가는 오히려 신흥독재국가보다 더욱 호전적인 형태를 띠기 때문이다. 미국을 비롯한 서구

[17] Erik Gartzke, "Future Depends on Capitalizing on Capitalist Peace," October 18, 2005(http://www.cato.org).

제국은 자유시장이 제대로 기능하지 않는 국가의 민주화를 위해 엄청난 자원을 쏟아 부었다. 이는 여론을 의식한 측면도 있지만, '민주평화'의 잘못된 가정에 근거한 정책적 오류였다. 이처럼 잘못된 분석이나 반시장적 행동이야말로 우리를 미혹에 빠지게 하였다. 그럼에도 자본주의라는 용어는 민주주의가 대중적인 호감을 얻는 데 비해, 속물적인 이미지를 극복하기 어려운 문제도 있다. 그러나 최근 몇십 년 동안 많은 사람들이 세계평화에 있어서 자유시장의 '보이지 않는 손'의 장점을 재발견하기 시작하였다. 따라서 시장확대와 개발을 통해 시장경제평화에 적극적으로 투자할 필요가 있다.

2.2.2. 선 자유시장, 후 민주화

시장경제평화에 의하면, 경제는 정치에 선행한다. 민주주의는 분명히 많은 장점이 있으나, 민주주의를 증진시키기 위해 미국이 취한 정책적 조치들은 민주화 대상국가의 국민들에게 실질적 혜택이 주어질 때 정당화될 수 있다. 민주화를 통한 평화증진정책은 신중한 주의가 필요하다. 우선 자유시장의 확산을 통해 평화의 토대를 구축한 다음, 자유시장을 민주주의를 지원하는 방향으로 활용할 수 있다면 소기의 성과를 기대할 수 있을 것이다. 중동이나 전제정부의 지배하에 놓인 여타 지역에서 민주화를 통해 평화를 진전시키려는 노력은 바람직한 결과를 기대하기 어렵다.

이런 맥락에서 이라크에서 안정적인 민주정부 수립을 통한 테러리즘의 해결이 가능하겠는가 하는 문제는 여전히 딜레마로 남는다.[18] 이라크의 경우 민주주의가 이식된다고 하더라도 그에 상응하여 성공적인 경제개혁이 효율적으로 이루어지지 않는다면 이웃 국가와의 분쟁가능성이 크게 줄어들지는 않을 것이다. 민주주의를 고무시킬 필요는 있지만 민주주의 자체만으로 평화를 보장할 수 없으며, 더욱이 일

[18] Quan Li, "Does Democracy Promote or Reduce Transnational Terrorist Incidents?," *The Journal of Conflict Resolution*, 49(2), April 2005, pp. 278~297.

정한 수준의 경제적 번영이 성취되지 못한 상태에서 대중선동주의마저 횡행하게 되어 정치적 불안정을 가속화시키기도 한다. 요컨대, 자유와 평화의 두 가지 목표를 성취하기 위해서는 자본주의적 제도와 관행을 적극 확산시켜 나가는 데 힘써야 한다.

고전적 자유주의자들이 일찍이 제국주의를 극복하는 대응논리로 제시한 자유시장론에서 뿌리를 둔 시장경제평화는 새로운 이론은 아니다. 불행하게도 제1차 세계대전은 국가 간 평화는 무역증대만으로 충분하지 않다는 사실을 보여 주었다. 경제적 파멸이 내다보이는데도 민족주의, 인종적 증오심, 그리고 안보에 대한 공포 등이 결합되어 시장의 힘을 짓밟았다. 그러나 양차 세계대전 후 산업화된 민주국가들 사이에서 더 이상 전쟁은 일어나지 않았다. 그러한 분위기에서 이미 앞에서도 언급한 바 있듯이, 어떠한 정치체제보다 공화정이 보다 전쟁을 회피하는 경향이 있다는 칸트의 평화사상의 메시지가 널리 수용될 수 있었다. 칸트의 공화정의 평화사상은 오늘날 독재국가를 민주국가로 전환시키면 분쟁을 줄일 수 있다는 민주평화에 대한 추론을 가능하게 하였고, 그러한 인식이 미국 정책결정자들로 하여금 이라크 침공을 고무시켰다. 그러나 부시 대통령의 민주주의 확산이 전쟁을 억제한다는 인식에 기반한 대외정책은 이라크에서 심각한 좌절을 겪고 있다. 부시 행정부는 '시장경제평화'에 의한 자유시장의 확대가 평화와 테러리즘의 근절에 보다 중요한 요인임을 인식해야 할 필요가 있다.[19]

한편, 국가 간 전쟁상태로 나아가는 것은 아니지만, 대외정책의 목표를 달성하기 위한 강압적 수단으로 행사되는 경제제재문제도 주목된다. 경제제재문제에 대한 흥미로운 사실은 민주국가가 독재국가 등 다른 유형의 정권보다 경제제재를 대외정책의 수단으로 선택하는 경향이 훨씬 높다는 점이다.[20] 대개의 경우 민주국가가 다른 민주국가

[19] Doug Bandow, "A Capitalist Peace? Markets, more than democracy, may be the key to preventing war," October 26, 2005(http://www.reason.org/phprint.php4).

를 대상으로 경제제재를 가하기보다는 특정한 비민주국가를 대상으로 하는 사례가 일반적이다. 외교정책적 목표를 성취하기 위해 경제제재를 단행할 경우 금융제재방식이 쉽게 활용된다.

시장경제평화에 대한 비판도 당연히 제기되었다. 민주평화론의 입장에서는 가츠크의 방법론을 비판하면서 그의 연구가 민주화의 중요성에 대해 학자들이나 정치가들에게 잘못된 결론을 도출하도록 이끌 수도 있다는 데에 우려한다. 이러한 비판에 가츠크는 민주평화론자들이 활용하였던 바로 그 자료들에 최대한 의존하였다고 대응하면서, 민주국가끼리는 전쟁을 하지 않는다는 명제가 옳다면 "선진 자유시장경제 국가 간 서로 싸우는 전쟁은 없다"는 명제도 옳다고 주장하였다.

국가 간 평화창출에 있어 민주주의가 결코 무가치하다는 것이 아니다. 그러나 민주주의 자체가 스스로 평화를 가져오지는 않는다. 그렇다고 믿는 것은 위험하다. 분쟁에서 해방된 세계를 만드는 데 만병통치약은 없다. 세계평화는 또한 경제적 자유만으로도 성취될 수 없다. 자유가 국가 간 우호를 보장하는 핵심 고리라고 말하는 것은 자유주의적 낙관론의 입장을 되새기는 것에 불과하다. 지난 세기 전쟁은 가장 자유로운 국가들 사이에서 일어났다. 그러나 최근 세계화 추세 속에서 경제적 자유의 경향성은 한층 강화되고, 특히 평화와 경제적 자유의 상관관계가 더욱 뚜렷해지면서 자본주의의 세계화와 자유시장의 확산으로 비평화적 폭력이 점점 더 어려워지는 상황이 창출되었다.

시장경제평화는 얼핏 모순적으로 보일 수도 있다. 기업들은 마치 전쟁에 비견될 만큼 무한경쟁에 돌입하기 때문이다. 그러나 스미스는 관료적 규제와 간섭에서 벗어난 사적 이윤추구야말로 국가통제보다

[20] David Lektzian and Mark Souva, "The Economic Peace Between Democracies: Economic Sanctions and Domestic Institutions," *Journal of Peace Research*, 40(6), 2003, pp. 641~659.

훨씬 더 공공선에 기여할 수 있다는 통찰력을 보여 주었다. 마치 '보이지 않는 손(invisible hand)'처럼 행동하는 시장의 힘은 생산을 위한 무한한 잠재력을 해방시키고, 특히 오늘날 대부분 국가의 외교정책에서 이러한 보이지 않는 손이라고 할 수 있는 시장의 힘이 상당한 역할을 수행하고 있다.[21] 시장경제평화론은 간혹 번영이 무익한 침략행위로 나타나는 경우도 있으나, 세계시장은 인간의 의지로 어쩔 수 없었던 전쟁 메커니즘에 대해 새로운 대안을 제시한다. 경제적 자유가 꽃핌으로써, 비록 경제적 자유를 인간 탐욕의 발로라고 빈정대더라도, 인간의 본성에 영원히 내재한 문명 그 자체의 산물인 전쟁의 불꽃이 비로소 꺼지기 시작하였다고 주장한다.

개방적인 세계시장, 즉 자본주의 확장은 평화와 번영을 촉진시키는 최선의 방도이다. 개도국의 경제가 정부통제에 묶여 있는 채로 남아 있는 한, 개도국 간 전쟁은 시장경제평화에 의해 영향을 받지 않을 것이다. 경제를 자유롭게 하는 것이야말로 평화의 관건적인 문제다. 이는 특히 반자본주의적 좌파에게 중요한 교훈이다. 대개 경제적 자유의 적은 종종 평화주의자적인 말투로 아주 귀에 거슬릴 만큼 전쟁을 비난하지만, 정작 효율적으로 평화를 촉진시킬 수 있는 경제정책은 반대한다. 무역은 번영과 안정을 촉진하고, 기술혁신은 군사행동이나 영토정복에 따른 재정적 가치를 감소시키고, 세계화는 경제적 상호의존성을 낳고 전쟁비용을 높인다. 다른 한편, 세계화는 궁극적으로 안보효과를 가져온다.[22] 평화는 보람찬 사업이고, 시장경제는 평화에 유용하다.

---

21 Daniel W. Drezner, "The Hidden Hand of Economic Coercion," *A Journal of Political and Economic Affairs*, Vol. 57, No. 3, Summer 2003, pp. 643~656.

22 Erich Weede, "The Diffusion of Prosperity and Peace by Globalization," *The Independent Review*, Ⅸ(2), Fall 2004, pp. 165~186.

3 평화경제 사례

남북경제공동체 형성과 관련하여 평화경제의 성공적 사례들은 우리에게 시사하는 바가 크다. 유럽석탄철강공동체(ECSC)는 경제공동체 형성의 가장 성공적인 모범적 사례로 개성공단 사업을 추진중에 있는 남북한이 궁극적으로 지향해 나가야 할 모델이며, 대만해협을 사이에 둔 중국·대만(兩岸)관계는 정치군사적 갈등과 분쟁상태를 평화경제를 통해 극복한 성공적 사례로 주목할 만하다. 그리고 남북한이 두 차례의 서해교전사태에도 불구하고 화해협력을 위한 남북관계의 기본 방향이 그대로 유지될 수 있었다. 이는 평화경제의 전략적 가치를 돋보이게 하는 사례라 할 수 있다.

3.1. 유럽석탄철강공동체: 경제공동체 모델

통합이론의 성공적 모델인 유럽연합(EU)은 유럽석탄철강공동체(European Coal and Steel Community: ECSC)에서 출발하였다. 남북경제공동체는 유럽통합의 출발점이자 경제공동체의 최초 모델인 ECSC를 벤치마킹할 필요가 있다.

근대유럽의 역사는 전쟁의 역사였다. 유럽의 근대국가들은 전쟁을 통해서 태동하였으며, 전쟁이 오늘날 영국, 프랑스, 독일, 러시아, 이탈리아 등 근대국가 형성의 동인이었다. 다양한 민족, 언어, 역사, 전통, 문화 등이 서로 뒤섞인 유럽 사회에서 국가 중심의 국제정치체제로 인해 전쟁은 그칠 날이 없었다. 그러나 20세기 두 차례의 세계대전으로 유럽은 동반몰락의 길을 걸었다. 제2차 세계대전 후 유럽은 더 이상 세계의 중심이 아니었으며, 국제정치의 힘은 신대륙국가 미국과 사회주의 종주국 소련으로 넘어갔다.

제2차 세계대전 후에 서독과 프랑스 양국은 모두 전쟁으로 피폐해진 상황에서도 프랑스의 서독의 재무장에 대한 우려는 좀처럼 불식되기 어려웠다. 그러나 냉전체제의 형성으로 유럽 국가 간 전쟁가능성이 한층 약화되고, 소련의 팽창과 사회주의체제의 위협으로 '하나의 유럽'을 지향하는 분위기가 조성되는 가운데, 유럽 내 갈등을 억제하고 서로 화해하면서 모두가 잘 사는 방향을 모색해야 한다는 인식이 확산되기 시작하였다. 따라서 영국의 원조와 미국의 마셜플랜으로 서독의 부흥과 민주주의를 지원하면서 서독을 경제적·정치적으로 서유럽과 결속시키는 것이 중요한 과제로 받아들여졌다.

3.1.1. 프랑스의 대(對)독일 화해정책과 유럽의 공동번영

당시 프랑스 외무장관이었던 슈망(Robert Schuman)은 ECSC의 창설을 통해 서독을 껴안는 대독일 화해정책으로 유럽의 공동번영을 추구하는 전략적 선택을 결단하였으며, 그러한 발상의 전환이 오늘날 유럽 통합의 초석이 되었다. 그의 제안은 단순하면서도 혁명적이었다. 프랑스는 석탄·철강 등 전략물자를 중심으로 공동공급과 통제와 조정을 위한 통합기구를 창설함으로써 서독에 대한 견제와 유럽의 공동부흥전략을 제안하였다. 1950년 당시 전쟁자원으로 활용되는 석탄과 철강을 범국가적인 유럽의 공동통제 아래 관리하자는 취지에서 모든 유럽 국가들을 회원국으로 하는 유럽석탄철강공동체의 창설을 제안하여 1951년 4월 프랑스, 독일, 이탈리아, 벨기에, 룩셈부르크, 네덜란드 6개 국가가 「ECSC 설치에 관한 조약」(파리조약)에 서명하기에 이르렀다.[23]

---

[23] "General background to the ECSC"(http://europa.eu.int/ecsc/results/index_en.htm).

유럽이 소련의 팽창에 대응하여 공동번영을 추구한다고 하더라도 이 시기에는 아직 정치적 통합의 분위기는 성숙되지 않았다. 이에 유럽은 정치·군사부문이 아닌 경제분야의 협력을 바탕으로 유럽이 직면하고 있는 문제들을 해결할 수 있을 것으로 보았다. 이러한 배경 속에서 서유럽 국가들은 관세동맹과 공동시장 창출을 합의하였고, 그 후 1957년 협력의 대상과 규모를 확대하여 유럽원자력공동체(European Atomic Energy Community: Euratom)와 유럽의 공동시장 추진을 천명한 유럽경제공동체(European Economic Community: EEC)를 창설하는 로마 협약에 서명하기에 이른다.

유럽석탄철강공동체는 하나의 공동체(community) 형태로서, 단순히 에너지와 자원분야의 협력이 아니라, 갈등과 대립으로 점철된 유럽을 통합하는 데 결정적으로 기여하였다. 공동시장, 공동목표, 공동기구 등을 토대로 높은 경제성장과 더불어 유럽 사회의 전반적인 생활수준의 향상을 가져왔다. 공동체의 다양한 기구들은 개별 국가들에 대한 간섭을 최소화하면서 공동체 전체의 이익을 위해 조정되었고, 특히 공동시장의 창설로 장기적으로 유럽은 대통합의 길로 나아갈 수 있는 토대가 마련되었다. 이러한 배경 위에서 EEC는 1967년 브뤼셀 협약에 의해 '유럽공동체(European Community: EC)'로 출범하였고, 1995년 마스트리히트조약에 따라 유럽석탄철강공동체가 출범한 지 43년 만에 마침내 최초로 유럽 국가 대부분을 포함하는 거대한 지역통합체인 유럽연합(European Union: EU)이 탄생되었다. 그와 함께 유럽 국가들은 1999년에 유럽통화연합(European Monetary Union: EMU)을 통해 화폐통합을 준비하면서 2002년 유럽중앙은행이 관할하는 단일화폐 유로(Euro)를 도입함으로써 거의 단일한 수준의 경제통합을 이루었다. 유럽연합 출범 회원국도 크게 늘어나 2004년 5월에는 구동구권 국가를 포함한 10개국이 가입하여 현재 유럽연합의 회원국은 25개국에 이른다. 유럽연합은 세계 최대의 단일시장이자 국가를 넘어선 4억 5,000만 명을 포괄하는 하나의 시민공동체로서, 평화와 협력을 통한 공동번영의 세계사적 실험의 미래 전망은 밝다.

3.1.2. 유럽석탄철강공동체: '시장경제평화'와 '민주평화'의 앙상블

전쟁의 역사에 종지부를 찍고 평화와 협력의 공동체를 창출하는 유럽통합의 과정은 철저히 평화적이고 민주적인 방식과 절차에 따라 진행되었다. 이 점은 역사상 힘으로 제국의 영광을 구현하고자 하였던 팍스 로마나의 포부나 대영제국의 야망과도 다르다. 유럽연합의 토대를 마련한 ECSC는 평화와 협력을 통한 현실적 필요성에서 출발하였으며, 이 점은 남북한이 나아가야 할 길을 제시한다. 그러나 우리의 절실한 과제인 남북공동체 형성은 유럽의 공동체 형성의 이상을 따를 수는 있지만, 과정과 접근방식의 전례를 그대로 수용하기는 어려운 점이 많다. 왜냐하면, 유럽 경제공동체 형성에 있어서는 남북한과는 달리 이념과 체제가 문제될 수 없었기 때문이다.

유럽연합의 초석이었던 ECSC는 남북한 평화공존과 교류협력을 대북 정책의 목표로 삼은 시기부터 비교적 일찍 우리의 관심을 끌었다.[24] 유럽 통합에 이르는 경제공동체 형성의 성공적 사례는 남북경제공동체 형성의 원칙과 방향을 제시해 주기도 한다. 남북경제공동체는 한반도 평화정착과 함께 추진되어야 하며, 상호의존성을 높여 나감으로써 공동협력의 틀을 마련할 수 있다고 보기 때문이다. 이러한 인식을 토대로 남북경협을 적극적으로 추진해 왔으며, 최근 남북합의에 의한 개성공단 사업은 이런 맥락에서 매우 중요한 시도라 할 수 있다. 개성공단의 성공은 남북한 평화와 번영의 시금석이며, 평화경제의 바로미터가 된다. 개성공단은 남북한 생산요소의 결합, 즉 북한의 양질의 노동력과 토지, 여기에다 남한의 자본, 기술, 그리고 마케팅을 결합시켜 세계시장에서 부가가치를 창출함으로써 이윤극대화를 도모

[24] 김국신 · 이유진, 『남북한 경제공동체 형성방안』, 민족통일연구원, 1992. 12, pp. 38~44.

할 수 있다. 개성공단 사업은 남북한 공동번영의 틀이며, 또한 공동번영이 한반도 평화구축의 토대로 작용한다면, 이는 평화경제의 실천적 사례가 될 수 있다. 그러나 우리 정부의 일관된 경제적 접근에도 불구하고 본격적인 경제협력의 단계에 이르지 못한 데에는 다시 한번 이념과 체제의 상이성으로 인한 북한의 경계와 거부의 측면을 지적하지 않을 수 없다. 그로 인해 시장통합을 통한 평화, 즉 경제와 평화의 선순환이 아직 기대에 미치지 못하는 현실이 유럽과 다른 사정이라 하겠다.

프랑스와 서독이 비록 역사적으로 오랜 숙적관계였으나 양국을 비롯하여 초창기에 참가한 6개국 모두 자본주의체제와 높은 수준의 민주국가였다는 점이 중요하다. 우선 석탄·철강 등 전략자원의 개발과 이용을 통한 공동이익의 창출에 쉽게 합의할 수 있었던 데에는 공통의 자본주의 시장경제체제가 경제공동체에 형성의 기반으로 작용하였기 때문이다. 이는 시장경제평화론의 좋은 사례가 된다. 그와 함께 전후 독일과 이탈리아에서의 민주정부의 수립을 통한 민주적 질서의 회복 등으로 정치지도층은 더 이상 대외분쟁과 전쟁으로부터 인센티브를 얻을 수 없었다. 그리고 유럽 국가 간 민주정치의 제도, 규범, 문화 등이 전쟁을 거부하고 평화와 협력의 길로 나아가게 하였다. 이는 또한 '민주평화'의 모델이기도 하다. 이런 점에서 유럽석탄철강공동체는 '시장경제평화'와 '민주평화'의 조화로운 앙상블(ensemble)로, 공동이익과 공동의 가치관에 기반한 공동체 형성을 가능하게 하였다.

3.2. 중국·대만관계: 교역정치의 원원

중국과 대만은 우리와 같은 분단국가이나 통일과 분리독립문제를 놓고 양안(兩岸) 간 긴장과 갈등이 반복되었다. 그럼에도 양안관계는 대만의 선거과정에서 두 차례의 정치군사적 위기국면에도 불구하고 극단적인 전쟁상황으로 악화되지는 않았다. 이는 정치군사적 긴장과 갈등을 상쇄시키는 경제적 공동이익의 구조라 할 수 있는 경제적 상호의존성이 형성되어 있었기에 가능하였다.[25] 이를테면 경제적 유대가 무력충돌을 억제한 것이다.

양안관계에서 현안은 독립을 지향하는 대만의 입장과 통일을 지향하는 중국의 입장이 서로 상충되는 데 있다. '하나의 중국'이라는 원칙은 1972년 미·중 데탕트시대에 제시된 중국측 입장이나, 베이징은 대만에 대한 무력침공은 불가능하다는 인식하에 궁극적인 통일은 다음 세대의 문제로 넘겼다. 1970년대에 국민당의 대륙회복의 꿈과 중국의 통일의지 간의 서로 상충하는 통일관은 역설적으로 정치적 긴장을 회피하게 하였다. 그 후 중국의 개방에 따른 대만 상품과 자본의 대륙진출은 국민당(KMT)의 쇠락에도 불구하고 대만의 번영을 가져왔고, 번영은 또한 대만의 민주화와 함께 민족주의를 일깨웠는데, 민족주의 분위기가 대륙으로부터의 분리독립의식을 고취시켰다. 국민당이 대륙과의 통일문제를 원칙적으로 포기할 수 없는 반면, 토착 대만인 중심의 민진당(DPP)은 대만 독립을 내걸어 양안관계의 긴장을 불러일으켰다. 이에 중국은 대만 국민당 정부조차 1991년에 수용한 '하나의 중국' 원칙에 대한 열정과 통일의지가 식어 가는 현상을 보고만 있을 수 없었던 것이다.

대만해협의 긴장이 고조된 첫 번째 위기국면은 1996년 대만 선거 당시에 대만의 독립문제가 불거져 나오면서 비롯되었다. 선거이슈로 제기된 대만 독립문제는 중국의 '하나의 중국' 원칙과 갈등을 일으킬 수밖에 없는 사안이었다. 따라서 1995~1996년의 대만 선거기간 중 중국의 미사일 시험발사 형태의 군사작전이 전개되지 않을까 하는 우려가 고조되는 상황이었다. 중국은 유권자들을 위협해 독립문제를 제기한 민진당의 상승세를 꺾기 위해 마침내 미사일을 발사하였다.

[25] Erik Gartzke and Quan Li, "How Globalization Can Reduce International Conflict," in *Globaliztion and Armed Conflict*, ed. by Nils Petter Gleditsch, Gerald Schneider, and Katherine Barbieri, New York: Rowman & Littlefield, 2003, pp. 123~140.

그러자 미국이 대만해협의 군사적 긴장에 즉각적으로 개입함으로써 상황은 아주 복잡해졌다. 이 사태를 계기로 중국은 대만해협에 대한 미국의 개입의지를 과소평가하였다는 점과, 대만은 독립문제가 중국에게 얼마나 중요한 사안인가를 서로 충분히 인식하게 되었다. 이 시기 대만해협의 긴장과 위기국면에도 불구하고 중국과 대만 양측에서 높은 자제력을 보인 점은 우리의 남북관계 현실에 상당한 자극을 주었다.[26]

2000년 3월 대만해협 사이에는 두 번째 위기국면이 조성되었다. 총통선거를 앞두고 민진당 천수이벤(陳水扁) 후보가 중국과 함께 대륙 출신 국민당으로부터의 독립을 내걸어 베이징을 바짝 긴장시켰다. 그러나 이 두 번째 위기국면도 군사행동의 위협에도 불구하고 실제로 전쟁상황으로까지 치닫지는 않았다. 제1차 대만해협 위기의 성격과 행태를 이해하는 관련자들에게는 두 번째 긴장국면도 그렇게 놀라운 것은 아니었다. 중국은 대만 유권자들이 실질적인 독립상태에서 한 걸음 더 나아가 법적 독립을 바라더라도 양안관계의 미래를 위해 유화적인 조치를 생각하고 있었다. 그에 따라 두 번째 위기는 서로가 양립 불가능한 요구를 자제함으로써 곧 가라앉았다. 선거기간중 중국과 대만은 실질적인 무력분쟁으로까지 나아가지 않고 다만 언술 차원에서 원칙적인 입장을 표명하는 수준에서 자제할 수 있었다.

이처럼 대만해협의 군사적 긴장과 위기국면이 두 번씩이나 최악의 상황을 맞이하였는데도 양안 간 군사행동이 억제될 수 있었던 데에는, 양측 모두가 전쟁상황으로 악화되는 것을 막을 수 있는 상당한 수준의 경제적 연관관계가 작용하였기 때문이다.[27] 중국과 대만 양측

---

26 Scott L. Kastner, "Does economic interdependence constrain, inform, or transform? Preliminary evidence from relationship across the Taiwan Strait," the International Studies Association annual meeting, Honolulu, HI, March 2005(http://www.bsos.umd.edu/gvpt/kastner/KastnerISA2005.pdf).

27 T. Chen and C. Y. C. Chu, "Cross-Strait Economic Relations: Can They Ameliorate the Political Problem?," in M. Algappa, ed., *In Taiwan's Presidential Policies:*

의 지도자들은 세계경제에 깊이 연계된 자국의 경제상황을 충분히 인식하고 있었기 때문에 서로 적극적인 군사행동의 의지가 없다는 것조차 알고 있었다. 험악한 말들이 오가고 중국이 으름장을 놓기도 하였으나, 미사일이나 포탄을 퍼붓기보다는 투자와 자본교류를 통해 전쟁 악화를 막고 위기국면을 해결할 수 있었다.

한편, 당시의 위기상황으로 인해 대만의 주식시장이 급락하였다. 그러나 대만 유권자들은 두 번째 위기국면에서 주식시장의 폭락에도 불구하고 민진당을 지지함으로써 중국의 개입에 대한 거부의지를 분명히 하였다. 이에 중국은 1996년과는 달리 2000년 2월에는 미사일 위협이나 전쟁게임에도 불구하고 대만 유권자들의 선택을 바꿔 놓기 어렵다는 사실을 깨달았다. 더욱이 중국이 경제발전을 위해 대외무역과 해외자본 유치를 국정목표의 최우선 순위로 설정한 시기에 대만과의 갈등과 분쟁으로 값비싼 대가를 치를 필요가 없었으며 바람직한 것도 아니었다. 여기에다 글로벌경제의 추구, 특히 미국과의 교역정치를 통한 믿을 만한 소통체계 등은 중국의 위협이나 군사행동의 옵션을 무의미하게 만들었다. 요컨대, 두 차례에 걸친 대만해협의 위기는 경제발전과 글로벌경제를 추구하는 중국과 대륙투자의 주역인 대만과의 교역정치(trade politics)가 이루어 낸 윈윈(win-win)이었다.

3.3. 남북한 서해교전: '평화비용'의 효과

남북한 서해상에서 해군 함정 간 충돌로 인한 서해교전이 두 차례 일어났다. 제1차 서해교전은 1999년 6월 북한 함정의 서해 북방한계선(northern limit line: NLL) 침범으로 남북한 해군이 충돌함으로써 발생하였다. 6월 15일 북한 함정이 남한 함정에 충돌공격을 가하자 남한 함정이 저지하는 과정에서 북한측의 선제사격으로 남북 해군 간

Democratization and Cross-Strait Relations in the Twenty-first Century, Armonk: M. E. Sharpe, 2001, pp. 215~235.

교전사태가 일어났다. 이 사태를 해결하기 위해 개최된 유엔사와 북한군의 장성급 회담에서, 침몰함정 1척, 파손 3척의 피해를 입은 북한은 유엔사가 설정한 NLL을 인정할 수 없다고 하면서 서해 해상경계선의 새로운 획정을 주장하였다.

서해교전은 북한의 계획적 도발로 판단되었으나 당시 대북 화해협력정책을 추진하고 있던 남한 정부는 이 사태로 남북관계 개선정책이 시험대에 오르지 않도록 차분하고 합리적으로 대처하였다. 당시 북한의 도발은 미국의 대북 접근을 유도하고 남북대화의 주도권을 확보하기 위한 전술로 볼 수 있다.[28] 북한은 NLL 침범으로 군사적 긴장국면을 조성함으로써 한반도 긴장완화의 주역은 남북한이 아니라 북한군과 유엔사, 즉 북한과 미국 간의 문제임을 부각시키고자 하였다. 이를 통해 남한의 대북 화해정책의 긴장완화적 측면을 부정하는 한편, 영해확장 의지를 드러냈다.

북한은 남한 정부의 포용정책을 시험하였다. 남한의 대북 포용정책과 정경분리정책을 역이용하여 대북 경제적 지원과 협력은 수용하되 정치군사적 긴장은 계속 유지하겠다는 이중전략을 구사하면서, 경제적 실리와 긴장유지를 동시에 추구하고자 하였다. 그러한 배경 속에서 서해의 포성에도 불구하고 동해의 금강산관광 뱃길은 순탄할 수 있었다. 서해의 군사충돌에도 불구하고 동해의 평화가 깨진 것은 아니었으며, 대북 화해협력정책은 크게 흔들림 없이 일관되게 추진되었다.

제2차 서해교전은 2002년 6월 29일 북한 함정이 북방한계선 인근지역에서 우리측 해군 경비정에 기습공격을 가함으로써 발생하였다. 당시는 월드컵 4강 진출로 우리 국민들의 뜨거운 열기가 절정에 달하였던 시기로, 북한은 군사적 긴장을 조성함으로써 한반도의 평화분위기에 찬물을 끼얹고자 하였다. 북한은 이 사태의 책임을 우리측

[28] 손기웅·허문영, 『"서해 교전" 분석과 향후 북한 태도 전망』, 통일정세분석 99-06, 통일연구원, 1999. 8, pp. 12~15.

군당국과 미국에 전가하면서, 또다시 NLL의 비법성을 주장하였다. 특히, 판문점대표부 담화를 통해 우리측 침몰함선의 인양작업시 날짜와 시간, 동원선박과 장비 등 구체적 사항의 통보를 요구함으로써 NLL의 무력화 시도를 드러냈다. 그러나 국제사회는 물론 남한 내의 대북 여론은 급속히 악화되었다. 이에 북한은 7월 25일 전화통지문을 통해 서해교전 발생에 대해 유감을 표명하고 남북 장관급회담 재개를 위한 실무접촉을 제의해 옴으로써 두 번째 서해교전은 일단락되었다.

한반도의 평화는 아무런 대가 없이 거저 얻어지는 것은 아니다. 남북한 간의 전쟁은 비록 소규모 국지전의 경우에도, 한국 경제의 붕괴나 엄청난 위기를 가져올 수 있다. 이러한 위기의 가능성은 사전에 예방되어야 한다. 따라서 한반도의 평화유지와 통일을 위해 지불해야 할 비용은 '평화비용'이라 할 수 있다.[29] 평화비용은 한반도의 안보불안과 전쟁위기 해소, 평화정착을 위해 직·간접적 형태로 지불해야 하는 비용을 말한다. 평화비용은 평화정착(안보환경 개선)비용, 북한 경제 안정화 비용, 남북경협 활성화 비용, 그리고 통일 대비 경제투자 비용 등으로 이루어진다. 물론 평화비용에는 전쟁가능성을 억제하고 한반도 평화를 위해 소요되는 대북 지원과 남북경협비용이 포함된다.

남북한 간의 두 차례 서해교전이 대규모 전쟁으로 확전되지 않고 수습될 수 있었던 데에는 금강산관광을 비롯한 다양한 형태의 대북 지원과 대북 경협에 대한 북한 당국의 기대 측면을 무시할 수 없다. 북한은 체제유지를 위한 군사적 긴장도 필요하지만, 체제유지를 위한 경제적 실리도 절실하다. 이런 점에서 남북한 군사적 긴장해소와 평화비용의 효과에 대한 상관관계를 살필 수 있다.

[29] 김영윤 · 이석 · 손기웅 · 조민 · 서재진 · 최수영, 『평화비용의 의미와 실익』, 통일정세분석 2005-17, 통일연구원, 2005. 10, pp. 3~19.

4 평화경제 추진전략

남북경제공동체 형성문제는 결코 새로운 전략은 아니다. 그러나 남북경제협력을 통한 남북한 공동번영의 일관된 의지와 정책적 추진에도 불구하고 획기적인 진전을 보지 못하고 있다. 남북관계는 그 동안 상당한 정도로 발전적인 변화를 이루었다. 인적·물적 교류는 양적 측면에서 크게 증대되었고, 북한의 대남 도발가능성은 현저히 낮아졌다. 그러나 1994년 제네바 합의로 봉합되었던 북한 핵문제가 2002년 다시 불거지면서 한반도의 공고한 평화상태 구축은 지연되고 있다. 이러한 상황 속에서도 개성공단 사업의 본격적인 가동과 함께 새로운 남북경협시대의 도래를 기다리고 있는 중이다.

북한은 핵보유를 기정사실화하고 국제적으로 공인받기를 바란다. 북한은 이러한 전략에서 미국과의 협상을 시도하여 제4차 6자회담(2005. 9. 19)의 공동성명을 이끌어 냈다. 그러나 핵문제 해결의 원칙적 합의에도 불구하고 북핵문제의 조속한 해결을 기대하기는 쉽지 않다. 최근 미국의 대북 정책은 인권, 위폐, 마약 등의 문제로 대북 압박을 가하면서 북핵문제보다 더욱 포괄적인 북한 문제로 옮겨 가는 모습이다. 미국은 북한을 '악의 축'이니, '폭정의 전초기지'니 하면서 북한과의 진지한 협상을 거부하였다. 반면 북한도 선 체제보장 요구가 수용되지 않는 한 핵을 포기할 수 없으며, 그들 식대로 대응하겠다는 입장이다. 북한의 핵은 체제수호용이므로 경제적 대가로 해결할 수 있는 사안이 아니다.

북핵문제로 인한 북·미관계의 교착국면에 대해 문제의 책임소재와 접근방식에서 각각 상이한 입장차이를 보여 준다. 즉, 미국 부시 행정부는 앞에서 검토한 이른바 '민주평화'의—사실 민주평화론자의 입장에서는 부시 대통령이 그들의 논리를 왜곡하였다고 비난하지만—입장에서 북한 문제의 가닥을 잡아 가고 있다. 다른 한편 민주주의와 인권 등의 정치적 접근방식과는 달리, 북한의 개혁·개방을 유도할 수 있는 경제협력과 경제적 유대형성을 통해 북한의 체제불안감을 해소시키면서 북한을 개방사회의 일원으로 끌어들여야 한다는 입장도 주목된다. 이는 정치에 선행하는 경제논리를 중시한다. 여기서 "평화를 위한 경제, 경제를 위한 평화"의 구상이 제시되었다. 이처럼 평화경제론은 민주평화와 대립되는 시장경제평화의 지평 위에서 북한 문제와 남북한 공동의 미래를 조망하고 있다.[30]

4.1. 평화경제 추진방향

4.1.1. 선 시장경제평화, 후 민주화

자유시장과 번영은 국가 간 갈등의 소지를 줄여 전쟁유혹을 극복하고 평화 분위기를 고양시킨다. 민주주의는 외부로부터 전쟁이나 안보위협이 없어야 번성할 수 있다. 그런 점에서 민주평화론자도 순수한 민주주의 문제만이 아닌, 경제적 상호의존성과 국가 간 분쟁 사이의 상호연관성에 주목하는 모습을 보여 주고 있다.[31] 이를테면 외부로부터 '떠밀린' 민주화가 국가 간 갈등의 소지를 줄이기보다는 경제발전, 시장통합 등의 경제적 요인이 평화에 긍정적인 역할을 하게 된다.

북한의 경우 외압에 의한 민주주의보다 더 나은 대안은 평화적

---

30 David H. Bearce and Sawa Omori, "How Do Commercial Institutions Promote Peace?," *Journal of Peace Research*, 42(6), November 2005, pp. 659~679.

31 John R. Oneal and Bruce Russett, "Causes of Peace: Democracy, Interdependence, and International Organizations, 1885-1992," *2001 Annual Meeting of the American Political Science Association*, San Francisco, CA, July 1, 2001(http://www.yale.edu/leitner/pdf/2001-13.pdf).

인센티브에 의한 자발적 변화를 유도하는 데 있다. 과거 미국이 한국과 필리핀 등 제3세계 독재자들에게 억압적인 통치를 자제하도록 설득하는 데 중요한 역할을 수행하였고, 선진 유럽 국가들은 동구와 구소련 국가들에게 충분한 지원을 아끼지 않았듯이, 지원과 경제협력을 통한 북한의 민주주의적 전환을 추구하는 것이 바람직하다. 이 과정에서 UN 등의 국제기구(IGOs)와 비정부기구(INGOs) 등의 중립적인 국제조직의 긍정적 역할을 기대할 수 있을 것이다. 따라서 북한의 체제문제에 대해서는 보다 신중하게 접근하면서, 먼저 대규모의 경협을 통한 남북경제공동체의 형성에 전력을 기울여야 할 것이다. 그런 까닭에 평화경제 추진방향은 '선 시장경제평화, 후 민주화'로 나아가야 한다.

4.1.2. 지평의 확대: 해양경제와 대륙경제의 융합

평화경제는 남북한관계를 넘어 동북아의 지평(地平) 위에서 접근해야 한다. 남북경제공동체 형성을 위한 평화경제는 남북한 두 경제주체만으로는 이룰 수 없다. 경제는 평화, 즉 정치적·군사적 문제와 불가분의 관계로, 한반도 경제공동체는 동북아 역내국가들의 정치적·군사적·경제적 이해관계와 무관한 독립적 단위로 정립될 수 없기 때문이다. 두 말할 필요도 없이 동북아 국제정치적 역학구도에서 북한의 미래와 한민족의 선택에 깊이 연관되어 있는 미국과 중국, 일본과 러시아를 배제시켜서는 안 되며, 더욱이 그렇게 할 수도 없다. 따라서 평화경제의 미래는 미국과 일본의 해양경제와, 중국과 러시아의 대륙경제의 융합 속에서 돌파구를 찾아 나가는 데 달려 있다.

(1) 미국의 동북아 전략: 결일(結日)-연한(聯韓)-견중(牽中)-변북(變北)

미국 부시 대통령은 2006년 3월 미국의 글로벌 국가안보전략을 담은 국가안보전략보고서(NSS)를 통해 미국 안보전략의 기본 방향과 실천과제들을 밝혔다.[32] 총 49쪽의 보고서 분량 중 러시아와 중국에 대해 상당한 분량을 할애하면서 강한 불만을 표출하였다. 러시아에 대해서는 민주적 자유가치관 훼손을 비난하였고, 중국에 대해서는 정치자유화 없이는 경제자유화도 한계가 있다고 지적하면서 정치자유화를 촉구하는 동시에 환율문제를 비롯한 시장경제 개혁을 요구하였다. 특히, 중국이 국제사회의 주요 일원으로서 책임 있는 행동을 할 것을 촉구하였다. 이와 함께 백악관은 동맹과 '변환외교(transformational diplomacy)'의 중요성을 강조하여 집권 1기 미국 대외정책의 일방주의가 어느 정도 수정될 수 있음을 시사하였다. 이는 '9·11' 이후 전 세계를 상대로 한 테러와의 전쟁, 석유자원 고갈에 따른 에너지확보 경쟁, 군사력 강화 등 열강 간 21세기 신패권의 각축전 속에서 미국의 세계전략의 불가피한 변화를 말해 준다.

NSS 발표를 통해 미 행정부는 핵문제와 그 이외의 북·미 양자 현안을 병행해결하려는 의지를 보이고 있다. 북한의 위폐와 마약의 불법거래, 미사일 위협 등의 문제를 제기하고, 이에 따른 국가적·경제적 안보를 지키는 데 필요한 모든 조치를 다하겠다고 한 데서도 감지된다. 미 행정부의 대북 정책 변화는 최근 북·중 간 경제밀착의 가속화 현상을 주목한 측면도 없지 않다. 그러나 미국은 북·중 간 경제교류협력이 급속도로 강화되는 것이 북한의 개방을 유도해 북핵문제의 해결로 유도하기보다는 현재의 '불법적인 체제'를 강화하는 방향으로 진행된다고 판단할 것이다. 북한이 중국에 예속되는 수준으로까지 발전할 가능성을 우려하고 있으며, 이에 따른 동북아 전략구도의 변화를 우려하고 있는 것은 분명하다.

미국은 미·일 간 공고한 결합과 함께 한국과의 연합전선을 구축하여 중국을 견제하는 한편 북한의 변화를 추구하려 한다. 이러한 미국의 동북아 구상은 '결일-연한-견중-변북'전략으로 압축할 수 있다.

---

32 *The National Security Strategy*, March 2006(http://www.whitehouse.gov/nsc/nss/2006/nss2006.pdf).

앞으로 미·일동맹은 미·영동맹 수준으로 발전할 것이다. 그러나 미국은 한국이 그들과 함께 하는 미래를 선택할 것인가, 그렇지 않으면 중국측으로 기울어질 것인가 하는 데 의혹을 감추지 못하고 있다.[33] 즉, 미국은 한국의 선택방향에 대한 확신을 갖지 못하고 있으며, 한반도의 미래에 대한 양국 간 공통의 인식기반이 확립되지 못한 상태로 보고 있다. 그럼에도 '자주국가' 한국은 더 이상 한국이 '과거의 한국'이 아니라는 사실을 미국이 알아 주기를 바라고 있다. 이처럼 미국의 동북아 전략구도는 한국의 선택방향에 의해 시험받고 있으며, 한국의 협력 없이는 관철되기 어려운 실정이다. 바로 여기에 미국의 딜레마가 엿보인다. 그러나 그렇다고 해서 한국이 미국의 딜레마를 즐길 수 있는 상황은 결코 아니다.

(2) 중국의 대한반도 전략: 변방의 안정 및 서울·평양 등거리 조정

중국은 지난 해 10월 후진타오(胡錦濤) 국가주석의 평양 방문을 통해 북한의 정치적 후견자로서의 위상을 대내외적으로 과시하였다. 이를 계기로 중국은 한·중 수교 이래 비대칭적이었던 대한반도 정책의 변화를 통해 북한의 존재가치를 재확인하는 한편, 미국과 미국의 동맹국인 한국의 한반도 북부 지역에의 영향력을 차단하는 보다 적극적인 정책을 구사하고 있다. 이러한 중국의 '북한 끌어안기' 정책은 중국의 동북 3성 개발전략과 연동된 변방안정화 정책에서 비롯된다.

2005년 6월 발표된 「동북지역 대외개방 가속화 방침」 문건(36호 문건)은 동북진흥을 대내외적으로 알리는 선언문이었다. 중국의 동북 3성은 20세기 초 중국의 근대화 시기에 중화학공업 중심지역이었으나, 개혁·개방의 우선순위에 밀려 상대적으로 낙후한 지역이 되고 말았

33 미국이 일본과의 FTA(자유무역협정) 체결을 뒤로 미룬 채, 한국과의 FTA 체결에 적극적인 입장을 취하는 것은 한국을 미국의 동북아 전략구도에 묶어 두기 위한 의도로 이해할 수 있다.

다. 이제 중국의 지역개발형태는 1세대(동북)-2세대(남부·동부 연안)-3세대(서부)를 거쳐 다시 동북으로 회귀하였다. 동북진흥의 핵심 개념은 세 가지로, 국유기업 개조, 하이테크·물류·서비스로 산업구조 다양화, 그리고 러시아와 북한 등 주변국가와의 '초국가경제권' 건설로 요약된다.

중국의 개발전략의 지역적 우선순위는 지금까지 세 차례 변화를 보였다. 초기 개혁·개방을 선도한 덩샤오핑(鄧小平) 시대의 선전·광저우 지역의 개발단계를 거쳐, 장쩌민(江澤民) 시대의 상하이 중심의 개발단계를 마무리하고 이제 후진타오 국가주석은 랴오닝성을 중심으로 동북지방의 개발시대를 본격적으로 열겠다는 방침이다. 중국이 안정적인 경제발전을 지속하기 위해서는 주변지역이 안정되어야 하며, '36호 문건'에서 밝혔듯이, 이를 위해서는 국경을 접한 국가들과의 경제교류를 확대하겠다는 입장이다. 여기서 '동북진흥 프로젝트'의 일환이자, 변방안정 차원에서도 북한과의 경제교류문제가 급부상하게 되었다.

중국과 북한의 밀착관계에 대해 국제위기그룹(ICG)은 최근 흥미로운 보고서를 제출하였다. 이 보고서는 중국의 북한에 대한 영향력은 중국 스스로 인정하는 것보다는 크고 외부에서 믿는 것보다는 작다고 하면서, 평양과 서울에 대한 중국의 영향력을 위협하거나 한반도에 불안정을 야기한다고 믿어지는 어떠한 정책도 승인하지 않을 것으로 평가하였다.[34]

이러한 상황에서 주체국가 북한은 체제생존을 위해 어느 정도

[34] 중국의 대북 정책 우선순위는 다음과 같다: 한반도 전쟁발발로 인한 경제적 손상 방지, 미국의 통일한국 지배 방지, 북한의 개발계획에의 편입을 통한 동북 3성의 경제적 안전확보, 대북 원조의 무역과 투자로의 대체, 북한의 비핵화를 유도하여 자국과 동북아 지역에서 미국의 신뢰획득, 두 개 한국의 현상태 유지를 통한 양국에 대한 영향력 확보 및 대만 문제에 관해 미국에 대한 지렛대로 북한 활용, 북한 핵무장으로 인한 일본과 대만의 핵무장 유도상황 회피 등으로 정리된다(「중국과 북한: 영원한 동지인가?(china and north korea: comrades forever?)」, *Asia Report*, 112, February 1, 2006(http://www.crisisgroup.org/home/index.cfm · id=3920&l=1)).

'비주체적' 선택을 하지 않을 수 없었을 것이며, 중국에의 전략적 의존을 담보로 미국으로부터의 압박을 견디어 낼 수 있는 시간을 벌면서 경제회복을 위한 숨고르기에 들어갔다. 그런데 장기적으로 북·중 간 경제적 상호작용은 북한의 체제개혁과 자유화를 이끌어 내는 동인이 될 수도 있으나, 이 과정에서 중국을 비롯한 시장경제국가들의 국제협력이 작동하는 경우에는 큰 폭의 체제개혁과 민주적 개방을 기대할 수 있다. 어쨌든 중국의 개발전략과 연계된 '북한 끌어안기'와 북한의 대중(對中) 편승전략으로 북한체제의 위기국면은 어느 정도 해소되는 상황이며, 이에 북한은 부시 행정부 다음을 기다리는 '버티기 전략'을 취할 것이다. 이런 점에서 이제 전 세계적 관심 속에서 전개되었던 김정일 위원장과 부시 대통령의 몇 년 동안의 지루한 게임에서 김정일 위원장보다 곧 레임덕이 예상되는 부시가 먼저 나가떨어질 것이라는 관측에다 배팅을 하는 편이 훨씬 유리해졌다.

서울과 워싱턴 사이의 거리가 점점 멀어져 가는 데 비해, 평양과 서울에 대한 베이징의 영향력은 크게 증대되고 있다. 중국은 등거리 정책으로 서울과 평양을 조정하려 들 것이며, 북한은 중국의 대북 지원정책에 편승하여 대중 경쟁심을 유발시키면서 남한으로부터 더 많은 것을 얻어 내려 할 것이다. 미국은 대북 압박을 통해 동북아 정책에서 헤게모니 회복을 추구하지만 남한의 협조 없이는 뚜렷한 성과를 기대하기 어려운 난처한 국면에 처하였다. 문제는 이 와중에 서울의 위상과 역할이 명확히 부각되지 않는다는 점이다.

평화경제 추진을 위해 한국이 나아갈 길은 해양경제와 대륙경제를 융합시키는 데 있다. 달리 말해, 해양경제와 대륙경제를 공동이익(common interest)이라는 틀 속에서 묶어 냄으로써 관련국 모두가 경제적 이익을 실현하는 주체가 되고 번영의 수혜자가 될 수 있도록 하는 것이다. 시장창출과 시장확대를 통한 평화와 민주주의의 정착이 군사적 긴장과 갈등구조보다 비용을 줄이고 상호 이익을 실현하는 데 효과적이다. 따라서 한반도 평화경제가 추구하는 바를 설득하는 한편,

공동이익의 메커니즘을 형성해 나가는 데서 한국의 역할을 찾을 수 있다.

4.2. 평화경제 실천전략

4.2.1. 한반도 북부 지역의 전략거점 중심의 접근

평화경제 실현을 위한 남북경제공동체 형성전략은 동북아 퍼스펙티브 속에서 한반도 북부의 동서 지역을 포괄하는 몇 개의 중요한 전략적 거점을 활용하는 접근법이 필요하다.

첫째, 서해의 남포항이다. 북한은 신의주와 함께 남포시를 경제특구로 지정할 것으로 보인다. 경제특구의 입지조건 측면에서는 남포가 신의주보다 한층 유리하다. 남포화력발전소는 경제특구 가동시 전기공급이 가능하다. 개성과 신의주를 잇는 교통요충지로, 특히 평양과 직통으로 연결되는 폭 72m의 '청년영웅도로'는 남포가 평양의 관문임을 말해 준다. 또한 인천항의 절반 수준인 2만 톤급의 접안능력을 갖춘 남포항을 통한 바닷길도 천혜의 조건이다. 북한이 남포를 경제특구로 지정하면, 한반도 남북 축의 중간지역에 위치한 개성공단도 더욱 활기차게 발전할 수 있을 것이다. 남포는 한때 북한 최고의 번성도시였다. 조금만 투자하면 곧 재가동이 가능한 연합기업소들이 즐비한 도시로, 남포는 새로운 미래를 기다리고 있다. 남포는 인천을 통해 태평양을 건너고, 톈진, 칭다오 등을 통해 대륙으로 뻗을 수 있다. 북한·한국·중국 기업들의 협력과 공동투자가 기대된다.

둘째, 동해의 청진항이다. 청진항은 북한에서 남포항과 함께 '투톱'으로 꼽힌다. 청진은 함경북도 도청소재지로 중국 국경과 40km로 대륙과 아주 가깝다. 원양어업과 연안어업기지로서 선박·수산기계·어구·냉동·수산물가공 공장 등이 있으며, 동해의 어자원은 다양하다. 특히, 주변의 풍부한 지하자원은 중국뿐만 아니라 서방 국가들까지 눈독을 들이고 있다.[35] 북한 최대의 김책제철소를 비롯하여 청진제

강소, 청진화학공장, 청진조선소, 청진화학섬유공장, 청진공작기계공장, 나남탄광기계공장 등 거의 가동을 멈춘 공장들이 다시 힘차게 돌아갈 날을 학수고대하고 있다.

한편, 인접한 나진·선봉 지역은 남한의 경수로사업 철수에 반해, 2005년 7월 중국은 나진항 50년 조차와 공동개발권 획득으로 동북지방의 길림성을 통해 오랜 비원이었던 동해 루트를 확보하게 되었다.[36] 중국의 나진항 진출은 일본을 비롯한 주변국의 경계심을 유발시키고 있다. 이에 청진은 더욱 중요한 전략적 거점이 아닐 수 없다. 청진을 거점으로 북한, 남한, 중국, 러시아, 일본, 미국 등과 함께 두만강 개발계획을 되살리면서 동북아 프로젝트를 추진해 나갈 수 있다. 남한의 포항, 울산이 주도하여 중국, 미국, 일본, 러시아, EU, ASEAN 기업들과 손잡고 청진과 평화경제를 추진한다면 '발해의 꿈'은 이미 우리 곁에 다가와 있는 셈이다.

중국식 개방전략에 적용되었던 '점(點, 경제특구)-선(線, 연안지역)-면(面, 내륙)'방식은 협소한 한반도 북부 지형에 어울리지 않을 뿐만 아니라, 현재의 북한 상황에서 앞으로도 개방의 공간적 파급효과를 물리적으로 차단하기는 점점 더 어려울 것이다. 한반도 북부 지역의 전략거점은 대륙과 해양을 잇는 교두보라 할 수 있다. 따라서 북한 당국의 개발전략과 부합될 수 있는 전략거점 중심의 접근이 보다 합리적이다.

4.2.2. 미국의 동참유도

한반도의 평화경제는 남북한 '우리 민족끼리'의 인식 틀을 넘어 동북아 국가들의 공동이익 창출을 통해서 가능해진다. 특히, 미국은 동북아 지역에서 결코 배제될 수 없는 주요한 이해당사자이다. 평화경제 추진을 위해서는 미국, 구체적으로 미국 기업을 끌어들여야 한

---

35 「외국인 북적이는 北 단천여관」, 연합뉴스, 2006. 3. 25.

36 「北 중국의 경제식민지화」, SAPIO, 2005. 12. 14.

다. 미국의 대북 강경정책과 미국 기업의 활동을 분리하여 대응할 수 있어야 하며, 한반도 북부와 동북아 지역에서 공동이익을 창출하는 과정에 미국 기업들의 진출과 활발한 활동을 통해 궁극적으로 미국 대북 정책의 긍정적 효과를 낳는 선순환을 기대할 수 있을 것이다.

평화경제론은 경제를 통한 정치군사적 문제의 타결을 전제하고 있는 점에서 정치에 선행하는 경제우선의 논리에 가깝다. 그렇다면 남북경제공동체 형성과정에 미국의 동참과 기여를 유도함으로써 미국의 북한에 대한 인식의 전환과 더불어 북·미관계의 발전적 계기를 찾을 수 있다. 북한과 미국 사이의 다양한 접촉과 교섭채널은 상호 불신과 오해를 불식시키고 정치군사적 위기국면을 해소시키는 역할을 맡게 될 것이다. 이 경우 주한미국상공회의소(The American Chamber of Commerce in Korea: AMCHAM)가 개성공단을 비롯한 북한 지역 진출의 미국측 에이전트 역할을 하도록 하는 방안도 협의할 필요가 있다. 미국은 북한 지역에 관심이 없을 수 없으며, 더욱이 북한도 미국 정부나 미국 기업이나 간에 미국의 대북 진출을 절실히 바랄 수 있다. 북한은 개방과정에서 남한이나 미국보다 중국과 손잡는 것이 자본주의적 오염통제에 효율적이라고 판단하겠지만, 다른 한편 중국측을 견제하기 위해서도 남한이나 미국, 일본의 투자를 기대할 것이다.

한반도와 동북아 지역에서 미국의 영향력을 차단하고 미국 없는 세상을 꿈꾸는 반미·탈미(脫美) 성향은 개인 차원의 도덕적 가치로부터 국가전략적 수준에 이르기까지 광범위하게 편재된 의식이다. 그러나 안타깝게도 그러한 탈미형태가 우리의 미래를 보장하는 대안일 수 없으며, 더욱이 미국과의 경제적 유대가 절실한 북한의 속마음과도 부합되지 않는 측면이 있다. 한반도의 미래는 미국이나 중국 등 주변 강대국을 배제시키고 쫓아 내는 데 있지 않다. 미국을 비롯한 주변국가들을 공동이익의 구도 속에 과감히 끌어들여 함께하는 데 평화경제의 미래가 있다.

4.2.3. 대북 개발협력 확대

북한은 2005년 8월, 2006년부터 UN의 인도적 지원을 더 이상 받지 않고 '개발협력' 형태를 수용하겠다는 입장전환을 밝힌 바 있다. 이는 북한의 곡물생산 증가, 세계식량계획(WFP)의 지원감소, 북·미관계 불안정, EU의 인권문제 제기 등의 요인과 함께 인도지원 국제기구들의 모니터링과 접근성을 엄격히 제한하려는 입장이라는 평가가 있다.[37] 그와 함께 북한의 개발협력방식의 요구는 북한 당국의 자활의지의 발로로 이해되는 측면이 있다.

인도적 지원은 긴급구호 차원에서 이루어지는 식량, 의약품 등 생필품 중심의 지원형태이다. 그러나 북한은 이미 긴급상황에서 벗어났고, 이제 빵만 갖다 주지 말고 빵을 만들어 먹을 수 있도록 지원해 주기를 바란다. 그런 점에서 우리도 대북 인도지원을 개발지원 형태로 전환할 필요가 있다. 북한 주민들의 일용품 대부분은 중국 수입품으로 충당되고 있다. 이에 지금 가동되고 있는 북한의 소규모 형태의 생필품 공장과 남한의 중소기업과의 합작·합영방식의 경제협력을 적극적으로 고려해 볼 만하다. 대북 투자가 대규모 자본일수록 한반도 정세와 북한 당국의 입장, 그리고 투자기업의 자본회임기간 장기화에 따른 문제 등 복잡한 절차와 상당한 시간이 소요된다.

북한의 지역 차원에서 권력기구들의 경제적 자립화 추세, 기업소의 독립채산제 방식 등은 다양한 생필품 생산과 소비를 위한 남한의 소규모 중소기업의 개발협력 제안을 환영할 것이며, 북측에서의 제의도 예상된다. 또한 북한은 농수산물의 생산에서 유통과 마케팅에 이르기까지 합작·합영형태의 경제협력도 바라고 있다. 이러한 실정을 감안하여 종교·시민단체 등 대북 인도지원단체는 대북 지원금을 비록 소규모라도 다양한 방식의 개발협력 형태로 활용하는 것이 바람직

[37] Mark E. Manyin, "U.S. Assistance to North Korea: Fact Sheet," January 31, 2006 (CRS Report for Congress)(http://fpc.state.gov/documents/organization/60719.pdf).

하다. 즉, 다품종·소생산 형태의 개발협력은 북한 사회에 큰 충격을 가하지 않고 낮은 수준의 시장경제의 정착과 자유화로 이끄는 데 실질적인 기여를 할 수 있다.

남북경제공동체는 북한만을 위한 일이 아니다. 이는 남한의 활로를 개척하는 일이며, 우리 자신의 번영과 미래를 위한 사업이기도 하다. 한반도 종단철도(TKR)와 대륙횡단철도(TSR, TCR 등)의 연계, 그리고 북한 지역을 비롯한 만주, 러시아의 광범위한 시베리아와 극동 지역의 자원공동개발과 공동시장의 창출 등의 프로젝트는 남북경제공동체 형성의 인식 틀 속에서 접근되는 것이 바람직하다. 이런 까닭에 남북경협과 북한 개발을 위한 정부 차원의 대북 지원과 투자규모도 큰 폭으로 확대하면서 한반도의 미래를 설계해야 한다.

5 결 론

남북경제공동체 형성의 이론적 틀로 제시한 평화경제론은 '민주평화론'보다 '시장경제평화론'에 접맥되어 있다. 자본주의적 시장경제는 전쟁호소력을 없애거나 또는 전쟁이 필요 없는 조건을 창출함으로써 국가 간 협력을 진작시킨다. 자유시장 자체가 완벽한 평화체제는 아니지만 경제적 자유에 기반한 무역과 통상의 증대는 국제관계의 평화적 전환을 가져온다는 점에서 경제와 평화의 협주(協奏)를 가능하게 한다. 따라서 남북한 관계에서 이러한 평화경제론적 접근의 유용성이 기대된다.

민주평화론에서 주장하는 민주주의와 자유의 가치를 부정하는 사람은 아무도 없다. 그렇다면 북한의 민주주의와 자유를 어떻게 구현할 것인가? 이는 본고의 앞 장에서 검토한 바와 같이, 외부의 압력과 물리적 개입을 통한 민주주의는 아무런 정당성이 없으며, 실제로 성공한 사례도 드물었다는 사실을 발견하였다. 미국, 영국, 프랑스는 종주권 행사 차원에서 과거 그들의 식민지 국가들에 대한 정치적 개입을 자제하지 않았다. 특히, 미국은 정권교체를 위한 쿠데타 조종 등 은밀한 개입을 비롯하여 노골적인 군사개입을 숱하게 자행하였던 강대국으로, 냉전 이후 두 번에 걸친 이라크전쟁은 대개 민주주의의 미명 아래 저질렀던 침략행위였다. 바로 여기서 민주평화론자는 미국이 내거는 '민주주의와 자유'의 미명이 그들의 학문적 발견의 순수성을 더럽힌다며 분개하고 있다. 미국의 무력개입은 대상국가의 민중들에게 실질적 혜택을 주지 못하였고, 오히려 전쟁의 참상 속에서 새로운 독재와 부패를 낳았다. 결국 미국의 명예와 지도력은 실추되고 세계의 냉소와 인류 양심의 비판을 피할 수 없었다. 안타깝게도 미국은 정당성을 결여한 대외개입정책을 통해 스스로 세계적 차원에서 반미를 자초하고 있다. 정권교체를 위한 무력개입의 명분으로 내세운 민주주의와 자유는 오히려 고상한 이념의 가치를 훼손시킬 뿐이다.

빈곤과 안보위기 속에서 민주화의 성취를 기대하는 것은 불가능하다. 이는 다른 곳에서 사례를 찾을 필요도 없이 우리 한국의 현대사가 여실히 증명한다. 한국은 냉전체제의 최대 피해자이자 수혜자이다. 냉전시대에 한국은 산업화를—결코 산업화의 짙은 그림자와 그 과정에서의 국가폭력을 망각해서는 안 되지만—달성하였고 민주화마저 이루어 낸 세계가 부러워하는 성공한 국가, 성공한 역사를 창조하였다. 여기서 한국의 민주화가 가능하였던 데는 다음의 두 가지 조건이 충족되었기 때문이다.

첫째, 민주화 운동이 허용될 수 있었던 배경으로 1980년대의 굳건한 안보토대를 지적해야 한다. 한국의 안보와 관련하여 질풍노도의 민주화 운동 시대에 한·미동맹에 기반한 주한미군과 함께 미국의 확고한 대한반도 안보공약을 의심한 사람은 거의 없었다. 물론 이는 냉전시대 미국의 반공·반소 전초기지로서의 한국의 불변적 위상 덕분이기도 하지만, 결과적으로 한국의 국가안보에 대한 한·미동맹과 주한미군의 존재는 한국의 안보 콤플렉스를 해소시켜 줄 수 있었던 안전판이었다. 군부독재를 용납하는 미국에 대한 비판과 미국에 의한 굳건한 안보혜택의 향유라는 모순적 양태에도 불구하고, 어쨌든 국가안보 콤플렉스가 해결될 수 없었더라면 한국의 민주화는 지연될 수도 있었고 왜곡과정을 밟았을지도 모른다.

둘째, 민주화 운동은 중산층의 광범한 동의와 암묵적 지지가 있었기에 가능하였다. 한국의 중산층은 박정희 정권이 이루어 낸 성공적인 근대화의 산물이다. 박정희는 그의 업적인 근대화의 성공으로 독재와 권위주의적 통치에 더 이상 동의하지 않는 중산층을 길러 냈고, 그리하여 성공의 영광 위에 스스로 묘혈(墓穴)을 팠다. 다시 말해, 성공적 근대화의 토대와 굳건한 안보체제 위에서, 민주화의 열정은 중산층의 동의와 지지를 얻을 수 있었으며, 마침내 민주화를 성취할 수 있었다. 이런 점에서 한·미동맹에 의한 안보체제와 근대화의 물질적 기반은 한국의 민주화 운동에 긍정적 기여를 하였다는 점이 이해될 필요가 있다.

북한의 경우 주민생활의 최소한의 물질적 조건도 보장받지 못하고, 더욱이 체제안보 위기에 고심하고 있는 상황에 압력을 동반한 민주주의 주장은 거부감과 경계심을 불러일으키게 된다. 북한은 하루빨리 만성적 빈곤상태와 폐쇄체제에서 벗어나야 한다. 기아와 경제회복의 절박한 과제 앞에 북한 민주화론의 현실가능성은 한계가 있다. 김정일 수령 독재체제에 대해 비난을 하지 않는다고 해서 북한 주민들의 삶의 현실에 대해 무관심한 것은 아닐 것이다. 맹목적 비난이나 증오는 누구나 할 수 있는 쉬운 일이다. 그러나 그보다 북한의 경제적 자립과 자활기반을 마련하는 데 협력해야 하며, 통치집단의 조그만 양보를 얻어 내기 위해서는 그들에게 퇴로를 터주어야 한다. 따라서 '민주주의와 자유'의 미명 아래 미국이 추구하는 압력과 개입을 통한 '북한 변화(regime change, regime transformation, leadership change)'는 신중하게 재고되어야 한다. 북한은 평화적인 방법과 평화적인 과정을 통해 변화되어야 한다. 북한의 평화적 변화와 관련하여 시장경제평화론의 의의에 새롭게 주목할 필요가 있으며, 여기에 평화경제론의 의의가 있다.

평화경제 추진을 위해서는 정부와 대자본, 즉 대기업과의 파트너십 형성이 중요하다. 정부는 대북 개발지원시 SOC 구축을 주도해 나갈 수 있다면, 대북 전략거점 투자는 결국 대기업의 몫이자 대기업측의 판단과 결단에 달려 있다. 말하자면, 대기업이 개별 차원이거나 다양한 컨소시엄 형태를 띠거나 간에 대북 투자와 개발의 주체가 될 수 밖에 없다. 그러나 한국의 대기업은 미래지향적인 대북 사업에 경제외적 조건으로 인해 지금까지 주저하고 있는 실정이다. 사실 남한의 대기업은 개발연대에 국가적 지지와 국민적 성원에 힘입어 선택과 집중의 수혜자로 비약적인 성장을 통해 세계적인 기업으로 발돋움할 수 있었다. 이런 점에서 대기업은 국민적 부채의식으로부터 자유로울 수 없을 것이다. 그러나 자본주의적 시장경제를 수용한다면 우리 국민의 대기업에 대한 사회적 책임의 요청과 도덕적 눈높이의 수준을 낮출 필요도 있다. 지금 북한도 남한 대기업의 진출을 기대하고 있는 상황에 정부와 대기업은 통일한국을 위해 함께 미래를 내다보아야 한다.

'시장경제평화'는 공동이익(common interest)을 전제한다. 남북경제공동체는 남북한 공동이익을 추구하는 공동번영의 논리지만, 남북한 중심의 협애한 한반도적 시야를 넘어 동북아 퍼스펙티브에서 접근되어야 한다. 평화와 경제는 불가분적이다. 한반도의 평화문제가 국제적이고 정치적인 사안인 것과 마찬가지로, 한반도의 경제도 남북한 간의 고립된 단위가 아닌 동북아 공동체의 인식 틀 속에서 접근해야 할 사안이다. 따라서 평화경제의 추진을 위해서는 동북아 전체의 조망위에서 공동이익 또는 공동의 이해관계의 틀을 만들어 나가야 한다.

제 6 장

남북한 통일방안의 재검토

1. 서　　론
2. 통일의 선행조건: 한반도 평화체제
3. 남북한 통일방안: 남북연합 대 연방제
4. 결　　론

➢ 이 글은 평화재단 1주년 기념 심포지엄(2005. 11. 15) '햇볕정책을 넘어 평화로 통일로'에서 발표한 논문입니다.

1 서 론

통일은 한민족의 미래를 여는 길이다. 미래는 준비하는 자에게 찾아온다. 한민족의 통일은 적극적으로 통일을 대비하고 통일을 이루고자 하는 의지와 노력 속에서 달성될 수 있다. 우리는 지금 누구나 통일을 바라지만 아무도 통일을 준비하지는 않는다. 통일은 한반도의 평화와 한민족의 번영을 가져오는 길이다.

한반도를 둘러싼 동북아 국제정세와 남북관계는 새로운 전환기를 맞이하고 있다. 북한 핵문제 해결을 위한 6자회담에서 북한의 핵포기에 대한 원칙적 합의를 도출함으로써 한반도 전쟁위기 해소와 더불어 한반도 문제의 새로운 국면이 전개되었다. 특히, 관련당사국들 사이에 평화포럼을 통한 한반도 평화체제 수립을 논의한다는 데에 합의함으로써 한반도의 공고한 평화상태에 대한 기대가 한층 높아졌다.

한반도 평화체제의 구축과 남북관계의 질적 전환은 대북 및 통일정책과 관련된 우리 사회의 다양한 현안들이 부각되는 계기가 될 것이다. 더욱이 지금은 통일문제에 대한 논의의 분출이 예상되는 가운데, 통일시대 준비를 위한 합리적이고 미래지향적인 통일방향에 대한 국민적 합의수준을 높여 가야 할 때라고 하겠다. 한반도 평화체제는 '1민족 2국가'체제로 남북한의 영구분단을 의미할 수도 있으나, 다른 한편 통일을 향한 토대구축의 단계로 볼 수도 있다.

물론 통일을 서두를 필요는 없다. 우리의 바람과 의지와는 달리 안으로는 남북한 통합을 위한 내적 조건이 성숙되어야 하며, 밖으로는 한반도의 통일에 대한 주변 국제사회의 입장도 무척 중요하다. 미국과 중국을 비롯한 동북아 국가의 한반도 통일에 대한 입장이 불확실한 상태에서 보다 우호적인, 최소한 한반도 통일을 거부하지 않는 분위기가 조성되는 국제환경도 필수적이다. 그러나 통일을 마냥 기다릴 수만은 없다. 분단상태에서 남북한은 모두 주변 강대국에 견인당할 수밖에 없고, 세계사의 피동적 역할을 극복하는 데 근본적인 한계를 지닌다.

통일은 서둘러서도 안 되나, 그렇다고 통일을 무작정 기다리면서 역사의 흐름에만 맡길 수도 없다. 통일로 모든 문제가 해결된다는 낙관적 시각이나 과격하고 성급한 선택을 자제해야 한다. 그러나 뚜렷하고 장기적인 통일목표를 설정하여 안으로는 통일의 여건을 성숙시켜 나가는 한편, 밖으로는 주변국의 이해와 협력을 얻어 낼 수 있는 역량을 갖추어야 한다. 이 글에서는 '통일을 위한 평화, 평화를 위한 통일'의 문제의식 위에서 통일의 선행조건인 한반도 평화체제 구축방안에 대한 접근과 함께, 통일에 이르는 이정표라 할 수 있는 남북한의 통일방안에 대해 새로운 이해를 시도하였다.

2 통일의 선행조건: 한반도 평화체제

2.1. 한반도 평화체제 구축: 평화협정

한반도 평화체제 구축은 우리 정부 국가전략의 기본 방향이다.[1]

[1] 국가안전보장회의(NSC), 「참여정부의 안보정책 구상」, 『평화번영과 국가안보』, 2004, pp. 36~37.

한반도의 평화체제 구축은 한국전쟁의 유산으로 형성된 정전체제를 평화가 확고히 보장되는 평화체제로 전환하는 데 있다. 평화체제 구축은 상호 불신과 대결로 인한 남북 적대관계를 청산하고 한반도에서 전쟁방지를 통해 항구적인 평화를 실현하며, 이를 토대로 민족공동체 형성과 통일의 기반을 조성하는 중요한 계기가 된다.

한반도 평화체제는 북한과 미국의 공식적인 정전협정 폐기선언에서 비롯된다. 1953년 7월 27일 마크 클라크 유엔군 사령관, 김일성 북한군 최고사령관, 펑더화이(彭德懷) 중국인민해방지원군 사령관 명의로 정전협정이 서명되어 한국전쟁은 공식적으로 종결되었다. 그 후 정전체제는 1991년 한국군 장성이 군사정전위원회 수석대표로 임명되자 이듬해 북한과 중국이 각각 군사정전위원회에서 철수함으로써 유명무실해진 상태다. 평화협정 체결은 북·미관계, 주한미군의 지위 변화, 정전협정을 대체하여 비무장지대(DMZ)를 관리할 새로운 관리기구 구성, 그리고 군축문제 등 그야말로 한반도 안보환경의 심대한 변화를 초래할 뿐만 아니라, 동북아 평화·안보상황의 전반적인 변화를 불러오는 민감한 사안이 아닐 수 없다.

한반도 평화체제의 수립은 일반적으로 장기간의 긴장완화상태와 신뢰구축을 거쳐 군비통제와 군축 등 평화정착의 실질적 과정의 최종적 단계를 의미하나, 평화협정을 통해 평화정착의 토대를 마련하여 '공고한 평화상태'로서의 평화체제 구축을 앞당길 수 있다. 남북한 교류협력을 추진하는 대북 정책과 함께 정치적·군사적 협력을 추구하는 병행전략이 필요하며, 한반도 평화구축에 대한 법적·제도적 접근방식의 추구가 평화구축과정을 실질적으로 추진하게 한다. 한반도 평화협정은 한반도 평화체제 구축을 위한 법적·제도적 차원의 환경조성의 일환이다. 평화협정은 '선 협정, 후 평화체제 구축'방식을 말한다. 즉, 한반도 평화구축을 '협정'이라는 정치적 결단을 통해 접근하자는 제안이다. 이 방안은 지금까지의 한반도 평화에 대한 점진적·단계적 접근방안을 뛰어넘는 평화전략이라 할 수 있다.

최근 한반도 평화체제문제는 북한 핵문제 해결을 위한 6자회담 과정에서 관련국 사이의 새로운 논의주제로 부각되었다. 제4차 6자회담의 공동합의문(베이징, 2005. 9. 19)은 한반도 비핵화를 재확인하는 한편, 그 동안 북한이 줄곧 주장해 온 평화체제문제를 전향적으로 수용하여 커다란 관심을 모았다. 이는 미국의 한반도 및 동북아 정책의 변화와 함께 한반도 평화체제 수립에 대한 우리 정부의 강력한 의지와 지속적인 노력의 결실이라고도 하겠다. 합의사항에서 관련국들은 모두 동북아시아의 항구적인 평화와 안정을 위해 공동노력할 것을 다짐하면서, "직접 관련당사국들은 적절한 별도의 포럼(an appropriate separate forum)에서 한반도의 영구적 평화체제(a permanent peace regime)를 위해 협상할 것"을 밝혔다.[2]

제4차 6자회담에서 평화체제에 관련된 별도의 포럼을 만들기로 하였다는 합의는 남북한과 미국, 중국 등 최대 4개국이 북한의 핵포기 진행상황에 맞추어 정전체제를 대체할 평화체제에 관한 공식논의를 시작할 수 있다는 의미이다. 미국과 관련국들이 평화체제와 관련된 논의에 합의한 것은 6자회담을 통해 북한 핵문제 해결만이 아니라 북한의 요구를 장기적 관점에서 수용하는 한편, 다자 간 협의 틀을 통해 동북아의 평화·안보체제를 수립할 수 있다는 전략적 판단에 기인한다. 따라서 이제 남북한과 관련당사국은 별도의 포럼 구성방식에서부터 한반도의 영구적 평화체제의 구축을 위한 방향설정과 로드맵 작성이 과제로 부각되는 새로운 국면에 접어들었다.

2.2. 한반도 평화체제 로드맵

한반도 평화체제 수립 시나리오는 '선 비핵화, 후 평화협정'과 '선 평화협정, 후 비핵화'의 두 경로를 상정할 수 있다. 그러나 한반

[2] 「6자회담 공동합의문 전문」, 외교부 e-뉴스, 2005. 9. 20(http://mofat.news.go.kr).

도의 비핵화와 평화체제는 북한과 미국 모두 상대방의 선행적인 조치를 요구하는 사안이라는 점에서 어느 쪽의 선차적 해결을 전제로 접근하기는 어렵다. 핵문제와 한반도 평화체제 전환의 접근방식에 대한 관련국들의 논의는 북한 핵문제 해결을 전제로 시작되는 것이 아니라, 핵문제 해결과정에서 논의할 수 있다는 입장이 6자회담 과정에서 도출된 합의라고 볼 수 있다. 이는 제4차 6자회담 공동성명에서 '공약 대 공약(commitment for commitment)', '행동 대 행동(action for action)'의 원칙에 입각하여, 단계적 방식으로 합의이행을 위해 상호 조율된 조치를 취할 것을 합의한 사실에서 추론할 수 있다.

한반도 평화체제는 북한 핵포기의 과정과 그에 상응하는 미국의 체제보장조치, 그리고 북·미관계 정상화 과정과 맞물려 단계적으로 접근될 수 있다. 이 과정에서 한반도 평화체제는 서로 논의구조가 다른 세 개의 협상 틀을 통해 접근될 것이다.[3] 첫째, 남북한 평화협정(또는 남북한 '평화선언')문제와 관련된 남북협상 틀이 나올 수 있다. 이는 남북한 정상회담, 남북군사회담 등을 통해 한반도 평화체제 전환의 여건조성과 더불어 남북한 군비통제, 군축문제 등에 대한 논의를 진행하게 된다. 둘째, 6자회담 틀 내의 '별도 포럼'에서 평화협정의 방식, 내용, 평화체제 관리방안 등이 논의될 수 있다. 셋째, 6자회담에서 한반도 평화체제를 국제적으로 보장하는 방안 또는 '별도의 포럼'에서 체결된 평화협정을 공동으로 추인하는 방안 등이 논의될 수 있다. 그런데 6자가 모두 참가하는 형태가 아닌 '별도의 포럼'과 6자회담 틀 사이의 역할구분이 뚜렷하지 않다. 하지만 대체적으로 6자회담에서 북한 핵문제와 「9·19 공동성명」의 합의사항을 실천해 나간다면, 평화포럼이라고 할 수 있는 '별도의 포럼'에서는 한반도 평화협정문제를 다룰 것으로 보인다. 따라서 한반도 평화협정과 관련한 논의는 주로 남북협상 틀과 평화포럼 틀의 두 협상 틀을 중심으로 작동

3 전현준 외, 『제4차 6자회담 합의 이행구도』, KINU 정책연구시리즈 2005-06, 통일연구원, 2005. 10, pp. 20~23.

될 것이다.

여기서 한반도 평화협정 추진과정은 북한 핵문제 해결과정과 대북 체제보장방식이 기계적으로 조응되지 않는 순서로 진행될 수 있다는 점을 고려해야 한다. 예컨대, 처음 북핵 폐기과정은 순조롭게 이행되는 반면, 한반도 평화포럼의 구성과 평화협정 논의는 복잡한 사정으로 지연될 수도 있다. 또한 한반도 평화체제에 관한 세 협상 틀 간의 유기적 연관성을 유지하기 어려운 측면도 무시할 수 없다. 더욱이 세 협상 틀 내의 협상의 진전과 이행수준에서 차질을 빚을 경우, 이를 전체적으로 조율하고 동시이행을 보장하기 어려운 점이 있다. 그럼에도 각각의 협상 틀에서의 합의이행은 대개 단계별 방식으로 추진될 것으로 예상된다.

2.2.1. 제1단계: 협상 틀 구성

제1단계는 한반도 평화체제 논의를 위한 여건 조성과 우호적 분위기 형성의 단계로 설정된다. 제1단계는 진입의 특정 시점을 확정할 수는 없으나 먼저 북한의 NPT 복귀 및 IAEA 사찰수용과 함께 북·미관계 개선을 위한 접촉이 이루어지는 단계로 볼 수 있다. 이 단계에서 남북정상회담이 추진되고 남북한 군사적 신뢰구축을 위한 구체적 조치가 이루어져 한반도의 군사적 긴장을 완화하여 한반도 평화포럼을 위한 국내외적인 여건을 조성하게 된다. 제1단계는 한반도 평화협정을 위한 한반도 평화포럼의 구성이 가장 중요하다. 평화포럼 구성과정에서 미국은 북한의 핵폐기가 완료되면 북·미관계 정상화가 이루어지게 된다는 점을 약속해야 한다.

평화협정과 관련하여 당사자문제가 논쟁점이 되어 왔는데, 평화포럼 구성단계에서도 이 문제가 제기될 수 있다. 이와 관련하여 북한은 1962년 남북 간에 평화협정 체결을 제의한 후 1974년부터는 북·미 간 평화협정 체결을 주장해 왔다. 그러나 미국이 북한이 제의한 북·미 양자 간 평화협정을 받아들일 의사가 없는 가운데, 우리 정부도 북·미 평화협정은 한반도 문제의 당사자 논리에 위배된다는 점에서 반대해 왔다. 이에 대해 한국은 남북한 당사자 원칙하에 미국과 중국이 참가하는 '남북 당사자주의'에 입각한 '2+2'형태를 제안해 왔다. 즉, 한반도 평화협정은 남북한 중심으로 추진하되 미국과 중국도 참가하는 국제적 다자보장방식을 추구하였다. 그런데 여기서의 '남북 당사자주의'에 기반한 '2+2' 논리는 협정체결 당사자는 어디까지나 남북한이고, 미국과 중국은 협정의 보장자의 지위에 선다는 논리이다. 그러나 6자회담 참가국인 러시아와 일본의 참가를 고려하지 않고 있는 점에서 '2+2'는 '6−2'의 논리라고도 할 수 있다. 평화협정의 당사자문제와 관련하여 실효성 있는 협정 틀이 되기 위해서는 미국이 '보장자'가 아닌 협정의 '당사자'가 되어야 한다는 주장도 주목된다.[4]

한반도 평화체제의 일차적 당사자가 남북한이며 미국과 중국은 정전협정의 실질적 당사자였다는 점, 그리고 남북한과 미·중 사이의 4자회담(1997. 11~1999. 8 6회 개최)이 이미 운영되었던 경험 등을 고려하면, 한반도 평화포럼은 4자회담('2+2') 형식으로 추진될 가능성이 크다. 이 경우 러시아와 일본은 평화포럼에는 배제되나 궁극적으로 6자회담에서 한반도 평화협정의 국제적 보장자로서의 역할담당을 기대할 수 있다.

2.2.2. 제2단계: 핵폐기 이행과 평화협정 추진

제2단계는 비교적 긴 시간을 요하는 단계로, 북한의 핵사찰 수용과 핵폐기 이행에 상응하여 남북한 군사회담과 한반도 평화포럼에서 평화협정 체결의 방식과 내용에 대한 실질적 논의를 진행하게 된다. 이 단계에서 북한의 핵폐기를 위한 이행계획 실천으로 초기 준비단계,

[4] 이삼성, 「한반도 평화협정: 북한 핵문제 근본해결로서의 평화협정의 틀과 윤곽」, 평화·통일연구소 주최, 평화·통일연구소 창립 1주년 기념토론회, 『한반도 평화협정 체결 및 평화군축 방안』, 2005. 10. 7, pp. 33~34.

전면 동결단계, 완전 폐기단계로 나아가면서 그에 상응하는 사찰·검증이 함께 진행된다.[5] 북한 핵문제는 핵의 완전 폐기 후 핵관련 시설의 해체와 동시에 핵무기와 핵물질의 반출로 대단원의 막을 내린다.

남북협상 틀 내에서 남북한 간 평화협정 체결을 추진할 경우, 평화포럼에서 추진하는 한반도 평화체제 구축논의와는 달리, 협의 의제의 선정과 함께 논의사항의 이행을 실질적으로 진행시켜 나가야 할 것이다. 주된 의제로는 전쟁의 법적 종결선언과 경계선 확정, 남북기본합의서 이행·실천문제, 평화보장 관리기구의 구성·운영문제, 비무장지대의 평화지대화로의 전환문제 등을 협의하고 하나씩 실천해 나가야 한다. 이와 함께 4자회담방식의 한반도 평화포럼에서는 평화체제 전환의 기본 방향과 절차에 대해 합의를 도출하는 한편, 핵폐기의 진전상황에 따라 대북 경제 및 안보 차원에서의 구체적인 보상책을 마련해야 한다. 특히, 북한이 핵을 전면동결하는 단계에 들어서면 미국은 대북 경제제재 해제를 비롯하여 테러지원국 명단에서의 제외 등 관계개선의 전향적 조치를 취할 것으로 기대된다.

그런데 이 단계에서 북한은 한반도 평화포럼에서 북한의 체제보장을 위한 '북·미평화협정' 체결을 강력히 주장하고 나올 것으로 예상된다. 이 경우 북한의 요구를 우회적으로 수용하는 방안을 모색할 필요가 있다. 즉, 미국과 북한의 '북·미공동합의문' 형식을 통해 북한의 주권존중과 내정불간섭 등 북한의 우려사항인 체제보장문제를 원칙적 차원에서 선언하는 방안을 고려할 수 있다.

이 단계의 마지막에 이르러 평화포럼 틀 내에서 평화협정이 체결됨으로써 정전협정 폐기와 동시에 한반도 평화체제가 공식적으로 선언된다. 그와 함께 평화보장 관리기구의 구성·운영이 시작되면서 유엔사(UNC)는 자동적으로 해체된다. 말하자면, 제2단계의 마지막에 와서 북핵의 완전 폐기가 확인되는 데 부응하여 북·미관계의 정상화 조

5 조성렬, 『한반도 비핵화와 평화체제 구축의 로드맵: 6자회담 공동성명 이후의 과제』, KINU 정책연구시리즈 2005-05, 통일연구원, 2005. 9, p. 22.

치가 단행되며, 4자회담인 평화포럼의 역할종료와 함께 한반도 평화체제로의 공식전환이 이루어진다.

한편, 이 단계에서 평화체제와 통일문제의 관계를 분명히 밝혀야 할 것이다. 한반도 평화체제 수립은 한반도의 공고한 평화상태를 구축하는 과정이나, 평화체제 수립 자체가 한반도의 영구한 '평화적 분단'을 제도화하는 것으로 귀결될 수는 없다. 평화체제 수립·전환과정에서 한민족 통일문제, 즉 통일의 원칙과 기본 방향에 대한 남북한 간 합의가 반드시 이루어져야 한다. 평화체제 수립과 관련하여 통일문제 논의시점은 바로 제2단계의 초입에서부터 시작되어야 한다.

제2단계 초입의 시점에 한반도 평화체제가 한민족의 통일의지와 통일방향에 부합되어야 한다는 원칙 아래 남북협상 틀에서 핵심 의제로 선정되어야 한다. 그리하여 한반도 평화체제가 분단의 평화적 고착화가 아니라 반드시 통일지향이어야 한다는 원칙적 입장을 대내외적으로 뚜렷이 천명함과 동시에, 이 단계 초입에서 남북 간 통일문제를 협의할 '남북통일협의회'(가칭) 형태의 협의체를 구성하고 「6·15 남북공동선언」의 합의사항을 재확인하면서 통일문제를 체계적으로 논의해 가야 할 것이다.

2.2.3. 제3단계: 핵폐기 완료와 한반도 평화체제 수립

제3단계는 실질적으로는 북한의 핵폐기에 따른 한반도 비핵화 달성과 함께 평화포럼과 러시아와 일본이 참가한 6자회담에서 국제적인 보장방안과 평화체제 관리방안 등이 마련되어 대북 안전보장체제가 완성되는 시점이다. 이 단계는 북·미수교를 통한 관계정상화가 이루어진 시점이며, 국제적 보장 아래서 한반도 평화체제가 법적·제도적으로 구축된 상태로 볼 수 있다. 따라서 한반도의 '공고한 평화상태'의 유지를 위해 이미 앞 단계에서 합의된 '평화보장 관리기구'를 작동시키면서 평화협정 합의사항의 이행을 한층 심화시켜 나간다.

그런데 여기서 남북협상과 평화포럼 틀에서 이루어진 평화협정의 내용 가운데 핵심적인 사안으로 남북한 군축과 주한미군문제 등에 대한 구체적인 실천조치가 부각될 것이다. 그와 함께 한반도 평화체제가 수립됨에 따라 한·미동맹 구조의 변화가 예상된다. 대북 억지력을 중심으로 유지되었던 한·미동맹은 한·미관계의 발전적 미래 전망 속에서 새로운 성격의 동맹으로 전환될 필요가 있다. 이런 점에서 향후 한·미동맹은 포괄적 안보협력을 지향하는 포괄적 동맹으로의 변화를 모색해야 한다.

덧붙여 한반도 평화체제가 수립되면 북한은 국제사회에 적극적으로 참여하고 역할을 담당하는 한편, 동북아의 안보와 평화의 공동책임을 부여받고 정상국가로 발돋움하게 된다. 한반도의 공고한 평화상태, 즉 남북 간 그리고 다자 간 평화협정 체결을 통해 한반도 평화체제의 유지 · 지속이 법적 · 제도적으로 보장되는 시기에 들어선다면 비로소 '평화체제단계'를 맞이하였다고 할 수 있다.

여기 제3단계인 평화체제단계에서 중요한 사실은, 이 단계에 오면 통일문제가 상당한 수준으로까지 진전되어야 한다는 점이다. 이미 앞의 제2단계의 남북협상 틀 내에서 핵심 의제로 선정되어 협의체 수준에서 논의 · 협의되고 있던 통일문제는 세부적으로 여러 단계를 포함하는 제2단계를 거치는 동안 동북아 국제질서의 안정적인 발전과 남북관계의 질적 변화에 따라 상당한 논의와 협의가 이루어진 상태라고 할 수 있다. 따라서 이 단계 초입에 통일의 원칙적 수준을 넘어 통일의 방법과 절차 등에 대한 높은 수준의 합의가 마련되어야 할 것이다.

2.3. 주한미군과 남북한 군축

한반도 평화협정 체결과정에서 북한의 주한미군 철수 주장과 군축문제가 가장 큰 걸림돌이 될 수 있다. 그러나 분명한 사실은 남북한 평화협정이나 한반도 평화포럼에서 주한미군 철수와 남북한 군축

문제가 논의의 조건이나 협상의 전제가 되어서는 안 되며, 다만 북한 핵의 완전 폐기에 따른 평화협정 체결 후 평화체제 구축과정에서 논의될 수 있는 사안이라는 점이다. 더욱이 이 문제는 평화체제 구축단계에서 남북연합이나 연방제 방식의 통일과정으로 진입되는 단계와의 관련 속에서 접근하는 것이 바람직하다.

2.3.1. 주한미군

(1) 주한미군 철수: 부동의 전략

주한미군 철수는 북한의 통일전략과 관련한 기본 원칙이며 부동의 전략목표이다.[6] 그러나 미군철수 주장에 대한 북한의 방법론적 변화는 수 차례 나타났다. 북한은 1980년대 후반 종래의 즉각적이고 완전한 철수 주장으로부터 단계적 철수를 제안하였으나, 그 후 1989년 말부터 1991년 말까지 3단계에 걸친 주한미군의 철수를 주장하였다.[7] 미군철수 주장에 대한 신축적인 입장은 김일성이 "미국이 남조선에 주둔하고 있는 미군을 북과 남이 연방국가를 창립하는 과정에 철수하여도 좋고 그 전에 철수하면 더욱 좋다"고 밝힌 데에도 나타난다.[8] 이런 배경 속에서, 얼마 후 주한미군이 북한에 적대적인 군대가 아니라면 상당 기간 주둔해도 무방하다는 견해도 제시되었다.[9] 그 후 김일성은 북한 핵문제를 둘러싸고 북한과 미국 간 갈등이 고조된 상황 속에서 주한미군 철수 주장을 상당히 누그러뜨린 단계적 철수론을 다

---

6 북한은 1953년부터 미군철수를 주장하였다(김일성, 「모든 힘을 민주기지 강화를 위하여」(조국통일민주주의전선 함경남도열성자회의에서 한 연설)(1953. 10. 20), 『김일성저작집』 8, 1980).

7 「'조선민주주의인민공화국 중앙인민위원회 최고인민회의 상설회의 정무연합회의'(1988. 11. 7)에서 채택한 "조국의 자주적 평화통일을 촉진하기 위한 포괄적인 평화보장대책에 대하여"」, 로동신문, 1989. 11. 8.

8 김일성, 「민족올림픽위원회 협회 위원장인 메히꼬출판회사 위원장 겸 사장 일행과 한 담화」(1991. 6. 5), 『김일성저작집』 43, 1996.

9 1992년 김정일의 지시하에 김용순 당비서가 미국 방문 중 아놀드 캔터 미 국무차관보와의 고위급회담에서 이 견해를 전달한 바 있다(『월간조선』, 2000. 8 참조).

시 한번 주장하였다.[10]

> 우리가 련방제 조국통일을 주장하지만 지금 당장 남조선에 있는 미군을 다 몰아내자는 것은 아닙니다. 미국이 중국이나 일본, 로씨야를 견제하기 위하여 남조선에서 물러가려 하지 않는데 우리는 미군이 남조선에서 당장 철수하지 않겠으면 단계적으로라도 철수할 것을 요구하고 있습니다. 앞으로 북과 남이 화해를 하고 군대를 줄이면 그에 따라 남조선에 주둔하고 있는 미군도 단계적으로 철수하여야 합니다. 북과 남이 불가침문제를 합의하고 서로 싸움을 하지 않을 것을 약속한 것인 만큼 많은 군대를 그대로 둘 필요가 없습니다. 내가 늘 말하는 것이지만 북과 남의 군대를 점차적으로 줄여 각각 한 10만 명 정도로 유지하면 됩니다. 남조선에 주둔하고 있는 미군도 북과 남의 군대가 각각 10만 명 정도로 축소될 때에는 완전히 철수하여야 합니다.

미국은 남한에 남아 있을 명분이 없음에도 불구하고 "물러가려 하지 않는다"는 현실적 인식은 북한의 수세적 변화를 초래하게 하였다. 그러므로 단계적 철수론은 한반도를 둘러싼 미국의 전략적 의지의 불변이라는 현실적 한계에 부딪힌 하나의 타협책으로 북한이 제시한 것으로 이해된다. 한반도를 비롯한 동북아 지역에 대한 미국의 강력한 패권주의 앞에 주체국가는 외세문제에 대한 자기수정을 하지 않을 수 없었다. 이처럼 북한은 진작부터 주한미군의 즉각적이고 완전한 철수 주장의 한계를 절감하였다. 북한의 신축적인 태도는, 주한미군이 북한체제에 위협적이라는 적대적 성격이 해소된다면 주한미군 철수 주장은 유보될 수 있다는 입장에서 주한미군문제에 대한 접근방식의 변화를 모색해 왔다.[11]

---

10 김일성, 「'조선민족은 누구나 조국통일에 모든 것을 복종시켜야 한다', 재미교포 녀류기자와 한 담화」(1994. 4. 21), 『김일성저작집』 44, 1996.

11 1994년 10월 북·미 제네바협상 당시 강석주 북한 외무성 제1부상은 "평화체제하

남북한 긴장완화와 동북아 다자안보협력 분위기가 나타나고 있는 상황이지만 북·미관계가 근본적으로 개선되지 않은 상태에서는 북한의 주한미군에 대한 입장의 공개적·공식적인 변화를 기대하기는 어렵다. 그러나 한반도 평화체제의 수립전망과 관련하여 북한의 주한미군 철수 주장에 대한 전향적인 변화를 기대할 수 있을 것이다.

(2) 잠정적 주둔 용인과 자진철수론

북한의 주한미군문제에 대한 전략방향은 두 갈래다. 하나는 주한미군의 지위변경과 성격전환을 전제로 영구주둔이 아닌, 잠정적 주둔을 묵시적으로 용인하는 입장이 그것이다. 다른 하나는 미군이 스스로 물러나는 이른바 '자진철수'를 유도하는 방향으로 가닥을 잡는 입장이다. 이렇게 본다면 북한은 주한미군의 즉각적이고 완전한 철수 주장에서 단계적 철수론을 주장하였다가, 향후 현실을 인정한 바탕 위에서 미군의 자진철수를 유도하는 전략을 선택할 것이다. 북한의 미군철수론은 이처럼 세 단계의 변화를 보였다. 첫째, 즉각적 완전철수, 둘째 단계적 철수, 그리고 셋째 자진철수의 경로를 밟아 왔다. 여기서 단계적 철수와 자진철수는 주한미군의 지위와 성격변화를 전제로 주둔을 '잠정적으로' 용인한다는 신축적인 입장이다. 셋째 단계인 '자진철수론'은 최근 김정일 위원장의 대담에서 잘 나타나고 있다.[12]

> 그 동안 미군더러 나가라고 했지만 그들이 당장 나가겠습니까. 우선 미국 스스로가 생각을 달리해야 합니다. 그들은 분단에 책임이 있는 만큼 통일에도 책임이 있습니다. 지난날 닉슨도 카터도 미군을 철수하겠다고 했는데, 주한미군문제는 우선 그들 스스

의 주한미군은 남한의 북침도 방지하는 안전보장자 역할을 할 수 있다"고 말하였다; 1996년 4월 미국 조지아대학 학술회의에서 이종혁 아태평화위 부위원장은 "북·미 양측이 평화협정을 모색하는 동안 미군이 한반도에서 평화유지군으로 활동하는 데 반대하지 않겠다"는 요지의 내용을 밝힌 바 있다.

12 「김정일과 재미동포 언론인 문명자 주필과의 대담」(6. 30), 『월간 말』, 2000. 8 참조.

로가 우리 민족의 통일을 적극적으로 돕는 방향에서 알아서 결정 해야 합니다.

이처럼 미군철수는 미국이 "그들 스스로가 알아서 결정해야" 할 문제로, 철군의 시기와 방법도 북한으로서는 문제삼을 수 없다는 변화된 입장을 보여 주고 있다. 그렇다고 결코 영구주둔을 용인하는 것은 아니다. '당장' 나가지 않는다면 스스로 알아서 적절한 시기에 철군해야 한다는 입장이다. 이를테면 미국은 분단에 책임이 있는 만큼 한반도의 통일을 돕는 방향에서 "생각을 달리"해 주길 바라고 있는 것이다.

북한의 '자진철수론'과 달리 남한은 통일 후에도 철군 불가를 천명한 상태다. 김대중 전(前) 대통령은 남북정상회담 후 '6·25 50주년 기념사'에서 한반도의 세력균형론에 입각하여 주한미군의 계속 주둔을 강조하여 "나는 주한미군에 대해서 태도를 분명히 했다. 주한미군은 한반도에 완전한 평화체제가 이루어질 때까지는 물론이고 통일된 후에도 동북아시아의 세력균형을 위해서 필요하다는 것을 분명히 북측에 설명했다. ……만일 한국과 일본에 있는 10만의 미군이 철수한다면 한반도는 물론 동아시아와 태평양의 안전과 세력균형에 커다란 차질을 가져올 것이다. 우리는 국익을 위해서 주한미군이 계속 주둔하기를 바란다"[13]라고 밝혔다. 이처럼 우리는 한반도의 완전한 평화체제 수립과 통일이 이루어진 후에도 주한미군은 동북아의 세력균형을 위해 필요하다는 입장이다.

한편, 최근 북한 당국자는 주한미군 철수시기와 관련해 미국 소재 온라인매체 민족통신과의 대담에서 '통일되는 시기'를 거론하면서, 주한미군 철수는 긴장의 원인이기 때문에 당연히 철수되어야 한다는 원칙적 입장을 확인하면서도 철수시기에 대해서는 김일성 주석이 한

[13] 「북한 조국평화통일위원회 최성익 책임참사와의 대담」, 연합뉴스, 2000. 6. 25.

때 “통일되는 시기에 나가도 좋다”고 한 발언을 소개한 사실이 주목된다.[14]

2.3.2. 남북한 군축

북한이 주한미군의 단계적 철수를 남북한 군축과 연계시킨 점이 주목을 끈다. 위 인용문에서 보듯이, “북과 남이 화해를 하고 군대를 줄이면” “그에 따라 미군도 단계적으로 철수해야” 한다는 주장은 분명 새로운 해석을 필요로 한다. 그러나 ‘군대를 줄이면 철수해야 한다’는 말을 ‘선 군축, 후 철군’ 주장으로 해석하기에는 무리가 따른다. 이는 남북화해가 이루어지면 당연히 남북한 군축과 주한미군 철수는 함께 이루어져야 한다는 주장으로, 다시 말해 ‘군축과 미군철수 병행론’으로 볼 수 있다. 남북 간 경제력 차이로 더욱 증폭되는 국력 차이, 한·미군사동맹, 한·미·일 공조체제, 그리고 한반도 군사력의 비대칭성·비균형성 등의 문제에도 불구하고 남북한 간 군축을 주장할 수는 없기 때문이다. 주한미군 철수를 전제하지 않은 조건에서 남북한 간 균형군축의 실현가능성은 크지 않다.

군축은 현 단계에서 동북아 국제질서의 평화적 전환과 군비경쟁의 감소 분위기와 함께 남북한 모두 체제민주화와 군사부문의 축소지향적 구조전환과 맞물리는 문제로 당장 군축의 실천을 주장하기에는 한계가 있다. 따라서 평화협정 체결의 전제조건으로 군축을 주장하는 것은 비현실적이며, 오히려 현재의 남북한 군사적 실체를 인정하는 가운데 평화체제 수립 후 남북연합단계에서 군축문제를 다루는 것이 바람직하다.

[14] 연합뉴스, 2005. 10. 19.

3 남북한 통일방안: 남북연합 대 연방제

남북한 체제(제도)통합에 의한 통일은 멀고도 험난한 길이다. 남북한 통일방안은 모두 평화적 방식에 의한 단계적 접근을 추구하고 있다. 남북한은 궁극적인 1민족 1국가체제인 완전통일에 이르기까지 서로 다른 체제가 일정 기간 공존하는 형태, 즉 복합국가 형태를 지향하고 있는 데에서 공통점이 발견된다.

복합국가(composite state)의 유형은 국가연합(confederation), 연방제(federation), 공영방(共榮邦, commonwealth) 등을 포함한다. 복합국가는 여러 형태가 있을 수 있으나 우리 민족의 적극적이고 창조적인 역량에 따라 복합국가체제의 내용과 성격이 규정될 수 있다. 이를테면 복합국가는 '한 지붕 두 가족' 또는 '한 깃발 두 국가(one flag two states)'의 형태로 완전통일의 그날까지 상당 기간 지속되는 국가형태일 수 있다. 구체적으로는 '남북연합제' 또는 '연방제'에 의한 통일국가의 윤곽은 모두 두 지역정부를 아우르는 '복합국가'의 형태로 복합체제·복합사회의 전망을 제시한다.

남북한 통합방식과 관련하여 복합국가는 연방제와 국가연합의 두 형태를 상정할 수 있다. 여기서 우리는 남북한 양측에서 오랜 동안 논의되어 왔던 통일방안인 남북연합과 연방제를 재검토하는 것이 바람직하다고 본다. 이는 2000년 역사적인 남북정상회담에서 합의한 「6·15 남북공동선언」 제2항 "남과 북은 나라의 통일을 위한 남측의 연합제 안과 북측의 낮은 단계의 연방제 안이 서로 공통성이 있다고 인정하고 앞으로 이 방향에서 통일을 지향시켜 나가기로 하였다"는 합의사항이 충분히 존중되어야 한다는 데서 출발한다.

3.1. 국가연합과 연방국가

일반적으로 중앙정부 권력의 집중과 분산형태에 의해 연방국가(federal state)와 국가연합(confederal state)의 두 유형으로 구분된다. 연방국가는 두 개 이상의 지역정부로 구성된 국가로 하나의 헌법 밑에 단일의 주권국가로 통합되어 연방정부만이 대외적 주권을 행사한다. 따라서 연방국가는 국제법상 '국제인(international person)'이나 연방의 구성국인 지역정부는 '국제인'으로 인정받지 못한다.[15] 이와 달리 국가연합은 두 개 이상의 국가가 조약을 맺고 결합한 형태로 복수의 주권국가 간의 결합체라 할 수 있다. 국가연합 형태에서 하나의 국가인 연방국가로 변화하기도 하지만, 그 반대로 구(舊) 소련(USSR)의 연방국가 형태에서 독립국가연합(CIS, 1992. 1. 1)의 국가연합 형태로 변화하는 경우도 있다.

연방국가와 국가연합은 외교권, 군통수권, 탈퇴절차 등에 의해서 구별된다. 첫째, 외교권의 경우 국가연합은 조약체결 등 외교권을 행사할 수 있으나, 연방을 구성하는 지역정부는 자체적으로 독립적인 외교권을 행사할 수 없다. 미국, 캐나다, 스위스, 브라질 등의 연방국가의 경우 지역정부는 연방헌법에 저촉되지 않고 중앙(연방)정부와의 협의 아래 제한된 범위 내에서 외국과의 협정을 체결할 수 있다. 둘째, 군통수권문제로 국가연합은 독립국의 필요에 따라 동맹관계를 유지하는 형태로서 독자적인 군대를 보유하나, 연방은 지역정부가 아닌 중앙(연방)정부가 군통수권을 장악한다. 셋째, 탈퇴절차의 방식에서 '자유로운 탈퇴' 여부도 국가연합과 연방의 구분점인데, 국가연합은 필요에 따라 탈퇴할 수 있으나 연방에 속한 지역정부의 탈퇴는 독립

[15] J. Crawford, *The Creation of States in International Law*, Oxford: Clarendon, 1979, p. 291.

을 의미하는 것으로, 탈퇴하고자 할 때에는 연방정부의 승인 아래 법적 절차를 준수해야 하며, 그렇지 못할 경우 물리적 강제가 뒤따르게 된다.

국가연합(confederation)은 복수의 국가들이 방위나 상호협조 등 공통의 목적을 위하여 '조약'에 따라 결합한 형태로서, 국제법상 대외적 권한은 국가연합의 구성국이 보유하며 중앙조직은 예외적으로 조약에서 인정한 범위 내에서만 외교능력을 지닌다. 구성국들은 행정권과 군대를 보유하며 대내외적 독립성을 유지한다. 즉, 구성국의 자율성을 인정하면서 국민들의 다양성을 통합할 수 있다. 국가연합은 중앙조직을 가지나 구성국을 규율하는 헌법이나 새로운 중앙정부를 창설하지 않으며, 구성국의 대표로 구성되는 연합의회를 가진다. 국가연합에서 연합의회는 구성국과 독립된 중앙정부의 기관이 아니다. 또한 입법권이나 재정권을 갖지 않으며, 그 의결사항은 구성국을 법적으로 구속하지 못한다.

국가연합은 연방국가와 달리, 안정성을 가진 영구적 결합으로서의 국가가 아니라 안정성이 결여된 잠정적 결합으로서의 국가라는 점에 특징이 있다. 국가연합의 역사적 사례는 다양한데, 대부분 단명하였으며 중앙조직의 권한이 강화됨에 따라 연방국가의 형태로 발전하는 경우가 많았다. 역사상 국가연합의 형태로 통합을 이룬 경우는 1781~1789년의 미국, 1815~1866년의 독일연방, 1815~1848년의 스위스의 역사적 경험을 들 수 있다. 그리고 1958년 이집트·시리아·예멘의 3국통합을 통한 '통일아랍공화국'은 국가연합 형태의 통합사례를 보여 주었으나 3년 후 곧 해체되고 말았다. 한편, 국가연합 형태의 통합의 성공적 사례로 유럽연합과 최근의 러시아·벨로루시 연합국가 형성이 주목된다.

3.2. 남북연합: 과도기적 통일체제

3.2.1. 남북연합의 기본 방향

「6·15 공동선언」에서 제시된 남측의 연합제 안은 남한의 통일방안인 「민족공동체 통일방안」의 핵심인 '남북연합'단계를 반영한 국가연합 형태의 통일방안이다. 민족공동체 통일방안은 분단현실의 인정을 바탕으로 완전통일을 실현하기 위해 민족공동체 회복이라는 중간과정을 거쳐야 함을 부각시키면서, 남북연합은 남북한 상호 협력과 공존공영의 관계를 증진시켜 통일기반을 조성해 나가는 과도기적 통일체제로 설정되었다. 노태우 정부에서 제안된 「한민족공동체 통일방안」은 민족통일을 통한 국가통일의 추구와 더불어, 통일의 과도체제인 남북연합을 발족시킨 데 특징이 있다.

남한의 통일방안의 핵심적 내용은 노태우 정부 당시 처음으로 체계적으로 제시되었던 「한민족공동체 통일방안」의 '한민족공동체-남북연합-통일민주공화국'의 기본 구도의 남북연합단계의 설정에서 드러난다. 여기서 남북연합은 국가연합이나 연방국가의 교과서적 개념이 아니며, 기능적 측면에서 여러 국가가 하나의 생활공간 형성을 통해 궁극적으로 정치적 통합을 지향해 나가고 있는 유럽공동체나 노르딕연합체와 그 성격이 유사한 것으로 이해되었다. 그리고 남북연합 안에서 남과 북은 각자의 외교·군사권 등을 보유한 주권국가로 남게 되지만, 수천 년 동안 단일국가를 유지해 온 민족의 전통으로 보아 남북연합은 1민족 2국가를 의미하는 국가연합이 될 수는 없으며, 분단상황하에서 완전한 통일실현시까지 통일을 추구하는 잠정적 관계라는 점에서 특수한 결합형태로 나타났다.[16]

김영삼 정부는 통일과정을 3단계로 설정하여 '화해·협력-남북연

---

[16] 국토통일원, 『한민족공동체 통일방안(기본 해설자료)』, 1989. 9, pp. 24~25.

합-통일국가'의 3단계 통일방안을 제시하였다. 첫 단계인 화해·협력 단계에서는 남북한이 분야별로 교류와 협력을 활성화해 나가는 단계이며, 둘째 단계인 남북연합단계에서는 교류·협력이 더욱 촉진되고 평화가 제도적으로 보장되고 또한 남북한은 공존공영의 열매를 거두고 더욱 신뢰를 다지면서 민족의 동질화를 촉진시켜 가는 단계로 설정되었다. 셋째 단계의 통일국가는 1민족 1국가의 통일을 완수하는 단계로, 이 단계에서 남북한은 민족과 국가를 일치시키는 정치통합을 이루고 명실상부한 민족공동체도 이룩되는 단계이다.[17] 특히, 김영삼 정부의 3단계 통일방안은 「남북기본합의서」(1992. 2)에서 합의된 화해·협력의 약속을 지키면서 점진적으로 통일을 이룩하려는 것으로, 그 후 민족공동체 통일방안으로 명명되었다. 여기서 남북연합단계는 남북한 합의에 따라 법적·제도적 장치가 체계화되어 남북연합 기구들이 창설·운영되는 단계로 설정되었다. 그런데 통일의 접근시각으로 강조된 민족공동체 정신은 국가통일에 앞서 민족통일을 먼저 이룩하려는 논리로 북한의 연방제에 대한 대응적 성격을 함축하고 있는 점이 특징적이다.

김대중 정부는 출범 초기 통일문제에 있어서 법적·제도적(*de jure*) 통일보다 사실상의(*de facto*) 통일을 지향한다는 입장에서, 소모적이고 불필요한 이념논쟁을 유발할 수 있는 통일논의보다 한반도 평화구축과 남북한 화해협력의 제도화를 적극 추진해 나가는 방향으로 대북정책의 가닥을 잡았다. 그 후 평양에서 개최된 남북정상회담 공동선언문에서 남측의 '연합제' 안과 북측의 '낮은 단계의 연방제' 안의 공통성을 인정함으로써 남한의 통일방안 중 핵심적 내용인 남북연합을 부각시키고 재확인하는 모습이 되었다.

김대중 정부의 통일방안에 있어서 남북연합은 '남북연합-연방-완전 통일단계'의 3단계 통일방안 가운데 첫 단계라는 점이 민족공동체

17 통일원, 『김영삼 정부의 3단계·3기조 통일정책』, 통일원, 1993. 10, pp. 12~18.

통일방안의 단계론과 차이가 있다. 여기서는 남북한 화해·협력을 촉진하는 제도적 장치로서의 남북연합단계를 특히 중시하면서 남북연합의 형성은 통일의 물꼬를 트는 일로서 통일의 필수조건으로 파악한다. 남북연합은 남북한이 현존상태 그대로 상이한 이념과 이질적인 체제와 두 정부를 유지하면서 긴밀한 협력기구를 구성하여 분단상황을 평화적으로 관리하는 한편, 통합과정을 효율적으로 관리해 나가는 장치로 상정하고 있다.[18]

여기서 첫 단계인 남북연합의 진입조건을 남북한 주민의 지지, 즉 민족적 합의와 남북 당국의 정치적 결단에서 찾는다. 물론 남북연합단계에 진입할 수 있다는 것만으로도 엄청난 발전이라는 남북관계의 현실에 비추어 볼 때, 첫 단계로서의 남북연합에는 비약적이고 무매개적인 단계설정의 방법론적 한계가 있다. 그러나 앞에서 검토하였듯이 한반도 평화협정이 맺어져 낮은 단계의 한반도 평화체제의 수립과 더불어 남북한 정상회담과 고위급회담이 정례화되고 남북국회회담이 개최되는 한편, 남북관계의 연락사무를 맡아 보는 연락사무소가 설치·운영된다면 '사실상의 남북연합'이 이루어질 가능성이 크다.

3.2.2. 남북연합의 기구와 조직

남북연합은 남북정상회의에서 합의한 「남북연합헌장」을 법적 기초로 삼는다. 남북연합의 기구로는 크게 정상회의, 남북각료회의, 남북평의회, 공동사무처 등으로 구성된다.[19] 정상회의는 최고의 정책결정기구로서 남북연합의 목적달성을 저해하는 모든 사태에 대해 통제권과 조정권을 지닌다. 정상회의는 헌장의 준수와 이행을 보장하며 한반도 평화체제의 유지·발전을 위한 대내외적 정책의 원칙과 기본방향을 협의·조정한다. 이러한 정상회의의 권능은 남북연합의 국가

[18] 아태평화재단, 『김대중의 3단계 통일론』, 아태평화재단, 1995, p. 23.

[19] 민주평화통일자문회의 사무처, 『남북연합 형성방안』, 통일정책과제연구 '94-1, 1994. 12, pp. 86~92.

연합적 성격에 연방국가적 성격을 보완하는 기능을 한다. 앞으로 제2차 남북정상회담이 이루어져 정례화되면 정상회담은 남북연합의 최고의사결정기구가 될 것이다.

남북각료회의는 남북연합에서 사실상 중추적인 집행부 역할을 맡는다. 남북각료회의는 남북 쌍방의 총리를 공동의장으로 하고 남북 각각 10명 내외의 각료급으로 구성된다. 여기서 현장의 이행을 위한 구체적인 정책을 조정하고 수립한다. 또한 각료회의는 남북정상회의에서 부과한 사업을 조직·수행하고, 남북 간의 모든 현안문제와 민족문제를 협의·조정하며, 그 실행을 보장한다. 남북각료회의는 경제, 정치 및 외교, 군사, 사회·문화, 인도 등의 분야에 각각 상임위원회를 설치하여 그 사업의 진전과 진행을 지도한다.

남북평의회(또는 남북국회회의)는 남북한 동등권의 원칙에 입각하여 쌍방을 대표하는 100명 내외 동수의 남북 국회의원으로 구성된다. 남북평의회는 통일헌법을 기초해 통일실현의 방법과 절차를 마련하도록 하며, 통일헌법 기초과정에서 통일국가의 국호, 정치이념, 정부형태 등 통일국가의 기본 골격을 갖추어 나간다. 마지막으로 공동사무처는 남북연합 기구의 제반 업무를 지원하며 남북각료회의와 남북평의회에서 위임된 실무적 사항을 처리한다. 공동사무처는 보조기관으로 처음에는 서울과 평양에 상주 연락대표부를 두고 각자의 연합정부 업무를 수행하나 적정한 시점에 제3의 도시에 통합된 공동사무처를 설치·운영해야 할 것이다.

3.3. 연방제: 통일성과 자율성의 조화

연방주의는 통일성과 자율성의 원리에 기반한 '자치(self-rule)와 공치(shared-rule)'의 결합이라는 원칙에 근거한다.[20] 연방주의의 정치

[20] W. H. Riker, "Federalism," in F. I. Greenstein and N. W. Polsby, eds., *Government Institution and Processes*, Massachusetts: Addison Wesley, 1975, p. 99.

이념은 조화와 균형을 추구하면서 '자율성 속의 통일성', '통일성 속의 자율성'을 지향한다. 연방제는 이러한 연방주의 이념이 제도화된 형태인데, 연방권력의 집중과 분산의 방식과 각국의 역사적 경험에 따라 다양한 연방제가 나타날 수 있다. 최근 중국의 타이완과의 관계에서 서로 다른 체제를 포용하는 '일국양제(一國兩制)'의 원칙을 존중하면서 중국, 타이완, 홍콩을 비롯하여 티벳, 신장, 내몽골 등을 포괄하는 연방제 추진을 제안하는 주장도 주목을 끈다. 중국의 경우 자치권 요구와 분열적 요소를 각 지역정부의 자율성을 보장하는 연방제를 추구함으로써 해결할 수 있는 미래지향적 대안으로 볼 수도 있다.[21]

남북한 통일방안으로, 과연 연방제가 이념과 체제가 다른 남북한 사이에서 실현가능한 방안인가? 물론 남북한 통일방안에 있어서 연방제적 접근은 한계가 없는 것은 아니다. 남북한은 고전적이고 전형적인 연방제 국가의 역사적 경험과 연방형성의 조건이 다르고, 더욱이 이념과 체제적 간격이 현격한 남북한 사이에 하나의 연방헌법 아래 국가적 통일성을 이루어 외교권, 군통수권 그리고 주요 내정권을 갖는 연방정부를 수립하는 것은 현실적으로 불가능하다고 할 수 있다. 그럼에도 우리가 연방제를 적극적으로 검토하고자 하는 까닭은 남북한 두 개의 국가상태인 분단체제를 극복하기 위해, 연방주의의 통일성과 자율성의 원리를 수용하면서 남북한 현실에 맞게 연방제의 변용을 통한 한반도의 평화와 번영의 공고한 틀을 구축할 수 있다고 보기 때문이다. 이미 남북정상회담을 통해 남한의 '국가연합' 안과 북한의 '연방제' 안의 접점을 확인하였는데, '낮은 단계의 연방제'는 어느 면에서 남북연합제와 크게 다르지 않을뿐더러 국가연합과 연방국가의 절충형태로 제시되었다는 점에서 연방제에 대한 새로운 인식이 필요하다.[22]

21 Michael C. David, "The Case for Chinese Federalism," *Journal of Democracy*, Vol. 10, No. 2, April 1999, pp. 124~137.

22 남북한 통합방식에 있어서 일찍이 국가연합과 연방국가의 절충형태인 '준연방제'

3.3.1. 북한 연방제: 성격 및 변화

연방제는 북한의 통일방안으로 40여 년 이상 변함 없이 주장되어 왔다. 그러나 연방제는 명칭의 지속성에도 불구하고 그 내용과 성격은 변하지 않을 수 없었다. 북한의 연방제는 초기의 적극적·공세적 통일론에서 점차 수세적·방어적 논리로 바뀌었다. 통일전선전략의 일환으로 제기된 초기의 연방제는 1990년대에 와서는 통일론이라기보다는 오히려 체제보존을 위한 방어적 논리로 변하였다.

북한 연방제의 약사(略史)를 살펴보자. 김일성은 1960년 8·15 경축연설을 통해 남북통일의 과도적 조치로서 '남북연방제'를 제의하였다. 연방제 안은 당시 4·19혁명 직후 한반도 정세를 논의하기 위해 그해 5월 평양을 방문한 쿠즈네소프 소련 외무성 부상(副相)이 제공한 아이디어로, 그는 김일성에게 공산주의와 무력통일에 대한 남한의 거부감을 해소시키기 위한 방안으로 정부 당국 간의 연방형성 제안을 권유하였던 것이다. 그 후 '고려연방제'(1972)를 거쳐, 완전한 통일형태로서 '고려민주연방공화국(Democratic Confederal Republic of Koryo)' 창립방안이 노동당 제6차 대회(1980. 10. 10)에서 김일성의 사업총화보고를 통해 제안되었다.

'고려민주연방공화국'의 핵심적 내용은 ① 남북 동수의 대표와 적당한 수의 해외동포 대표로 연방국가의 통일정부인 '최고민족연방회의'의 구성, ② '최고민족연방회의'의 상설기구인 '연방상설위원회'를 조직하여 정치, 외교, 군사 관장, ③ 각 지역의 다른 사상과 제도가 인정되는 남과 북에서는 연방정부의 지도하에 지역정부가 독자적 정책의 추진 등이다. 이 연방제는 그 후 북한 통일방안의 근간이 되었다. 그리고 '1민족 1국가 2제도 2정부'의 연방제(1991)로 전환되었

또는 '연합성 연방제'에 대한 제안글, 우성대, 「통일의 정치적 조건—연방제 통일론을 중심으로—」, 동곡(銅谷) 김하룡 박사 정년기념논문집 『탈냉전시대와 새로운 정치질서』, 나남출판, 1994, pp. 477~502 참고.

고, 이러한 변화과정 속에서 이른바 '낮은 단계의 연방제'(2000)가 나타났다.

(1) 먹거나 먹히우지 않고

연방제는 통일전선전략의 일환으로 제기되었고 또 그러한 목적으로 주장되었다는 점에서, 탄생설화는 지극히 불순하고 불온하다. 그러나 연방제의 본질적 성격은 변하였으며, 이는 남북한 국력차이와 사회주의권 몰락의 세계사적 현실을 반영한 결과이다. 이를테면 통일에서 공존으로, 급격한 변화보다는 안정적인 체제유지 쪽으로 통일론의 변화를 가져왔다. 1980년대 북한은 열세에 놓인 측에 유리한 '일대 일' 통합방식인 순수한 형태의 연방제를 고려하였는데, 이 경우 연방제를 통해 사회주의체제의 유지를 보장받을 수 있다고 보았다. 김일성이 남과 북이 서로 상대방의 사상과 제도를 그대로 인정하고 용납하는 기초 위에서 남과 북이 동등하게 참가하는 '민족통일정부'의 창립을 주장한 데에서 이러한 의도가 잘 나타나고 있다.

그 후 김일성은 1990년에 다시 '고려민주연방공화국 창립방안'에 대해 설명하면서, "북과 남에 있는 두 제도를 공존의 원칙에서 그대로 두며…… 북과 남이 지역자치제를 실시"할 것을 주장하였다. 1991년 북한 신년사는 연방제의 수세적·방어적 성격을 더욱 뚜렷이 드러냈다. 이 해 몇 달 전에 동독은 서독에 흡수통합되었고, 사회주의권의 잇따른 붕괴와 그 해 말 사회주의 종주국 소련마저 해체되는 운명을 피할 수 없었다. 이처럼 엄청난 세계사적 격동과 충격 속에 연방제 통일방안은 통일 그 자체보다 체제보존논리로 재정립되지 않을 수 없었다.

그리하여 김일성은 1991년 신년사에서 '고려민주연방공화국' 창립방안의 발전형태로, 이른바 '1민족 1국가 2제도 2정부'에 기초한 연방제 방식의 통일방안을 제의하기에 이른다.[23] 그는 "북과 남에 서

23 김일성, 「신년사」(1991. 1. 1), 『김일성저작집』 43, 1996.

로 다른 제도가 현실적으로 존재하는 조건에서 누가 누구를 먹거나 누구에게 먹히우지 않고 통일문제를 평화적으로 해결할 수 있는 방도는 연방제 방식으로 통일하는 길밖에 없다"고 주장하였다.[24] 이렇게 볼 때, '1민족 1국가 2제도 2정부'에 기초한 연방제 방식은 바로 "누가 누구를 먹거나 누구에게 먹히우지 않고"[25] 통일문제를 평화적으로 해결하려는 의도에서 나온 발상이었다. 더욱이 김일성은 상대방을 먹는 것을 전제로 한 '제도통일론'을 적극 반대하면서, '제도통일'은 후대의 몫으로 미루자고 주장하였다. 이처럼 이 시기의 연방제는 통일문제에 대한 접근방식이라기보다는 오히려 체제보존의 논리로 변하였다.

(2) 낮은 단계의 연방제

한편, 문익환 목사의 회고에 따르면, 1989년 4월 방북 당시 김일성 주석과의 2차례 7시간 회담에서 김 주석이 연방제에 대해 설명하자, 그는 "그 많은 것을 한번에 다 할 수 있겠느냐. 중간 단계를 넣자"고 제안하였고, 이에 김 주석이 찬동하였다고 밝힌 바 있다. 여기서 나온 '중간 단계'는 무척 의미 있는 말이다. 그 때 김일성은 "그 구체적 실현방도는 단(한)꺼번에 할 수도 있고, 점차적으로 할 수도 있다"고 하여 한 발짝 물러났다.[26] 이 과정에서 북측은 남측의 '점진적 변화' 주장을 처음으로 수용하였다.

북한의 연방제는 사실 1990년대 전까지는 외교 및 군사권을 가진 중앙(연방)정부 중심의 논리로 주장되었는데, 이러한 연방정부 구성은 남북한 현실에 비추어 볼 때 비약적인 형태로 합의점을 찾기 어렵다는 비판을 받아 왔다. 이에 김일성은 연방제 실현의 비약적 측면

24 김일성, 「일본 마이니찌신문 편집국장이 제기한 질문에 대한 대답」(1991. 4. 19), 『김일성저작집』 43, 1996.

25 김일성, 「민족올림픽위원회협회 위원장인 메히꼬 출판회사 위원장 겸 사장 일행과 한 담화」(1991. 6. 25), 『김일성저작집』 43, 1996.

26 한겨레신문, 2000. 6. 16.

의 한계를 인정하여, 1991년 신년사에서는 외교권과 군사권을 지방정부에 위임한 이른바 '느슨한 연방제'를 제안하게 되었다. 바로 이 '느슨한 연방제'가 거의 10년이 지나 남북공동선언에서 '낮은 단계의 연방제'로 되살아났다.

3.3.2. 북한 연방제: 추진방식

북한은 고려민주연방공화국 창립방안을 모태로 연방제의 골격과 접근방법을 밝히고 있다. 정상회담 후 북한은 '낮은 형태(단계)의 연방제'는 "하나의 민족, 하나의 국가, 두 개 제도, 두 개 정부의 원칙"에 기초해 남과 북에 존재하는 두 개의 정부가 정치, 군사, 외교권을 비롯한 현재의 기능과 권한을 그대로 두고 그 위에 민족통일기구를 내오는 방법임을 공식화하였다. 또한 "잠정적으로 연방공화국의 지역자치정부에 더 많은 권한을 부여하며, 장차로는 중앙정부의 기능을 더욱더 높여 나가는 방향에서 연방제 통일을 점차적으로 완성하는 방안"[27]으로 규정함으로써 '낮은 단계의 연방제'는 '고려민주연방공화국' 방안의 골격을 그대로 이어받게 되었다.

(1) 민족통일기구

북한은 민족통일기구를 마치 연방제 실현을 담보하는 결정적인 기구인 것처럼 강조하고 있다. "민족통일기구를 내오는 방법으로 민족 공동의 이익에 맞게 북남관계를 통일적으로 조정"하자고 주장하였다.[28] 여기서 민족통일기구의 구성과 역할이 주목되지 않을 수 없다. 그런데 북한이 민족통일기구의 주체 구성을 '남북, 해외의 민족자주역량, 통일애국역량'으로 상정하고 있다면, 이는 통일전선전략의 한

---

27 안경호 조국평화통일위원회 서기장, 「고려민주연방공화국 창립방안 제시 20돌 기념 평양시 보고회 연설」, 조선중앙방송, 2000. 10. 6.

28 「자주통일의 21세기로 나아가는 민족의 발걸음을 막을 수 없다: '력사적인 북남공동선언 발표 이후 6개월간을 총화함'」, 로동신문, 2000. 12. 15; 평양방송, 2001. 2. 11.

형태로 이해된다. 북한은 민족통일전선의 구성을 위한 남북의 애국역량의 연합에서 기본 문제를 '남한의 민족주의적 역량과 북한의 공산주의자들과의 연합'임을 뚜렷이 밝히는 한편, 민족통일전선의 조직형태로 정치협상회의, 대민족회의, 범민족연합 등 전국적 통일전선체 이외에 부문별·계층별 통일전선체 결성을 강조하고 있다.[29]

최근 북한은 통일을 위한 투쟁과제로 '민족자주공조, 반전평화공조, 통일애국공조'의 3대 공조를 앞세워 여전히 통일전선전략 차원에서 통일문제에 접근하고 있는 모습을 보여 주고 있다.[30] 또한 그와 같은 3대 공조가 「6·15 공동선언」 이행의 근본담보라고 주장하기도 한다.[31] 이런 점에서 민족통일기구는 남북한 간 책임 있는 당국자 중심의 통일협의회 구성을 고려하는 남한측 입장과 부합되기 쉽지 않다. 북한의 연방제는 양면적 성격을 지닌다. 수세적·방어적 성격의 체제보존논리로 제시되고 있는 측면이 있다면, 다른 한편 끊임없이 남한사회의 분열을 조장하는 통전논리로 활용되는 이중적 속성이 있다.

(2) 북한 연방제의 새로운 의미

연방제는 남북한 서로 다른 이념과 체제의 공존을 전제로, 민족적 통일성을 지향하는 가운데 '분권과 자치'의 원칙이 존중되는 제도로 접근할 수 있다. 남한은 어느 정도 민주화를 이루었지만 그와 함께 정치영역을 비롯한 다양한 분야에서 사회적 갈등이 분출되어 첨예한 대결상태를 드러내고 있다. 그럼에도 이러한 갈등을 해결할 만한 성숙한 민주주의는 아직 정착되지 못한 상태이다. 반면, 북한은 경제발전의 수준이 매우 낮은 상태에서 전체주의적 병영국가체제를 유지하기 위해 안간힘을 쓰고 있다. 북한 스스로 수령체제와 '우리식 사

29 장석, 『김정일장군 조국통일론 연구』, 평양: 평양출판사, 주체91년(2002), pp. 323~324.

30 강충희, 『조국통일 3대공조』, 평양: 평양출판사, 주체94년(2005) 참조.

31 강충희·원영수, 『6·15자주통일시대』, 평양: 평양출판사, 주체94년(2005), pp. 269~272.

회주의'의 변화를 도모하지 않는 한, 수령체제의 지속성과 '우리식 사회주의'의 미래에 대한 긍정적 전망을 기대하는 것은 불가능하다. 남한의 경제적인 절대우위상태에서 오는 경계심, 그리고 자유와 민주주의의 전파가능성으로부터 오는 체제위협을 극복하려고 대내적으로 정치사상적 통제와 더불어 남한 사회의 분열과 자멸을 획책하는 대남통일전선전략을 포기하기는 무척 어려울 것이다. 그럼에도 연방제는 북한의 수령체제가 적어도 개인숭배에서 당내 민주주의가 존중되는 사회주의적 권위주의체제로, 그리고 '우리식 사회주의'가 시장경제에 접합된 사회주의로의 변화를 추구하는 과정에서 우려되는 외세의 개입을 억제하고 북한의 안정적 변화를 지원할 수 있는 제도적 틀로 활용될 수 있다는 점을 인식할 필요가 있다.

북한 연방제의 질적 변화와 새로운 의미를 검토한 까닭은 다음과 같다. 첫째, 북한의 유사시 우리가 북한 지역에 개입할 수 있는 국제법적 근거가 없는 상황에서 연방제는 남북한 특수관계를 국제적으로 공인·보장받아 북한 지역에 직접 개입할 수 있는 법적·제도적 틀이다. 아주 느슨하고 낮은 단계일지라도, 연방제 형태의 복합국가에서는 북한 붕괴시 남한의 지원과 개입의 대내외적 정당성이 확보되며, 경제적 지원이나 치안유지를 위한 '안정을 위한 지원'이나 '지원을 위한 개입'이 가능해진다.

둘째, 북한 주민의 통일관을 수용함으로써 남북통합에 대한 거부와 두려움을 해소할 수 있을 것이다. 이 경우 우리 사회를 분열시키고자 하는 북한의 통일전선전략에 대한 우려가 예상되나, 남한 사회의 개방성, 경제적 번영, 자유와 인권의 존중, 민주주의의 성취 등 자유민주주의체제에 대한 확신과 미래에 대한 자신감으로 극복해 나가야 할 것이다.

셋째, 연방제는 남북한 관계발전의 제도적 틀을 보장한다. 비록 느슨한 형태의 중앙(연방)정부라도 북한 지역의 경제회복과 발전이 최대 목표가 되기 때문이다.

넷째, 연방제는 남한의 민족공동체 통일방안의 핵심적 내용인 '남북연합'과 개념적인 근친성(近親性)을 지닌다. 다만 연방, 연합은 남북한 통합의 수준 및 질적 차이에서 구분되는 제도일 뿐이며, '낮은 단계의 연방제'와 남북연합제는 별로 큰 차이가 없다.

다섯째, 북한체제의 변동과정에서 북한 지도부의 체제유지를 위한 전략 차원에서 전격적으로 연방제를 제의해 올 가능성도 없지 않다. 이 경우를 대비할 필요가 있다.

3.4. 양 방안의 공통점

남측의 '연합제' 안과 북측의 '낮은 단계의 연방제' 안은 모두 현 상태의 남북한 정부의 정치, 외교, 군사권을 비롯한 체제(제도)와 이념·사상 등의 상호 인정과 존중을 전제하고 있다. '낮은 단계의 연방제' 또는 '느슨한 연방제'는 모두 본격적이고 보다 '높은 단계의' 연방제를 상정하고 있다는 점에서 이 방안은 통일에 대한 점진적이고 단계적인 접근방식이라 하겠다. 바로 이 점에서 우리 정부의 역대 통일방안의 일관된 점진적·단계적 접근방식에 근접한 논리로 볼 수 있다.

북한의 고려연방제는 '두 체제, 두 정부' 형태이나, 외교권과 군사권이 중앙(연방)정부에 귀속된 형태로서 북한은 이를 완전 통일형태로 주장해 왔다. 그러나 그와 달리 '낮은'이란 표현의 의미는 기존 연방제를 포기하지 않았음을 분명히 하는 동시에, 남측의 국가연합단계와 유사한 체제공존을 의미하는 방안에 다가온 것으로 평가할 수 있다. 따라서 '연합제' 안과 '낮은 단계의 연방제' 안은 모두 남북한 현 체제의 장기공존을 전제하고 있으며, 장기적인 평화적 교류와 협력의 과도체제를 상정하고 있는 데에서 접점을 찾을 수 있다.

북한은 반 세기 가까이 줄곧 연방제를 주장해 오는 과정에서 연합제 안을 민족분열론으로 비난해 왔음에도 불구하고, 남측의 '연합제' 안을 긍정적으로 수용한 점은 주목할 만한 변화이다. 비록 북한이 연방제 틀을 고수하고 있으나 남측의 '연합제' 안이 북측의 '낮은 단계의 연방제' 안에 말려든 것은 아니며, 오히려 북측의 '연방제' 안을 남측의 '연합제' 안에 접목시킬 수 있는 토대가 마련된 것으로 볼 수 있다.

복합국가 형태의 통일방안인 '낮은 단계의 연방제'나 '남북연합'이거나 간에 대외적으로 남북한을 대표할 수 있는 중앙정부의 구성방식은 많은 논쟁이 예상되는 사안이다. 특히, 군사권과 외교권을 비롯한 주요 내정권은 상당 기간 남북한 각각의 지역정부에 맡겨질 수밖에 없을 것이다. 남북한 복합국가의 한 형태로서 분권과 자치의 이념을 구현할 수 있는 연방제의 의의를 재발견할 필요가 있다. 이제 남북한은 '연방제' 안과 '연합제' 안을 '먹느냐, 먹히느냐' 하는 정략적 차원에서 접근하는 입장을 지양하고 상호 공존에 바탕한 화용(和容)·공변의 통일을 모색해 나가야 한다.

평화협정 체결과정에서 남한과 북한은 협정발효의 적정시점에 연방제에 돌입할 것을 선언하는 방식으로 남북연방제 추진을 적극 고려할 수도 있다.[32] 궁극적으로 통일한국의 정치체제는 남북한 복합국가 형태의 장기공존을 전제로 사회정의 차원에서의 형평성과 효율성의 양립·조화를 추구해 나가는 과정 속에서 보다 구체적으로 모색될 수 있다. 남북한 복합국가 형태를 통해 한반도 평화의 틀을 구축하는 한편, 시장논리와 공동체적 논리의 조화를 통한 민주주의 확립의 과제는 우리 민족의 선택적 의지와 역량에 달린 문제라고 하겠으며, 일국체제인 단일국가 형태이건 복합국가체제이건 모두 평화적 방식에 의한 합의통일을 전제하고 있다.

---

32 한반도 안보보장과 북한 핵문제 해결을 연계하면서 한반도 평화의 포괄적 협정체결과 협정체결 이후 남북한 양측은 2년 내에 연방제에 돌입할 것을 제안한 글, James T. Laney and Jason T. Shaplen, "How to Deal With North Korea," *Foreign Affairs*, March/April 2003 참조.

끝으로 평화체제와 지금까지 검토한 남북한 두 개의 통일방안과의 관련성 문제가 해명될 필요가 있다. 평화체제에서 통일로 가는 과정에 남북연합제냐, 연방제냐 하는 문제는 평화체제단계의 '특정 시점'에 남북한 주민들의 결합의지와 대내외적 상황에 따른 '선택의 문제'라고 할 수 있다. 남북한의 결합의지가 낮으면 비록 '낮은 단계의 연방제'라고 하나 실질적으로는 남북연합의 형태에 가까운 통일방식에—「6·15 남북공동선언」에서 합의한 수준을 조금 웃도는 결합형태—머물면서 장기적으로 연방제로 나아가는 방식에 합의할 수 있을 것이다. 그러나 북한의 특수상황 발생과 그에 따른 남북한 결합의지가 높을 경우, 통일 분위기가 고조되면서 연방제 통합방식이 크게 부각될 수 있다. 이러한 선택적 상황에서는 대내외적 위기관리와 함께 남북한 주민들의 요구와 기대를 통제하면서 민족의 미래를 책임지는 정치적 리더십이 통일상황의 성패를 가름하게 된다.

4 결 론

우리 사회에서 통일을 바라보는 입장은 크게 양분된 측면이 있다. 보수적 입장에서 통일은 북한의 개혁·개방과정에서 체제변화로 인한 남측으로의 통합이 역사적 필연이라는 확신 아래 통일에의 의지와 큰 기대를 품고 있다. 그럼에도 통일준비를 위한 남한 사회의 보다 높은 수준의 민주화를 추진해 나가겠다는 의지나, 양보와 희생에 대한 인내를 감내할 냉철한 인식과 각오는 분명하지 않은 상태다. 통일은 민족 미래의 삶과 비전에 대한 확신을 바탕으로 접근해야 할 사안이나 통일과정에서 엄청난 고통과 희생이 따를 수밖에 없다. 특히, 북한 주민의 당장의 요구를 충족시키기가 어려울 뿐만 아니라 단기간 내에 남측 주민의 기대에 부응하기도 쉽지 않다. 오히려 남측의 양보와 희생, 그리고 대북 지원에 대한 상당한 인내가 요청되며, 이를 위해서는 남측의 경제적 번영의 지속 못지않게 정치적 민주주의의 수준과 함께 사회·경제적 민주화를 한층 심화시켜 나가면서 통일준비를 다져나가야 할 것이다.

그와 달리 진보적 입장에서 통일은 성급하게 추진될 필요는 없으며, 한반도의 평화체제를 구축하면서 남북한 장기공존을 목표로 삼는다. 어느 면에서 자본주의적 통일은 최선의 통일방식이 아닐 수도 있으며, 또한 남측 주도의 통일은 북한의 민족 내적 식민화를 초래할 수도 있다는 우려에서 통일은 일단 역사의 먼 지평에 설정되면서 통일론은 유보·배제되는 현상이 나타나고 있다. 그러나 분단상태에서 북한체제의 미래 전망에 대한 뚜렷한 확신 없이, 소모적 긴장과 갈등의 주기적 악순환의 고리를 끊고 남북한이 오순도순 잘 살면서 민족의 미래를 함께 열어 갈 수 있다는 가정도 불확실하다. 물론 통일에는 상당한 위기가 따른다. 그러나 분단상태에서 민족번영을 이루고 세계사에 기여하는 민족으로 발돋움하는 데는 한계가 있다.

통일은 과도기적 형태의 남북연합이나 연방제 형태가 장기간 지속되거나 짧은 기간 동안 집약적인 형태로 나타날 수 있으며, 또는 그러한 과정을 거치지 않고 전격적인 형태로 추진될 수도 있다. 통일은 단순히 동북아 지역의 정치지도가 변하는 데 그치지 않고, 동북아 지역의 헤게모니를 둘러싼 미국과 중국의 역학관계에 심대한 변화를 초래하는 사안이라는 점에서 결코 '우리 민족끼리'만의 문제일 수는 없으며, 주변국의 지지와 협력 위에서만 가능하다. 한반도의 땅은 좁고 인구는 많다. 우리 스스로 좁은 반도에서 내향적·자폐증적 민족중심의 논리에 갇힌다면 우리 민족의 미래를 열어 갈 수 없다. 세계로 뻗어 나가는 글로벌리즘을 통해 평화와 번영의 길을 찾을 수 있다.

제 7 장

한반도 평화구축과 통일의 전망

➢ 이 글은 장준하기념사업회 주최 해방 60주년 기념학술회의(2005. 8. 16) '동북아 질서의 재편과 한민족의 선택'에서 발표한 논문입니다.

1 서 론

한반도의 평화는 한민족의 통일보다 중요하다. 이는 평화와 통일의 이중적 목표가치가 하나로 합치되지 않는 한, 평화가 통일에 우선한다는 뜻이다. 통일과 평화는 반드시 배타적 관계는 아니다. 물론 평화를 위해 통일을 유보할 수 있으나, 통일을 위해 평화를 포기할 수는 없다. 우리의 엄중한 과제는 평화와 통일의 협연(協演)을 추구하는데 있다.

한반도는 대륙세력과 해양세력이 마주치는 지역으로, 양대 세력의 국제정치적 역학관계로부터 큰 영향을 받아 왔다. 강대국 중심의 국제정치적 논리는 한민족의 소망과는 달리 분단과 전쟁을 회피할 수 없게 만들었다. 역사적 교훈은 한반도의 평화와 통일은 민족 중심의 논리 못지않게 국제정치적 역학관계에 대한 이해와 신중한 대응 속에서 추진되어야 한다는 사실을 돌아보게 한다. 한반도는 동아시아 지역 모순의 결절점이었다. 안재홍(安在鴻)은 조선의 자주독립이 동아시아 평화에 어떻게 관건으로 작용하는가를 큰 안목으로 통찰한 바 있다. 그는 "조선 한 번 자주 독립을 잃어버리면 동아시아의 평화 문득 깨어지고 만다"고 설파하였다.[1] 그의 주장은 결코 과장이 아니다. 이런 점에서 한반도의 평화는 동아시아의 평화며, 세계평화의 한 축이라 할 수 있다.

남북관계의 진전이 반드시 한반도의 평화를 보장해 주는 것은 아

[1] 안재홍, 「신민족주의의 과학성과 통일 독립의 과업」, 『신천지』, 1949. 8.

니다. 한반도의 평화는 깨지기 쉬운 유리잔과 같다. 평화는 규범적 가치이기도 하나, 평화의 유지와 창출은 전략적 판단과 실천을 통해 보장받을 수 있다. 미국 중심의 세계질서 재편과정에서 유일 초강대국인 미국의 세계관리정책과 조화될 수 있는 세계인식을 전제로 한반도의 평화문제를 바라보아야 한다. 한반도의 통일은 주변국의 이해, 특히 미국의 지지와 적극적인 협조 없이는 불가능하다. 따라서 한·미간 미래지향적 가치의 공유폭을 넓혀 가야 한다.

한반도 평화와 통일, 그리고 민족의 미래 앞에 북한은 우리의 '협력상대', 즉 파트너이자 동시에 '관리대상'이다. 분단시대 대북 정책의 최대목표는 전쟁재발 방지 차원에서 분단의 평화적 관리, 즉 '분단관리'였다. 분단관리정책은 남북한 분단구조의 불변과 지속을 전제로 한반도를 둘러싼 남북관계와 국제정치적 역학구도의 균형상태에 충격을 가하는 변수를 통제하는 데 초점을 맞추었다. 분단관리정책은 '현상유지(status quo)'를 통한 한반도의 안정과 북한의 도발을 방지하는 억제전략에 기반한 논리였다.

이러한 분단관리정책은 역사적 소임을 다하였다. 날로 심화되는 엄청난 국력격차와 파산상태에 있는 북한의 미래에 대한 회의가 점증되는 상황에서 북한체제의 위기와 충격적이고 급작스런 변화에 대한 대책으로서는 한계를 지닌다. 한반도 분단관리전략은 분단의 평화적 관리에 역점을 두었는데, 이는 냉전시대의 논리였다.

북한은 화해협력의 동반자이자 남북한 경제협력과 협상의 파트너이다. 그러나 한반도와 동북아의 위기는 북한의 파국적 상황(power bankruptcy)에서 비롯될 수도 있기 때문에, 한반도 평화와 민족의 미래를 위해 북한을 신중하게 '관리(manage)'해 나가지 않으면 안 된다. 북한 관리의 논지는 북한체제는 더 이상 북한 주민의 삶과 미래를 책임질 수 없는 한계상황에 다다랐으며, 북한체제에 대한 미래 전망의 부재와 불확실성이야말로 한반도 평화와 민족사회의 안정적 발전과 미래를 위협하는 실체일 수도 있다는 우려의 발로다. 동포애적인 뜨

거운 가슴 못지않게 냉철하고 차가운 이지(理智)가 요구된다.

이 장은 크게 세 부분으로 나뉜다. 우선 한반도 평화구축과정의 객관적 실체인 미국과 북한, 즉 북핵문제를 살펴보았다. 특히, 한반도 평화정착의 과정에 깊이 관련된 미국의 존재와 역할을 중요하게 다루고자 하였다. 우리에게 미국은 '적응과 극복'의 대상이다. 그러므로 미국의 헤게모니전략에 대한 '가치배제적' 이해를 강조하고 싶었다. 북핵문제는 국제적 사안으로 부각되면서 남북관계 중심의 교류협력은 더 이상 진전을 보지 못하고 있다. 더욱이 북핵은 체제보장과 맞물려 있는 문제로 완전한 해결을 기대하기에는 아직 시기상조라는 점을 밝히고자 하였다.

둘째 부분에서, 한반도 평화전략으로 남북한 평화협정을 제안하였다. 이는 평화체제 구축에 대한 환경조성의 일환으로 지금까지의 평화구축방안과는 달리, 북한측에 정치적 '협정'을 통한 평화체제 구축을 제의한 셈이다. 북한은 미국에게 정전체제에서 평화협정체제로의 전환을 요구해 왔지만, 미국의 외면과 거부로 긍정적인 반응을 얻지 못하고 있다. 이에 과거와는 다른 한국의 국제적 위상과 역할에 비추어 볼 때, 북한의 전향적인 호응을 기대할 수 있기 때문이다.

셋째 부분에서, 8,000만 한민족의 삶과 미래는 북한의 미래 전망이 불투명한 상태에서 우리가 책임져야 할 과업으로 인식하면서 통일문제에 접근하였다. 남북한 체제(제도)통합은 멀고도 험난한 길이다. 그런 가운데 통일 시나리오의 두 유형인 1국체제 형태와 복합국가 형태를 살펴보면서, 특히 복합국가 형태인 연방제의 의미와 가치를 재발견하고자 하였다.

한반도의 평화와 통일은 우리 민족 스스로의 의지와 역량에 달려 있다. 우리는 세계사적 추세와 동북아 지역에서 국제적 역학관계의 변화에 조응하면서 우리의 의지와 역량을 발휘해야 할 것이다. 민족사회의 미래에 대한 신념과 책임의식을 기반으로 국제적인 지지와 협력을 통해 한반도의 평화와 통일을 추구해 나가야 한다.

2 한반도 평화정착과 미국

2.1. '9·11'의 후폭풍

'9·11'은 21세기 세계사를 읽는 키워드이다. 미국의 패권은 '9·11'을 계기로 심각한 도전에 직면해 있다. 미국의 세계제패 헤게모니는 지속될 것인가, 그렇지 않으면 쇠락의 길을 걸을 것인가는 한국인의 대미(對美) 인식과 국가전략의 방향설정에 중요한 바로미터가 된다. 그러나 그보다 먼저 깊이 인식되어야 할 점은 '9·11'은 미국인의 존재양식과 삶의 형태에 근본적인 변화와 충격을 주었다는 사실이다. '9·11'로 무너진 것은 뉴욕 맨해튼의 쌍둥이 빌딩만이 아니었다. 어느 날 갑자기 미국인들은 더 이상 생명에 대한 두려움 없이 자신 있게 일할 수도, 여행할 수도, 심지어 집에 가만히 머물 수도 없게 되었다. 미국인이 되면 안전하게 살 수 있다는 오래된 가정이 무너지는 순간이었고, 일상적 실존과 위험한 세계를 가르는 경계선이 무너졌다. 전 세계를 앞마당처럼 여겼던 미국인들에게는 국제적·국가적·개인적 안보에 관한 가장 근본적인 가정의 토대가 붕괴되었다.

2.1.1. 미국의 대응: 테러와의 전쟁

미국은 '9·11'을 계기로 '테러와의 전쟁'을 21세기 인류사회 모두가 동참해야 할 사명으로 선언하고 나섰다. 테러와의 전쟁은 테러 자체를 사전에 방지해야 한다. 따라서 테러와 연계될 수 있는 모든 개인적·국가적 행위는 철저히 근절되어야 한다. 이러한 입장에 기반하여 미국은 확고하고도 체계적인 세계전략을 수립하였으며, 미국의 세계전략은 크게 두 가지 차원에서 전개되고 있다.

우선 현존하고도 당면한 위협의 실체, 즉 테러리즘을 방지·제거하기 위한 전략으로, 이는 첨단 과학·기술에 기반한 군사력을 수단으로 적극 활용할 수 있다는 전략이다.[2] 이와 더불어 지구사회에서 미국 중심의 영속적이고 안정적인 세계를 건설하려는 중·장기적 전망 위에서 구상되고 추진되는 전략으로, '민주주의와 인권'의 이념이 제시되었다. 현존하는 명백한 위협으로서의 '테러와의 전쟁'에 대한 의지와 입장은 부시독트린으로 나타났다.[3] 미국에 대한 최대 위협은 과격주의와 첨단기술의 교차점에서 비롯된다는 인식 아래, 독재체제와 비민주국가의 핵무기와 대량살상무기(WMD) 개발을 근원적으로 차단하겠다는 의지와 강경한 입장을 밝히는 한편, 탄도미사일 및 기타 운반수단에 대한 방어망 구축을 추진해 왔다.

부시 대통령이 발표한 「국가안보전략보고서(The National Security Strategy of the United States of America)」(2002. 9. 17)는 9장(33쪽)으로 구성된 문건으로 대테러 전쟁수행의 전략뿐만 아니라, 항구적인 평화와 안보를 구축하기 위해 미국적 이상주의에 입각한 새로운 세계질서 구축의 방향과 이념을 제시하고 있다.[4] 이 전략보고서는 자유, 민주주의, 자유기업 등을 지속가능한 국가의 성공에 있어 유일한 모델로 규정하였다. 핵심적 개념으로 자유, 인간의 존엄성, 자유시장, 자유무역 등 대개 '자유'이념의 가치가 뚜렷이 부각된 점이 주목을 끈다. 더욱이 모든 대륙에 걸쳐 개방사회를 지향함으로써 평화를 확대하겠다는 의지를 밝혔다. 자유, 민주주의, 인권 등의 가치를 모든 국가에 적용

2 Bruce Berkowitz, *The New Face of War: How War Will Be Fight in the 21st Century*, New York: The Free Press, 2003 참조.

3 부시 대통령의 연설, 「세계적 테러를 물리치고 미국 및 우방에 대한 공격을 예방하기 위한 동맹강화」(워싱턴 D.C. 대성당, 2001. 9. 14), 「미국 세계전략의 개요」(뉴욕 웨스트포인트, 2002. 6. 1) 참조.

4 http://www.whitehouse.gov/nsc/nss.pdf.

시키겠다는 입장을 천명한 셈이다. 이는 마치 일반의지로 구현된 국가는 모든 공동체 성원을 '자유롭도록' 강제할 수 있다는 루소(J. J. Rousseau)의 이른바 "자유에의 강제(be forced to be free)"의 역설을 연상시키는 대목이지만, 이러한 보편적 가치의 강제화를 통해 미국에 도전하는 반미와 테러리즘을 근원적으로 해소하겠다는 의지를 보여주고 있다.

그 후 미국 정부는 자유이념의 세계화를 위한 후속조치를 체계적으로 추진하게 된다. 미국인은 최근 개인의 자유와 권리라는 개념이 모든 사회를 구성하는 하나의 벽돌로 여기면서, 오랜 시간 동안 개인의 자유와 권리는 독재의 탄압을 받으며 살고 있는 세계 곳곳의 많은 사람들에게 중요한 지침이 되어 왔다는 확신에 찬 모습을 보여 주고 있다. 나아가 개인의 자유와 인권이 억압받고 있는 독재체제와 비민주국가가 테러의 온상이 되고 있다는 신념 아래 민주주의, 자유, 인권 등이 테러를 근절시킬 수 있다고 믿으며, 그러한 가치관과 신념을 모든 계층의 미국 국민에게 설득하고 있는 중이다.[5] 여기서 주목되는 점은 테러리즘을 궁극적으로 근절하는 데에 대한 미국인의 가치와 신념은 국내적 차원의 문제가 아니라 '불량국가', 특히 북한체제의 민주주의와 인권문제와 불가피하게 연계될 수밖에 없다는 사실이다.

2.1.2. 선제공격과 일방주의의 망령

부시의 국가안보전략은 결코 50년에 걸친 독트린을 뒤엎고 봉쇄정책이나 억제정책의 포기를 말한 것은 아니다. 물론 이 전략적 개념들은 북한 핵문제를 해결하는 방식에서 적절히 활용되고 있다. 그러나 모든 테러리스트들과 그와 연계된 무법정권의 은밀한 준비작업과 자살테러까지 완벽하게 억제시키고 봉쇄하는 것은 거의 불가능에 가깝다. 오히려 테러와 연계된 독재정권, 무법정권을 억제·봉쇄하는 데

[5] 이러한 목적에서 운영되는 미국 정부 사이트 http://usinfo.state.gov/products/pubs 참조.

에는 반(反)테러를 지지하는 강력한 파트너와 동맹국의 협력이 필요하다. 그렇기 때문에 강대국 간의 선린관계를 통한 협력이 필요하다는 점에서 일방주의보다는 다자주의적 방식이 훨씬 효율적이다. 이 경우 일방주의를 협력적 다자주의의 틀 속에 일단 묻어 둔다고 볼 수 있다. 그와 더불어 미국은 위협이 완전한 모습을 드러내기 전에 필요한 경우 먼저 행동을 취할 태세가 되어 있어야 한다는 점에서, 전혀 새로운 개념은 아니지만 '선제공격' 카드를 내려놓을 수 없다고 강변한다. '실패한' 또는 '방기된' 국가들에 대한 선제공격론은 2002년 6월 1일 부시 대통령이 웨스트포인트에서 미국인들은 "자유와 생명을 지키기 위해 필요할 때 선제공격(preemptive action)을 할 준비가 되어 있어야 한다"고 역설함으로써 세계를 긴장시켰다.[6]

선제공격과 일방주의(unilateralism) 개념은 미국 외교정책의 기저를 관통하는 가장 전통적인 독트린이다. 이 두 전략 개념은 미국은 잠재적 위협에 직면하게 될 때, 그 위협을 제거하기 위한 권리를 갖는다는 오래된 사상이다. 미국 외교정책의 독특한 전통으로 뿌리내린 전략의 핵심은 다음과 같다. 첫째, 침략자나 강대국들이 미국의 안보와 관련된 이웃 국가의 약점을 이용할 경우 먼저 공격을 가한다는 선제공격, 둘째 미국의 안보를 위해 어떤 국가의 선의에 의존할 필요가 없고 독자적으로 행동할 준비를 해야 한다는 일방주의, 셋째 강대국 간의 세력균형보다는 미국의 힘의 우위를 바탕으로 북미 대륙과 전 지구적 규모에서의 헤게모니 추구로 압축할 수 있다.

선제공격과 일방주의는 미국의 역사적 경험의 소산이다. 미국의 냉전사가 개디스는 미국의 국가안보와 세계전략의 핵심 개념인 선제공격과 일방주의는 미국의 두 번에 걸친 국내침공에 대한 대응양식이라고 하면서, 미국 국내에서 역사상 세 번째로 침공당한 '9·11'은 미국인의 의식 속에 깊이 각인되어 있던 선제공격과 일방주의 전략을

[6] http://www.whitehouse.gov/news/releases/2002/06/20020601-3.html.

환기시켰다고 주장한다.[7] 미국은 19세기와 20세기 두 번에 걸쳐 자국 본토가 적에 의해 유린되고 초토화되는 충격과 안보위기를 겪었다. 첫 번째 국내침공 사례는 1814년 8월 24일 영국군이 새로 건설된 워싱턴시를 기습공격해 국회의사당과 백악관을 불태우고 유린한 사건이었다. 이 충격의 여파로 애덤스(John Quincy Adams)가 국가안보의 필수조건 그리고 일방주의와 선제공격이라는 거대전략(grand strategy)을 수립하였고, 그 후 북미 대륙에서의 독자적인 헤게모니를 추구함으로써 1세기 이상 지속되는 미국 거대전략의 기초를 닦았다. 두 번째 국내침공 사례는 1941년 12월 7일의 진주만 공습으로, 이 기습공격으로 충격을 받은 미국은 국가안보의 거대전략을 다시 한번 수정하게 된다. 진주만 공습은 20세기에 들어와 세계의 지리적 거리가 단축되어 19세기에 전혀 예상하지 못하였던 안보의 취약성이 노출된 결과였다. 두 번째로 본토가 유린당하자 19세기의 안보전략의 환상이 무참히 깨졌고, 그 후 미국은 곧 전 지구적인 팽창을 통해 이러한 위기에 대응하면서 공세적인 국가안보전략을 수립하였다.

2.1.3. 미국의 안보, 민주주의와 인권

미국의 전략가들은 세계를 정의롭게 개혁하고자 하는 것이 아니라, 미국이 세계 속에서 안전하게 살 수 있도록 하는 데 그들의 에너지를 쏟는다. 민주주의와 인권의 문제의식도 바로 여기에 있다. 민주주의와 인권은 '불량국가(rogue state)'들을 대상으로 한다. 부시 대통령 주위의 전략가그룹 내에는 민주주의와 인권문제 같은 도덕적 관심사와 미국의 국가적 이익 사이에 명확한 차이가 없다. 오히려 미국적 규범인 자유민주주의와 가치를 강제적으로 이식시켜야 한다는 입장이며, 테러와 연계될 수 있는 정권을 교체하고 민주적 정권을 수립함으로써 미국의 국가안보를 보장할 수 있다는 논리이다.

[7] 존 L. 개디스 저, 강규형 역, 『9·11의 충격과 미국의 거대전략—미국의 안보경험과 대응(*Surprise, Security, and The American Experience*)』, 나남출판, 2004, pp. 31~54.

'9·11' 이후 미국 대외정책에서 봉쇄나 현실론에 대한 강조는 진부한 논리가 되면서, '정권교체'와 '민주체제의 촉진' 등이 대내외적인 비판 속에서도 점차 설득력을 얻어 가는 추세이다. 부시 행정부에서 대외정책의 이념적 기초를 제공하고 있는 미국의 신보수주의자, 즉 네오콘은 평양과 북경 정권의 도전에 압박을 가하고 전략적 도전에 맞서기보다 협상을 통해 이들과 타협하고자 하였던 클린턴 행정부가, 초기 부시 행정부도 마찬가지이지만, 세계에 대한 책임을 회피하였다는 통렬한 비판과 함께 미국의 국익 및 원칙과 부합되는 정치적 이념과 가치의 확산을 강력히 주문한다.[8]

민주주의는 그 자체가 하나의 목표가치라기보다는 미국 안보전략의 수단으로 부각되고 있다. 그렇다면 진정 민주주의가 안보로 이어지는가? 진정으로 민주주의를 수출할 수 있는가? 이는 이라크전쟁 이후 이라크에 대한 민주주의 이식실험의 성공적 안착 여부에 달려 있는 문제이나, 지금 당장 강제적인 친미정권의 수립과 미국 안보의 상관관계를 섣불리 말할 단계는 아니다. 이라크 침공 후 이라크의 민주정부 수입을 위한 통관절차가 한창 논의되던 시기에 2003년 11월 6일 부시 대통령은 모든 민주화 운동에 대한 후원을 지지하는 단체인 '민주주의를 위한 전국재단(National Endowment for Democracy: NED)' 20주년 기념식에서 자유와 민주주의라는 가치 중심의 외교와 권력이동(power shift)의 필요성을 다음과 같이 역설하였다.[9]

> 억압이 행해지고 있는 국가들인 쿠바, 버마, 북한 그리고 짐바브웨에서 우리의 민주주의 확산노력은 시험을 받고 있다. 이런 국가들의 국민들은 감옥과 공포와 침묵 속에서 생활하고 있다. 그러나 이런 체제의 국가들은 자유를 영원히 묶어 둘 수는 없으며, 언젠가는 새로운 민주주의 지도자가 등장할 것이다.

8 William Kristol and Robert Kagan, "National Interest and Global Responsibility," 2000, in Irwin Stelzer, ed., *Neo Conservatism*, London: Atlantic Books, 2004.

9 http://www.ned.org/events/anniversary/oct1603-Bush.html.

미국의 국가안보와 관련하여 '불량국가'의 체제변동이 전략적 목표라면, 권력이동은 하나의 전술로서 선택된다. 새로운 민주주의 지도자의 등장을 '민주주의 확산'으로 보는 부시와 그의 참모들의 입장에서는 북한 '수령'이 권좌에서 물러나는 권력이동이야말로 민주주의의 출발점이며 동아시아의 불확실성이 사라지는 계기라고 생각한다. 부시 대통령은 또한 이 자리에서 "수십 년 동안 아랍 세계의 독재자들을 지원하였던 것에 대해 용서를" 구하였다. 물론 그의 말이 진정한 참회인지 또는 '악어의 눈물'인지는 당장 판단할 길이 없다.

어쨌든 영국의 역사가 홉스봄(Eric Hobsbawm)처럼 미국의 헤게모니를 '인권의 제국주의'로 규정하든, 또는 프랑스의 문명비평가 소르망(Guy Sorman)이 '제국적 민주주의' 또는 '민주주의적 제국주의'[10]라고 부르든 미국은 개의치 않을 것이다. 한반도를 가로지르는 38선 위에 배치된 미 보병 제2사단의 "모두의 선봉에 서서(In front of them all)" 라는 표어가 말해 주는 것처럼, 미국이 앞장서서 미국에 의한 평화를 끌고 가겠다는 입장이다.

2.2. 미국의 자장(磁場)과 한반도 평화

한반도 평화구축과 민족문제의 '자주적' 해결을 추구하는 우리에게 미국의 대외정책은 제국주의적 패권전략의 한 형태로 비추어져 비판받을 소지가 있다. 미국의 패권주의를 비판하고 선제공격과 일방주의 독트린을 비난하는 것은 우리의 자유이다. 그러나 미국 안보전략의 '미국적' 특성을 역사적 맥락에서 개념화한 개디스는 미국 역사를 보다 훌륭하게 접근하는 방식은 미국 역사의 도덕적 모호함을 인정하는 데에서 시작해야 한다고 하면서, "대부분의 다른 국가와 마찬가지로 미국은 오늘날 도덕적으로 결코 편안하게 인정할 수 없는 수단과

10 기 소르망 지음, 민유기·조윤경 옮김, 『Made in USA 미국 문명에 대한 새로운 시선』, 문학세계사, 2004 참조.

방법을 통해 현재의 위치에 도달하였지만 도덕적 가치가 어떤 국가의 전략을 수립하고 안전을 보장하는 기준이 될 수는 없다"[11]고 말한다. 그의 말을 새겨들을 필요가 있다.

2.2.1. 미국의 '한반도 흔들기'

북한측 책임을 일단 논외로 한다면, 미국의 대북 정책과 북한 핵문제 해결의 접근방식에 선제공격과 일방주의 독트린이 투영됨으로써 한반도 평화구축과정에 난관이 조성되는 측면이 크다. 북한 핵문제의 해결에서도 필요한 경우 무력사용을 배제하지는 않겠지만, 냉전시대 대소(對蘇) 전략인 정치적·외교적·경제적 그리고 실전에 버금가는 군사적 압력과 봉쇄전략을 함께 구사하고 있다. 미국 주도의 확산방지구상(PSI)을 통한 일방적인 대북 봉쇄전략, 선제공격 옵션인 펜타곤의 작전계획 수립과 공개, 그리고 대북 강경발언 등은 주기적이고 반복적인 한반도 위기설의 진원이 됨으로써 북·미관계를 경색시켜 한반도 평화 프로세스의 걸림돌이 되어 왔다.

한반도 평화체제 구축의 과제는 국제정세의 추세와 그에 조응하는 우리의 판단과 올바른 방향설정에 좌우된다. 남북관계가 한반도를 둘러싼 국제관계의 종속변수로 전락되는 상황은 바람직하지 않지만 남북관계가 동북아 국제질서의 역학과, 특히 동북아 지역에서의 미국의 국익과 무관한 독립변수가 되기에는 상당한 한계가 있다. 지난 2000년 6월의 남북정상회담, 10월의 김정일 국방위원장의 특사인 조명록의 방미와 미국 역사상 최고위층인 올브라이트 국무장관의 평양 방문은 한반도 해빙무드를 알리는 전주곡으로 들렸다. 그러나 안타깝게도 김정일 위원장은 서울 답방약속 실천과 클린턴 행정부의 대북 유화조치에 적극 부응하여 국제무대에 데뷔할 수 있는 기회를 놓쳤다.

그 후 한반도 평화구축을 위한 우리 정부의 의지와 노력에도 불

[11] 존 L. 개디스 저, 강규형 역, 『9·11의 충격과 미국의 거대전략—미국의 안보경험과 대응』, 나남출판, 2004, pp. 62~63.

구하고 평화구조 정착은 만족할 만한 진전을 보지 못한 채 한반도 평화 프로세스는 천연되고 있는 상황이다. 2001년 부시 행정부의 출범으로 2000년 남북정상회담과 클린턴 행정부의 대북 포용정책으로 조성된 한반도 긴장완화와 유화국면에 제동이 걸렸다. 여기에다 '9·11'로 부시 행정부의 대외정책 기조와 전략적 방향이 크게 바뀌면서 한반도 평화구축과정은 왜곡되고 말았다. 앞서 살펴보았듯이 미국은 2002년 들어 국가안보전략을 구체화시키면서 보다 적극적이고 공세적인 태도로 미국의 세계적 패권을 항구적으로 보존하고 강화해야 한다는 입장 속에서 한반도와 동북아 국제질서의 변화를 통제하고 있다.

북한은 2002년 9월 대내외적 한계상황을 타개하기 위해 고이즈미(小泉) 일본 총리의 평양 북·일정상회담을 통한 수교분위기 조성과 더불어 모험적인 대외개방 드라이브로 경색국면을 뚫고 나오려는 과감한 결단을 보여 주었다. 그러나 그 해 10월 고농축우라늄(HEU) 핵개발 프로그램에 대한 추궁과 시인을 계기로 1994년 10월에 마련된 북·미 제네바 합의 틀이 깨어지면서 제2차 북한 핵문제가 불거지게 되었고, 그 후 지금까지 북핵문제 해결을 위한 다자 간 협의 틀인 6자회담을 둘러싼 논의방향과 합의수준에 모든 관심이 집중되고 있는 중이다.

북한 핵문제는 우선 강력한 핵보유 의지 속에 지속적으로 핵개발을 추진해 온 북한측에 책임이 있다. 그러나 북한의 개혁·개방정책, 특히 북·일 수교가능성과 일본의 동북아 진출로 예상되는 동북아 지역의 역학구도 변화전망을 미국은 수용하기를 거부하였다. 미국은 일본의 발 빠른 대북 접근이 가져올 역내질서의 궤도이탈에 제동을 걸지 않으면 안 된다는 판단 아래 북한 핵개발문제를 제기함으로써 한반도를 둘러싼 동북아 질서의 변화분위기를 일단 봉합시켰다. 이러한 미국의 동북아 정책은 이라크전쟁을 준비하고 있던 상황 속에서 중동정세관리에 집중하기 위해 동북아 지역에서 철저히 계산되지 않은 상황변화를 거부한 것으로 볼 수 있다. 이와 다른 측면에서 미국의 북한 핵문제 제기는 마침 국내의 대통령선거 국면과 맞닿아 한반도 안보위기가 고조됨으로써 선거결과에 영향을 미칠 수도 있는 사안이었다. 이런 점에서 적어도 미국은 북핵문제 제기시기와 의도에 대한 비판적 의혹으로부터 자유로울 수 없다. 그럼에도 '한반도 흔들기'로 비치는 미국의 한반도정책을 비판하거나 또는 변호하는 입장보다는, 한반도와 동북아 지역에서 미국이 그들의 국익의 양보를 감수하면서까지 우리에게 호의적인 정책을 펼 것을 기대할 필요는 없다는 인식이 중요하다.

2.2.2. 한국 신정부, 북핵에 발목 잡히다

노무현 정부는 북핵문제로 불거진 한반도 위기국면 속에서 북핵문제 해결을 국정 최우선 과제로 안고 출범하였다. 따라서 핵문제 해결과 한반도 평화구축을 위한 의지와 노력은 역대 어느 정부보다 강력하였으며, 이런 가운데 노무현 정부의 '평화번영정책'은 통일·외교·안보 등 정책 전반을 포괄하는 한반도 평화발전의 기본 구상으로 제시되었다. 이는 한반도의 평화증진과 남북 공동번영을 추구함으로써 평화통일의 기반조성과 동북아 경제중심국가로의 발전토대를 마련하기 위한 전략적 구상으로 나타났다.[12] 평화번영정책은 한반도 평화증진과 공동번영의 추구를 목표로 삼는 한편, 공동번영은 남북한 공동번영과 동북아 공동번영의 불가분적·동시적 추구를 지향한다는 점이 주목된다.

평화번영정책의 특징은 다음의 두 측면이다. 하나는 안보적 측면의 '평화'와 경제적 측면의 '번영'의 균형적 접근으로, 남북한 화해와 신뢰구축을 통해 평화를 정착시키고 협력을 통해 남북한 공동번영을 추구하는 균형전략으로 이해된다. 다른 하나는 한반도를 넘어 동북아 지역 전체의 평화와 공동번영의 추구로 나타났다. 이는 북한의 핵·미

[12] 노무현 대통령, 「제16대 대통령 취임사」, 2003. 2. 25.

사일문제, 경제위기 등에서 보는 것처럼 북핵문제는 남북한 수준의 한반도 차원을 넘어 동북아 역내 관련국들의 평화와 공동번영의 구도 속에서 접근해야 할 필요성이 부각되었기 때문이다. 이처럼 평화번영 정책은 햇볕정책의 결실인 남북 화해상태를 평화체제로 제도화시키고 협력관계를 더욱 확대하여 한층 높은 차원의 공동번영을 추구하고자 하였다.[13] 여기서 남북한 평화와 번영을 위한 실천영역의 지평을 한반도를 넘어 동북아 수준으로 확대함으로써 그 때까지 한반도 중심의 시각 속에 머물렀던 국가발전전략의 비전을 지역 차원으로 격상시켰으며, 더욱이 민족문제를 보다 넓게 조망할 수 있는 이른바 시좌구조(視座構造)를 확대시켰다는 점에서 많은 관심과 기대를 모았다. 그러나 그 후 한반도의 평화정착은 기대한 만큼의 진전을 보지 못한 채 오히려 북핵문제에 대한 부시 행정부의 강경정책과 한·미관계의 삐걱거림으로 인해 한반도 평화정착의 토대는 크게 흔들리게 되었다. 결국 신정부의 한반도 평화정착과 협력적인 남북관계를 통한 민족의 미래 개척을 위한 비전제시와 의욕에도 불구하고 북핵문제에 발목이 잡히고 말았다.

2.2.3. 동북아 구상: 한국의 거대전략인가, 미국 없는 세계의 꿈인가

한반도 평화의 선차적 과제는 북핵문제의 해결에 있다. 그런데 북한이 핵개발 카드를 포기하지 않는 이유가 에너지문제에 있다고 본다면, 북한에 안정적인 에너지공급원 제공을 통하여 핵문제 해결에 가닥을 잡을 수 있다는 판단이 가능하다. 이 경우 북핵사태의 핵심적 쟁점 중의 하나인 북한의 에너지문제 해결을 위해 러시아의 일정한 역할을 기대할 수 있다. 여기서 러시아 유전과 천연가스 개발, 그리고 북한을 경유하는 한반도 파이프라인 건설 프로젝트 구상이 나올 수

13 통일부, 『참여정부의 평화번영정책』, 통일부, 2003 참조.

있다. 이와 같은 인식을 토대로, 이 시기 동북아 구상의 기본 방향은 안보는 미국과 협력하고 에너지는 러시아가 중요한 역할을 맡을 수 있을 것이라는 데에서 출발하였다. 이는 북한판 마셜플랜의 초기 구상으로 볼 수 있으나,[14] 그것보다는 여기에는 한반도 평화와 번영을 위한 국가안보전략의 야심적인 방향전환의 단초가 드러나 보인다는 사실이다.

동북아 구상 후 지금까지 실질적이고 가시적인 성과는 거의 없지만, 핵심적 사안 가운데 하나인 러시아 원유와 천연가스 등 '에너지 프로젝트'로 북핵문제를 해결하고 남북한, 러시아, 중국 등 역내국가들의 공동번영의 틀을 마련할 수 있다고 여겼다. 대북 에너지지원으로 북핵문제 해결의 가닥을 잡을 수 있다면 미국의 대북 정책도 근본적으로 변하지 않을 수 없으며, 장기적으로 한반도와 동북아 지역에서 미국 헤게모니와 영향력도 퇴조할 수밖에 없다. 남북한 화해협력을 통한 한반도 평화구축과정에 미국의 존재와 역할의 축소가 바람직하다고 여긴다면, 한반도 평화안보전략으로 동북아 프로젝트는 야심찬 '거대전략'이 아닐 수 없다.

국가안보의 핵심적 사안인 북한 핵문제의 평화적 해결과 동북아 번영이라는 두 마리 토끼를 한꺼번에 잡을 수 있는 동북아 프로젝트는 실질적인 추진단계에 들어갈 경우 천문학적인 예산이 소요되며, 그 경우 에너지관련 분야에 대한 민간기업부문에서 세계적인 석유메이저들과의 컨소시엄에 참여할 수 있는 국제적 사업능력과 경험을 갖춘 대자본 중심의 사업추진 주체를 선정해야 한다. 다양한 동북아 프로젝트를 중심으로 입안된 동북아 구상은 핵문제 해결과 한반도 평화구축에 대한 무척 도전적인 구상이었으나 사업의 규모와 추진주체의 선정 그리고 사업 전반을 지속적으로 통제하고 관리할 수 있는 역량—이는 지금도 보완되어야 할 과제이지만—등에 대한 구체적인 시나

[14] 김석환, 「북한판 마셜플랜 전모」, 『월간중앙』, 2003. 4 참조.

리오를 마련하지 못한 데에서 실질적 진전을 볼 수 없었다. 그러나 한반도 평화구축의 과제와 관련하여 동북아 구상 속에 함축된 문제는, 다름 아닌 이 지역에서의 미국의 존재와 역할에 대한 우리의 입장이 의도적이건 비의도적이건 상당히 '소극적(negative)'이었거나 보다 덜 신중한(neglect) 태도가 아니었던가 하는 점을 돌아보게 한다. 북한 핵문제에 대한 한·미 간 인식차이가 좁혀지지 않은 상태에서 그와 같은 동북아 구상은 자칫 '미국 없는 세계'를 지향하는 '탈미(脫美)' 경향으로 비쳐질 수도 있었으며, 이 경우 한반도 평화구축에 대한 미국의 적극적인 이해와 협력을 기대하기는 쉽지 않다는 데에는 재론의 여지가 없을 것이다.

미국의 우호적인 이해와 협력 없이 한반도 평화정착, 그리고 통일의 전략적 방향과 실천적 과제를 해결하기는 어려운 현실이다. 김대중 정부가 남북정상회담의 역사적 쾌거를 이루고도 그의 집권 후반기부터 노무현 정부의 지금까지 5년 동안 아직도 한반도 평화정착의 토대를 마련하지 못한 데에는 어디서 교훈을 찾을 수 있겠는가? 미국의 자장(磁場)에서 벗어나는 것이 바람직하다고 하더라도 대안적 방향과 접근방식에서 도전적이고 모험적인 형태보다는 한·미 간의 유대와 이완에 따른 다양한 파급효과와 현재와 미래 이익의 득실 차원에서의 면밀한 분석과 신중한 노선이 존중되는 분위기가 중요하다. 한반도 평화정착과 통일문제를 접근하는 데에서는 한반도와 동북아 지역에서의 미국의 지역패권전략과 대북 정책의 방향과 성격에 대한 충분한 이해를 토대로 한·미 간의 이해관계를 신중하게 조율해 나가는 노력이 필요하며, 미국과의 역할분담을 통한 새로운 파트너십의 구축이 기대된다.

한반도 평화정착과 통일전망과 관련하여 대미(對美)관계는 '적응과 극복'의 문제라 하겠다. 미국의 세계전략과 지역전략인 동북아 및 한반도 전략에 대한 객관적 이해를 전제로 한국은 미국과 미래를 공유하면서 동북아 지역에서 역할증대를 추구하는 것이 바람직하다. 헤게모니 국가의 패권전략에 대한 적응을 무시한 극복 주장은 비현실적이며 평화구축은커녕 한반도 안보위기를 자초할 위험이 있는 반면, 극복이 배제된 적응논리는 맹목적 대미관으로 우리가 추구해야 할 목표와 방향에 대한 고뇌가 없다. 극복을 전제한 적응으로 한반도의 공고한 평화상태를 유지하고 창출하기 위한 평화전략을 추진해야 한다.

3 한반도 평화정착과 북핵

3.1. 북한 핵문제 현황

북한 핵문제는 미국의 핵확산금지조약(NPT)체제 유지와 반테러의 세계전략과 북한의 생존전략의 충돌로 나타났다. 제2차 북핵문제를[15] 둘러싼 북·미 양국의 접근방식은 미국의 '공세적 회유'에 대한 북한의 '방어적 공세' 차원의 대응양태로 드러난다. 북한은 줄곧 미국과의 양자협상을 통한 핵문제 해결방식을 고집하였지만, 결국 다자회담방식인 6자회담을 받아들였다. 처음 북한이 6자회담을 수용한 이유는 미국이 선제공격까지 포함한 모든 대북 선택지를 고려하고 있는 상황에서 미국의 선제공격에 부정적인 주변국가들을 끌어들여 견제하겠다는 전략적 판단에서 나왔다. 그 동안 한국과 미국은 북한의 6자회담 참여를 설득하면서, 다자 간 협력방식인 6자회담은 북핵문제의 평화적 해결의 마지막 기회라고 강조하였다.

15 1990년 초반의 북한의 핵문제를 제1차 핵위기로, 2002년 10월에 불거진 핵문제를 제2차 핵위기국면으로 볼 수 있다.

2005년 2월 10일 북한은 외무성 성명을 통해 핵무기 보유를 선언하였다. 미국의 대조선 적대시정책을 비난하면서 6자회담 참가 무기한 중단과 함께 "자위를 위해 핵무기를 만들었다"고 선언하여 공식적인 성명을 통해 최초로 핵보유를 밝혔다.[16] 북한의 핵보유선언으로 북핵문제는 사실상 새로운 국면에 접어들었고, 한반도 안보위기 극복과 평화구축문제는 한층 복잡한 양상을 띠게 되었다.

북한이 핵보유를 선언하게 된 배경은 부시 행정부의 '대조선 고립압살정책'에 대한 위기국면을 극복하려는 데에 있다. 북한을 압박하는 미국의 군사공격 가능성이 높아 가는 현실과 인권문제와 체제전복 의지 등의 위협적 상황을 타개하기 위한 '벼랑 끝' 전술의 형태라 할 수 있다. 특히, 교착상태에 처한 미국과의 핵협상에서 협상의 주도권을 확보하기 위한 전략의 일환으로도 볼 수 있다. 북한은 미국의 적대시정책 포기를 전제로 핵폐기협상에 응할 수 있다고 주장하는 반면, 미국은 기본적으로 "완전하고 검증가능하며 돌이킬 수 없는 핵폐기(CVID)"를 요구함으로써 평행선을 그었다. 북한은 우선 핵동결조건으로 이에 대한 보상을 요구하였으나, 미국은 그 동안 1994년 북·미 제네바 기본합의 방식인 과거핵 불문, 핵동결 그리고 추가개발 차단에 대한 대가지불 형태의 협의방식은 거부한다는 입장을 재확인해 왔다. 이에 북한 외무성은 북한이 핵무기 보유국이 된 만큼 6자회담은 군축회담이 돼야 한다고 강조하였다. 그와 함께 6자회담에서 '조선반도의 비핵화' 논의를 강조하면서, 주한 핵무기 철수뿐만 아니라 남한에 대한 미국의 핵우산까지 폐기해야 한다고 주장하였다.[17]

북한, 농성을 풀고 나오다

핵보유선언에 이어 조선반도의 비핵화와 군축회담 주장을 통해 북한은 향후 협상에서의 유리한 고지를 선점하겠다는 강력한 의지를

16 「조선민주주의인민공화국 외무성 성명」, 중앙·평양방송, 2005. 2. 10.

17 북한 외무성, 「6자회담 군축회담 돼야」, 연합뉴스, 2005. 3. 31.

보여 6자회담의 전망을 한층 불투명하게 만든 가운데, 돌연 제4차 6자회담의 7월 하순 개최를 수용하였다. 북한이 회담에 나오게 된 배경은 세 측면에서 이해할 수 있다. 첫째, 미국의 군사적 대북 압박의 수준이 공개적·비공개적 차원에서 높아 가고 있는 상황에서 이 위기 국면을 돌파하기 위해 6자회담에 나올 수 있는 명분을 찾고 있었다. 둘째, 6월 중순 남측 정부 대표단의 방북을 전후하여 남북협력 분위기는 북한이 대안 없는 농성을 풀고 나올 수 있는 적절한 명분을 제공하였으며, 북한은 이를 적극 활용하였다. 여기에는 7월 12일에 공개적으로 발표된 200만kW 대북 직접 송전을 내용으로 하는 대북 '중대제안'과 다양한 남북 협력스케줄이 북측에 사전에 제의된 것으로 알려져 긍정적으로 작용한 측면도 크다.[18] 셋째, 7월 7일의 런던 테러사건은 북한이 6자회담에 나오는 데 결정적인 변수였던 것으로 보인다. 런던 테러를 계기로 부시 행정부의 제2의 테러와의 전쟁선언과 함께 추후 상황악화로 인해 어떤 형태로든 농성중인 북한이 테러관련 타깃이 될지도 모른다는 위기감 등이 다급하게 테러발생 이틀 후 제4차 6자회담 참가를 선언하게 된 배경으로 볼 수 있다. 이런 점에서 북한 대외전략의 특성인 '선 버티기, 후 양보전략'의 패턴이 다시 한 번 반복된 모습이다.[19]

6자회담의 핵심 사안은 물론 북한의 핵폐기문제이다. 그러나 핵심 사안인 핵폐기문제에 대한 접근방식은 우선 북한에 대해 먼저 핵폐기를 선언할 것을 요구하는 미국의 입장과, 그와 달리 미국이 먼저 핵폐기에 대한 보상원칙과 방식을 밝힐 것을 요구하는 북한의 입장이 팽팽히 맞서 왔다. 여기에 우리 정부는 북핵문제를 대화와 협상을 통해 반드시 평화적으로 해결해야 한다는 원칙에서 적극적인 역할을 찾기 위해 노력해 왔다. 한국은 북한과 미국 사이에서 서로 접점을 찾

---

18 연합뉴스, 2005. 7. 12.

19 허문영, 「한반도 평화정착 추진을 위한 북핵문제 해결방향」, 박영호·정영태·조민·조한범·허문영, 『한반도 평화정착 추진전략』, 통일연구원, 2003, pp. 125~128.

기 어려운 경직된 '선차적 조치' 주장에 절충적 대안을 제시해 왔다. 즉, 서로 상반된 입장에 대한 '선차성'의 논리를 '동시성과 단계성'으로 대체하는 방안을 내놓고 서로 한 걸음씩의 양보를 설득해 왔다. 이러한 절충안은 북한이 국제적 사찰을 수용하는 핵폐기를 수용하면, 이에 대한 보상으로 다자 간 서면을 통한 안전보장을 약속하고 중유를 비롯한 관계국들의 다양한 경협과 지원을 얻어 내도록 한다는 방안이다. 한국측 협상안은 미국의 대북 협상안과 북한의 대미 협상안보다 덜 강경하며 타협적인 안이다. 단계적 접근법은 북·미 간 복잡하게 얽혀 있는 현안을 단계별로 나누어 매 단계마다 서로의 요구를 동시에 충족시켜 가면서 다음 단계로 진행하는 방식이다. 동시성은 한쪽의 입장만을 일방적으로 주장하는 대립상황을 완화시키는 대안으로, 단계적·동시적 접근은 상호 불신의 북·미 양자에 안전판을 제공할 수 있기 때문에 접근가능성이 높은 방안으로 기대된다.

3.2. 북한 핵문제 전망

상당 기간 공백기를 거쳐 2005년 7월 하순에 개최된 제4차 6자회담은 총론 차원에서 북핵 폐기와 북·미관계 정상화 문제가 주제로 떠올랐다. 물론 기본적인 접근방식은 미국의 '선 핵포기'와 북한의 '선 체제보장' 논리가 완전히 포기될 수 없는 조건에서 핵폐기의 원칙적 입장을 재확인하고 있다. 구체적으로는 미국은 북한의 모든 핵무기와 핵계획을 검증가능한 방식으로 폐기할 것을 약속하고, 다른 당사국들은 북한의 안전을 보장하고 투자와 경협을 실시하는 한편, 미국은 북한과의 관계정상화에 착수한다는 다면적 접근방식이다. 여기서 한국은 북한의 검증가능한 핵폐기를 전제로, 북한의 안전보장과 북·미관계 정상화, 전력공급을 비롯한 경제협력을 추진하는 합의문 채택을 제안하였다.

미국은 핵폐기원칙을 협의의 입구로 보는 데 반해, 북한은 핵폐기를 협의의 최종적인 출구로 여긴다. 미국은 핵폐기선언을 논의의 시발점으로 삼아야 한다는 입장이나, 북한은 이를 모든 논의의 종착점으로 접근한다. 이처럼 북핵문제의 접근방식에는 양국 간 쉽사리 타협을 이루기 어려운 간극이 존재하는데, 여기에는 북한 핵문제의 본질적 성격이 자리잡고 있기 때문이다.

북한은 그 동안 체제보장문제로 미국의 대북 적대시정책의 포기를 요구하면서 북·미 불가침조약 체결을 줄곧 요구해 왔다. 최근에는 자위권 차원의 핵보유선언에 이어, 미국의 일방적 핵포기 요구에 절대로 응할 수 없다고 하면서 조선반도의 비핵화를 강력히 주장하였다.[20] 그와 더불어 한반도에서 주한미군 철수를 전제로 정전체제의 평화체제로의 전환을 요구하였고,[21] 한 걸음 더 나아가 '조선반도의 비핵지대, 평화지대'를 위해 "핵무기의 시험과 생산, 저장과 반입을 하지 않으며, 핵기지를 포함한 외국의 모든 군사기지를 허용하지 않으며, 우리 나라의 영토, 영공, 영해를 통과할 수 없다는 선언"을 재확인하였다.[22] 북한의 이러한 요구는 협상의 요구수준을 높여 많은 양보를 얻어 내려는 전략으로 읽힐 수 있으나, 그것보다 핵문제는 북한체제의 안전보장문제와 결코 떨어질 수 없는 불가분의 관계라는 사실을 말해 준다. 북한이 '조선반도의 비핵화' 조건으로 내세운 핵무기 철폐 및 핵반입 금지, 핵우산 제거, 북·미 간 신뢰조성을 위한 법적·제도적 장치 등의 요구는 지난 1993년 NPT 탈퇴 후 주장해 온 요구사항을 다시 확인시키고 있는 셈이다. 이런 점에서 북한의 핵전략은 시대상황의 변화와 상관없이 일관된 전략으로 나타나고 있다.

---

20 「공존에 기초한 신뢰가 기본이다」, 로동신문, 2005. 7. 18 논평.
21 「조선민주주의인민공화국 외무성 대변인 담화」, 중앙·평양방송, 2005. 7. 22.
22 「조선반도 비핵화에 이바지하는 협상마당이 되어야 한다」, 로동신문, 2005. 7. 24 논설.

북핵의 모든 것, 체제보장

북한의 체제보장은 미국과 주변 관계국의 서면보장만으로—물론 미국과의 서면보장 합의에 도달하기도 쉽지 않지만—충분하지 않다. 따라서 '조선반도의 비핵지대, 평화지대' 논리에 따르면, 주한미군 철수는 말할 것도 없이 미국 해·공군기의 한반도 기항·기착뿐만 아니라 스쳐 지나가는 것도 허용될 수 없다. 체제보장이 최우선적 목표인 북한의 입장에서 미국의 적대시정책의 포기와 주한미군 철수가 이루어지지 않는 상황에서 핵무기의 완전한 철폐를 상상하는 것은 지나친 기대가 아닐 수 없다. 체제안보가 지고지선의 목표인 북한체제의 속성상 핵무기는 북한체제 그 자체라 할 수 있을 것이다. 핵무기는 체제수호의 최후의 보루이며, 비록 공격용 핵은 아니라 하더라도 약소국 민족주의의 성배(聖杯)이며, 또한 북한체제의 대내적 단결의 구심력으로 작용하는 그야말로 김정일 수령체제 존립의 핵심적 기반이라 할 수 있다.

핵폐기의 국제적 성공 사례인 우크라이나와 남아프리카공화국의 사례는 북한에 그대로 적용될 수 없다.[23] 민주주의 국가는 정권획득과 유지의 정당성을 외부로부터의 안보위협에 의존할 필요가 없다. 우크라이나의 체제전환과정에서 구소련의 핵이 정치체제와 정권유지를 위한 필수불가결한 조건이 아니었다. 남아프리카공화국의 성공적인 핵폐기는, 남아공이 핵을 가짐으로써 지역패권국가로 부상할 수 있다는 야욕이나 백인정권의 장기집권 기도가 남아프리카공화국의 민주적 정권교체과정에서 타협적으로 해결될 수 있었기 때문에 가능하였다. 북핵의 본질적 성격이 이렇다면, 에너지 보상과 경제협력 카드는 핵문제 해결의 유인동기이기는 하지만, 북핵문제 해결의 결정적 대안일 수는 없다. 북한은 핵동결이나 고농축우라늄(HEU) 프로그램의 존재를

23 정영태, 『북한의 핵폐기 가능성과 북·미관계』, 연구총서 04-09, 통일연구원, 2004 참조.

인정하지 않으면서, 추후 핵개발계획을 협상카드로 제시한다. 북한은 이에 대한 보상으로 한국을 비롯한 당사국들의 에너지와 대규모적 경협은 당연한 대가로 여기는 한편, 미국의 대북 체제보장의 형태와 실천적 내용을 요구하고 있다. 그러나 보유핵 폐기는 무한한 시간이 소요될 뿐만 아니라, 북한이 고려대상으로 여기지 않고 있다. 이런 점에서 핵포기와 그에 대한 대가로 경제개혁을 위한 대폭적인 외부지원방식의 북·미 '대타협'을 주장하는 논리는 미국과 북한 사이에 가로놓인 많은 난관을 극복해야 할 과제를 안고 있다.[24]

북핵문제의 본질은 북한 김정일 수령체제의 보장과 불가분의 관계에 있다. 미국이 북한을 '주권국가'라고 칭한다고 해서 김정일 수령체제의 정당성을 긍정한다는 입장은 아니다. 북한은 국가체제와 김정일 정권이 따로 분리되지 않는다는 점에서, 체제보장은 김정일 국방위원장의 정권보장에 대한 요구와 다름 아니다. 이를 미국이 그대로 수용할 수 없다면 북한은 결코 핵을 포기하지 못할 것이며, 따라서 북핵문제의 완전한 해결을 기대하기는 어렵다. 달리 말해, 북한의 수령체제가 존속되는 한 북핵문제의 '완전한' 해결을 바라는 것은 시기상조라 하겠다. 그러므로 북핵문제의 해결전망은 북한체제의 변동가능성과 미래와의 관련 속에서 접근방안을 모색하고 대책을 마련해야 할 것이다.

제4차 6자회담은 8월 초 북한의 '평화적 핵이용권'을 놓고 합의를 이루지 못한 상태에서 일단 휴회에 들어갔다. 북한은 주권국가의 일반적 권리인 평화적 핵이용권을 북한에 대해서만 인정하지 않는 것은 미국이 대북 적대시정책을 포기하지 않기 때문이라고 주장하였다. 반면, 미국은 핵확산금지조약(NPT) 복귀 등 국제규범을 준수하는 모습을 보일 때 권리를 요구할 수 있다는 입장이었다. 북한과 미국은 핵문제에 대한 근본적 인식차이를 좁히지 못하였으며, 접근방식에서

24 마이클 오핸론·마이크 모치주키 지음, 최용환 옮김, 『대타협: 북한 vs 미국, 평화를 위한 로드맵(*Crisis on the Korean Peninsula*)』, 삼인, 2004, pp. 31~38.

도 상대방의 선 입장전환을 요구하고 있는 데에서 진전을 보지 못하고 있는 상황이다.

사실 핵의 평화적 이용인 민수용과 군수용 사이의 거리는 멀지 않으며, 핵개발국가의 의지와 역량에 달려 있는 문제라고 할 수 있다. 이런 점에서 북한이 요구하는 '평화적 핵이용권'은 '평화적'이라는 말에 무게를 두어야 하는 것인지, '핵이용권'에 진의가 있는 것인지는 북한만 판단할 수 있는 사안이다. 그러나 미국의 NPT정책의 다면성도 지적하지 않을 수 없다. 미국이 중국을 견제하기 위한 전략 차원이라지만, 인도에 대한 핵지원정책과 이란의 핵개발 의지에 대한 타협적 접근과는 달리, 북한에 대해서만은 1994년도 경수로지원을 통한 평화적 핵이용을 용인한 제네바 합의의 재판형태를 바라지 않는 강경입장을 보이고 있는 점도 북·미 간 합의도출을 어렵게 만드는 요인이다.

4 한반도 평화전략: 평화협정

4.1. 평화체제 구축의 환경조성

남북한 평화협정 체결은 한반도 평화체제 구축을 위한 법적·제도적 차원에서의 환경조성의 일환이다. 평화협정은 '선 협정, 후 평화체제 구축'방식을 말한다. 즉, 남북한 간 한반도 평화구축을 '협정'이라는 정치적 결단을 통해 접근하자는 제안이다. 이 방안은 지금까지의 한반도 평화에 대한 점진적·단계적 접근방안을 뛰어넘는 평화전략이라 할 수 있다.

우리의 대북 정책은 노태우 정부 이래 지금까지 경제적·사회문화적 교류협력에 역점을 둔 기능주의적인 대북 포용정책을 근간으로 추진되어 왔다. 김대중 정부의 햇볕정책은 이러한 기능주의적 교류협력정책의 완결판이라 할 수 있다. 남북한 교류협력에 기반한 햇볕정책은 남북한 관계개선과 화해협력분야에서 많은 성과를 거두었으나 한반도 평화와 북핵문제를 해결하는 데 근본적인 한계를 드러냈다. 남북한 교류협력은 북핵문제로 인한 한반도 긴장국면의 주기적 돌출로 '가다서다'를 반복하면서 남북한 경제협력은 아직 본격적인 궤도에 오르지 못하였다.

햇볕정책은 경제적·사회문화적 교류에 역점을 둔 '저준위(low politics)' 접근방식으로 군사적·정치적 부문을 아우르는 '고준위(high politics)' 접근방식을 배제하였다. 저준위 접근방식의 대북 정책은 북한의 핵문제, 체제변동이나 정권교체의 가능성에 대한 이해와 접근을 불가능하게 한다. 특히, 햇볕정책은 북한의 체제문제에 대한 논의 자체를 금기시하는 한편, 한반도문제에 대한 외적 규정력을 외면한 채 남북관계 우선론에 치우쳐 햇볕정책 도그마에 빠지는 우를 범하는 경향도 있다. 더욱이 저준위 정치를 통해 상당한 신뢰가 구축되면 고준위 정치로 이어지리라는 신념은 북한 핵문제나 미국의 대북 위협 등에 의해 수 차례 좌절을 겪었다.

교류협력을 추진하는 대북 정책과 함께 정치적·군사적 협력을 추구하는 병행전략이 필요하며, 오히려 한반도 평화구축에 대한 법적·제도적 접근방식의 추구가 평화구축과정을 실질적으로 앞당길 수도 있다. 한반도 평화체제의 확립은 일반적으로 장기간의 긴장완화상태와 신뢰구축을 거쳐 군비통제와 군축 등 평화정착의 실질적 과정의 최종적 단계를 의미하나, 여기에서는 평화협정을 통해 평화정착의 토대를 마련하여 공고한 평화상태로서의 평화체제 구축을 앞당길 수 있다는 입장이다.

4.1.1. 남북한 평화협정, 북한이 받아들일까

남북한 평화협정은 교류협력에 의한 남북관계의 점진적이고 진화론적인 접근방식을 유지하면서 남북 간 '낮은 수준의' 법적·제도적 합의를 추진하는 전략이다. 그렇다면 우리가 제안하는 평화협정을 과연 북한은 수용할 것인가라는 의문이 당연히 제기될 수 있다. 우선 남북 평화협정 체결에는 당사자문제가 제기될 수 있으나, 이는 북한이 북·미평화협정 요구를 위해 한국을 배제하려는 전략으로 주장되었다. 이에 대해 우리도 북·미평화협정은 한반도 문제의 당사자 논리에 위배된다는 점에서 반대해 왔으나, 형식논리에 불과한 당사자 논리는 이미 현실성을 잃은 지 오래다.

북한은 평화협정을 수용하였을 경우 얻을 수 있는 득실을 면밀히 타산하여 판단할 것이다. 북한은 오래 전부터 미국과의 평화협정이라 할 수 있는 불가침조약 체결을 주장해 왔으나, 미국이 북한의 평화협정 요구를 받아들일 가능성이 거의 없는 상황에서 남북한 평화협정 체결은 한반도 평화정착과 북한의 체제안보에 순기능을 할 수 있다고 판단된다면, 지금까지와는 달리 긍정적인 반응을 보일 것으로 기대된다. 또한 남북평화협정이 미국의 대북 적대시정책에 의한 대북 위협을 극복하는 데 유용한 방안으로 인식할 수도 있을 것이다. 말하자면, 북한은 남북한 평화협정 체결을 평화 분위기 조성노력에 대한 대내외적 과시와, 그리고 한국이 동북아 국제관계에서나 대미 관계에서 자율적 역할이 점차 증대되고 있는 현실에 대한 인식과 함께, 특히 미국의 대북 압살정책을 비껴 갈 수 있을 것이라는 전략적 판단 아래 전향적으로 대응해 올 수 있다.

4.1.2. 「남북기본합의서」와 「남북공동선언」을 살려야

「남북기본합의서」와 「남북공동선언」의 두 문건은 합의정신과 내용 측면에서 남북한 평화협정의 기본 방향과 핵심 내용을 그대로 함축하고 있다. 북한은 「남북기본합의서」의 불가침조약이 평화협정과 큰 차이가 없다는 입장을 보여 왔다. 그러나 「남북기본합의서」(「남북 사이의 화해와 불가침 및 교류·협력에 관한 합의서」, 1991. 12. 13 조인, 1992. 2. 19 발효) 제2장 '남북불가침'조항의 이행·실천은 지금까지 미루어져 왔다. 제2장 제12조에서 남과 북은 불가침의 이행과 보장을 위하여 이 합의서 발효 후 3개월 안에 군사공동위원회를 구성·운영한다고 하면서 군사공동위원회에서는 "대규모 부대이동과 군사연습의 통보 및 통제문제, 비무장지대의 평화적 이용문제, 군인사 교류 및 정보교환문제, 대량살상무기와 공격능력의 제거를 비롯한 단계적 군축 실현문제, 검증문제 등 군사적 신뢰조성과 군축을 실현하기 위한 문제를 협의·추진한다"는 데 합의하였다.

그런데 「남북기본합의서」의 화해와 교류협력분야는 어느 정도 이행·실천이 되었으나, 안보·군축·평화구축의 문제 등 가장 중요한 불가침조항의 이행·실천은 별다른 진전을 이루지 못하였다. 지금 남북기본합의서 체제가 완전히 해체된 상태는 아니나, 그렇다고 남북기본합의서 체제로 돌아갈 것을 강요하기는 어려운 현실인 점을 감안하여 이 합의서의 내용을 새로운 평화협정 속에 담아 내는 작업이 요망된다.

다음으로 평화협정과 관련하여 역사적인 남북정상회담에서 나온 「남북공동선언」(2000. 6. 15)의 정신을 재확인할 필요가 있다. 남북공동선언에서 자주원칙과 통일방안의 공통성 인정 그리고 인도적 문제와 교류협력분야에 합의하면서, 한반도 안보와 평화문제에 대한 합의는 유보하였다. 이는 한반도 평화문제는 남북한 민족문제이면서 국제적 사안이라는 점에서 주변국들의 입장과 이해관계가 보다 충실히 고려되어야 한반도 평화정착문제의 실효적인 접근이 가능하다는 공통된 인식의 반영으로 이해된다. 그와 함께 통일방안의 공통성 확인이나, 교류협력을 통해 상호 신뢰를 다져 나가기로 합의한 점은 한반도의 안보와 평화에 대한 우회적 접근이라 할 수 있다.

특히, 남북공동선언에서—그 후 많은 논란과 오해를 불러일으켰지만—통일이 궁극적 목표이자 한반도 평화의 완성단계라면 통일방안에 합의함으로써 평화체제 전환문제를 건너뛴 점이 주목된다.[25] 이처럼 남북정상회담의 공동선언은 교류협력단계를 넘어 남북연합단계 또는 '낮은 단계'의 연방제로 나아가기 위해 거쳐야 하는 교량과 같은 중간단계인 한반도 평화구축의 문제가 빠져 있는데, 이는 추후 과제로 넘겨졌다고 하겠다. 따라서 남북공동선언에서 생략된 통일 전단계의 복구는 남북한 간 한반도 평화협정 체결을 통해 가능하다.

4.2. 평화협정의 내용과 방식

남북한 평화협정은 '한반도 평화협정(가칭 Korean Peace Agreement)'으로 칭하고 남북한 관계의 특수성을 충분히 감안하여 전혀 새로운 내용을 제안하는 것보다는 남북한 간 이미 합의한 문건인 남북기본합의서와 남북공동선언의 정신을 재확인하는 한편, 이미 합의된 내용을 검토하면서 남북한 현실과 국제관계의 변화를 반영해야 한다.

4.2.1. 평화협정, 무엇을 담아야 하나

평화협정은 이와 유사한 형태인 남북기본합의서의 '남북불가침' 조항의 내용을 국제질서와 남북관계의 변화된 상황을 충분히 고려하면서 접근하는 것이 좋다. 비록 남북한 간 합의에도 불구하고 이행과 실천에는 이르지 못하였지만, 전쟁방지와 한반도 평화구축을 위한 구체적인 과제가 무엇인지는 이미 합의한 문서에 어느 정도 드러나 있기 때문이다. 이에 대한 이해를 전제로 한반도 평화협정에 담을 주요 내용들을 다음과 같이 살펴볼 수 있다.

먼저 평화협정에는 평화에 대한 원칙적 입장이 천명되어야 한다.

---

25 박종철, 「남북정상회담 이후 한반도평화체제 구축방안」, 『한반도 평화전략』, 연구총서 2000-33, 통일연구원, 2000, p. 196.

이를 위해, 첫째 남북한은 "한반도에서 어떠한 형태의 전쟁도 반대한다"라는 평화선언이 대내외적으로 천명되어야 한다. 전쟁은 남북한 국가뿐만 아니라 민족 자체의 파멸을 초래할 수 있기에 전쟁 절대 불가의 강력한 의지를 대내외적으로 밝혀야 한다.

둘째, 남한과 북한은 상대방에 대하여 무력을 사용하지 않으며 상대방을 무력으로 침략하지 아니한다는 원칙의 천명으로, 이는 남북기본합의서의 남북불가침조항의 재확인이라 할 수 있다.

셋째, 통일문제의 자주적 해결원칙의 천명이다. 이는 남북공동선언 제1조를 재확인하는 것으로 자주에 대한 북한의 편향성을 수용하는 측면도 있지만, 여기서 '자주적'은 결코 배타적 반외세의 논리가 아니다. 자주는 우리 민족의 운명이 강대국의 의지에 따라 좌우되면서 우리 스스로 결정할 수 없었던 좌절과 굴곡의 역사에 대한 통절한 반성을 촉구하는 문제이나 배타적 민족 중심의 논리는 아니다. 오히려 국제사회에서 한반도 평화의 지지와 협력을 얻어 가면서 남북한 공동이익을 증대시키는 실천능력으로 이해해야 하며, 한반도 문제에 대한 남북한 당사자 해결의 원칙을 말하는 것이라 하겠다. 이와 함께 평화협정의 원칙적 입장인 궁극적으로 남북한 통일을 지향하는 의지를 담아야 한다.

모든 형태의 전쟁 절대 반대, 남북불가침, 그리고 통일에의 의지 등을 평화협정의 원칙으로 삼아 협정에 담을 내용을 다양하게 검토할 수 있다.[26] ① 남북기본합의서 및 남북공동선언의 합의정신과 평화의지 확인, ② 남북한 특수관계의 인정·존중, ③ 정전상태의 법적 종결 및 평화회복, ④ 전쟁관련 과거사 정리(모든 법적 책임 불문 선언), ⑤ 불가침 경계선 설정 및 현 군사분계선의 불가침 경계선으로의 대체, ⑥ 우발적 무력충돌 방지와 해결방법, 남북한 상호 정보교환 및 군

26 백진현, 「남북한 평화체제 구축의 과제와 문제점」, 한국정치학회 광복50주년기념 학술대회 발표논문, 1995. 11. 11; 통일원, 『한반도 평화체제 문제』, 통남 95-12-91, 1995 참조.

인사 교류 등 군사적 신뢰구축조치, ⑦ 비무장지대의 평화지대화 및 평화적 이용 추진, ⑧ 통행·통신·통상분야의 포괄적 남북협력원칙 천명, ⑨ 그리고 평화협정의 이행·실천을 관리하고 통제할 수 있는 평화관리기구의 설치 및 구성 등에 대해 협의할 수 있을 것이다.

평화협정의 이행기구로서 '평화관리기구'의 설치와 구성이 중요하다. 이 기구는 현재 유명무실화된 군사정전위원회를 대체하게 된다. 평화관리기구는 비무장지대에 설치하되 구성은 남북 군관련 인사로만 구성하기보다는 한반도 평화협정이 국제적 보장으로 얻는다는 전제에서, 남북한 군관련 인사를 중심으로 구성하되 국제적 보장을 서명한 서명국의 대표를 참여시키는 방안이 바람직하다. 이와 함께 전쟁과 평화는 군인들만의 문제가 아니기에, '평화관리기구'에는 세계적 추세인 시민사회의 평화에의 의지와 역량 등을 고려하여 남북한과 국제사회에서 평화운동이나 평화사상을 대변하는 일정한 수의 민간인 참여도 고려해야 한다. 특히, 평화관련 여성의 대표성을 반영하는 것도 필요하다.

4.2.2. 평화협정, 국제적 다자보장방식으로

남한과 북한이 체결하는 한반도 평화협정이 남북한 양자 사이의 협정문서에 불과하다면 협정의 실효성과 구속력을 크게 기대할 수 없다. 한반도 평화는 남북한 내부의 민족문제이면서 동시에 국제문제라는 이중적 성격을 가지므로, 한반도 평화협정은 반드시 국제적 보장을 받지 않으면 안 된다. 한반도 평화는 주변국의 안보와 국익과 무관할 수 없는 사안이기에 미국을 비롯한 주변국들은 상당한 관심을 가질 것이다. 여기에다 최근 북핵문제로 한반도 주변국은 모두 협력적 다자주의 방식인 6자회담의 참가국으로 역할을 다하고 있는 점이 남북한 평화협정 체결과정에서 국제적 다자보장에 호의적인 반응을 보일 수 있다. 그리고 북한 또한 미국도 참가하는 국제적 다자보장방식의 한반도 평화협정 체결을 추구할 것이다.

평화협정문제와 관련하여 그 동안 국제적 보장방식으로 남북한과 미국, 중국의 보장장식인 '2+2' 형태, 또는 주변 4국이 모두 국제적 보장에 참여하는 방식인 '2+4' 형태를 고려할 수 있었다. 그러나 지금 북핵문제 해결과정에서 6자회담의 틀이 마련되었고 어느 일국도 배제하기 어려운 상황에서 당연히 '2+4' 형태를 추진해야 할 것이다. 그리고 '2+4' 형태를 중심으로 유엔이나 EU의 참여를 끌어 내는 방안도 바람직하다.

5 통일의 전망

5.1. 북한: 전망의 부재

북한의 미래는 불투명하다. 북한 관찰자의 입장에서는 대개 북핵문제보다도 체제존립 가능성의 문제에 더 큰 우려를 내비친다. 북한의 진정한 딜레마는 김정일체제의 존속과 개혁·개방이 양립가능한가 하는 점이다. 북한의 개혁·개방은 김정일 수령체제 자체의 변화와 일정한 양보를 요구한다. 즉, 절대권력의 양보 없이는 불가능하다. 그러나 조그마한 양보는 철통 같은 체제의 긴장이완을 가져와 곧 틈새를 벌이면서 빠른 속도로 체제균열을 가져올 개연성이 높다. 한번 양보하거나 체제긴장을 느슨하게 할 경우, 회복하기 어려운 위기의 증폭과 당장 드러나 보이지는 않지만 안으로는 심각한 균열이 발생하게 된다.

당 조직기강의 해이, 정부기능의 작동불능 상태, 간부층의 총체적 부패 등은 사회통제기구의 해체를 낳고, 그런 가운데 이미 주민의 생존조차 방기된 상태에서 주민통제력마저 거의 상실되는 상황이 초래된다. 이에 극소수 최상층부의 체제수호계층은 마지막 보루인 군부에 의존한 채 간부층만을 통제하면서 체제유지에 온 힘을 쏟는다. '선군정치'의 논리는 바로 이 지점에서 등장하게 되지만, '선군정치'는 경제회생과 기아선상의 식량난을 해결하는 데 아무런 도움이 되지 않는다. 이런 상항 속에서 인권·탈북자문제 등에 대한 외부의 간섭과 그리고 불가피한 최소 수준의 개방에 따른 정보유입은, 간부층을 동요시키고 충성심을 고갈시키면서 기회주의적 일탈행동을 부추기게 될 것이다. 여기에다 김정일 위원장의 '만수무강'에 국가의 운명이 달려 있는 상황에서 수령체제의 불투명하고 불확실한 후계자 계승문제는 북한체제의 앞날을 한층 불투명하게 한다.

5.1.1. 개혁·개방의 길, 북한의 딜레마

북한 경제는 이미 1970년대 초반에 한계상황에 도달하였다. 그 후 폐쇄경제체제를 유지하는 가운데 1990년대 사회주의권의 몰락을 계기로 마이너스 성장이 지속되면서 북한 경제체제는 정상적인 작동을 멈추었고 현재는 거의 회복불능 상태에 처하였다. 특히, 남북한 경제력(GNP) 격차를 비교하면, 1970년대 초에는 남북한이 거의 엇비슷한 수준이었으나, 1980년대 초 남북한 격차는 두 배 차이로 나타났다. 그 후 1992년도 통일연구원 조사에 의하면 북한은 남한의 1/10로 크게 벌어졌다가,[27] 2004년도 한국은행 조사로는 남한 경제력(GDP)의 1/33(3.0%)에 불과한 것으로 밝혀졌다.[28] 10여 년 사이 남북한 경제력의 급속하고도 급격한 격차가 주목되는 현상이다.

북한 경제정책의 기본 이념인 '자력갱생'은 김일성의 경제면에서

[27] 민족통일연구원, 『남북한 국력추세비교연구』, 1992. 12, p. 10.

[28] 한국은행, 「2004년 북한 경제성장률 추정 결과」, 보도자료(공보 2005-6-1호), 2005. 5. 31.

의 주체사상으로, 사실 이 자력갱생이야말로 역설적으로 북한 경제의 한계상황과 붕괴로 이끈 대실패(fiasco)의 근본요인이었다. '자력갱생', '자급자족'정책은 식민지 공업화의 토대 위에 전시동원체제 수준의 전 인민의 노동력 동원체제를 가동해 1960년대 말까지 일정한 성과를 얻을 수 있었으나, 곧 폐쇄 메커니즘의 한계에 봉착해 산업구조의 원활한 작동이 불가능한 상태에 직면하고 말았다.

그런데 여기서 놓쳐서는 안 되는 점은 자력갱생과 자급자족 노선은 반드시 노동생산성이나 체제유지와 관련된 '정치적 폭력기제'와 '사상통제 메커니즘'을 요구한다는 사실이다. 노동의욕 상실, 관료주의적 부패, 자연자원의 황폐화를 초래하는 체제모순 또는 체제실패에도 불구하고, 지금까지 북한체제가 지속된 데는 강력한 '정치적 폭력기제'와 '사상통제 메커니즘'이 아직 해체되지 않았기 때문이다. 이와 함께 외적 요인, 즉 '미제국주의'가 대내적 결속요인으로 작용하면서 체제모순의 은폐와 왜곡에 기여하였다고 하겠다. 주민통제는 대내적 결속을 요구한다면 역설적이게도 미국과의 적대관계가 체제유지에 긍정적 기능을 한 측면을 간과할 수 없을 것이다.

한편, 북한은 다른 나라에서는 찾아보기 어려운 사례로, 건국 이래 지금까지 사회적 총생산이 사회적 총수요를 충족시킬 수 없는 상태에서 국가체제를 지속시켜 온 독특한 경제구조라 할 수 있다. 사회적 총생산, 즉 국가적 총공급량이 사회적 총수요를 밑도는 경제구조의 만성적인 모순에도 불구하고 국가체제를 유지해 온 데에는 '외부경제에의 의존'에서 찾을 수 있다. 비효율적인 군수경제의 유지가 국가자원의 합리적 배분을 어렵게 만든 요인이기도 하지만, 처음부터 구소련을 비롯한 사회주의 경제블록에서 에너지와 원자재 등을 의존해 왔다. 그 결과 구소련과 사회주의권의 해체로 북한 경제의 한 축이었던 외부경제효과가 사라지게 되자 북한 경제체제는 급격히 작동정지상태로 빠지고 말았으며, 그 후 상당 기간이 지난 최근에는 모든 산업이 거의 회복이 불가능한 지경에 이르렀다고 하겠다. 국가의 대부분 산업구조가 해체된 상태에서 지금의 북한은 과거보다 더욱 절박한 형태로 최소한의 에너지와 식량문제조차 여전히 외부경제의 의존에서 벗어나지 못하고 있는 실정이다.

그렇다면 북한은 전혀 변화하지 않고 있다는 말인가? 여기서 변화를 향한 북한의 노력을 긍정적으로 평가하는 사례로 2002년에 단행된 「7·1 경제관리개선조치」를 주목할 수 있다. 이 개선조치는 물가, 임금, 환율을 현실화시킨 조치로 북한 개혁의 시금석으로 평가되기도 하였다. 북한 7월조치의 기본 개념은 소련, 동유럽에서는 1960년대 중반에 등장하였고, 중국과 베트남에서는 1980년대 초에 본격적으로 추진되었다.[29] 그러나 이 조치는 그 후 드러나고 있듯이 북한 당국의 전향적인 정책목표와 적극적인 개혁의지의 소산이라기보다는 국가통제 밖의 비공식적인 '낮은 수준의 시장'의 발생에 따른 사회적 이완 및 통제불능 상태에 대한 사후추인 형태의 떠밀린 조치에 불과한 것으로 보인다. 이 조치를 개혁 또는 시장화의 진전으로 해석하는 데에는 신중을 요하는 문제라고 생각된다.

사회주의의 근간을 흔들지 않는 수준에서 최소한의 사유화 조치가 이루어진다면 농업생산성의 증대를 비롯한 사회 각 부분의 활성화를 통해 북한 경제의 회생을 기대할 수 있겠지만, '경제관리개선조치'는 그러한 개혁방향과는 거리가 멀다. 물론 북한 지도부는 급격한 변화의 위험을 의식해 주기적으로 속도를 조절하면서 계속 경제개혁을 추진해 나갈 수밖에 없을 것이다.[30] 북한은 남한의 대북 경제협력과 지원정책에도 불구하고 중국과 베트남과는 달리, 반 세기 이상 경쟁관계로 있던 민족사회의 또 다른 반쪽인 남한의 존재로 인해 과감한 개혁·개방을 추진하기 어려운 역설적 측면도 있다. 그럼에도 불구하고 이제 북한은 개혁·개방의 방향과 내용에 대해 대내외적으로 보다

29 박형중, 「비교사회주의 관점에서 본 '실리 사회주의론'의 위치와 전망」, 『김정일 정권 10년: 변화와 전망』, 학술회의총서 04-01, 통일연구원, 2004, pp. 191~192.

30 존 메릴, 「북한은 느리지만 개혁·변화 진행중」, 연합뉴스, 2005. 5. 19.

분명한 메시지를 전할 때라고 하겠다.

이러한 국면에서 북한의 체제보존 옵션은 두 가지로 볼 수 있다. 핵을 가지거나, 핵을 포기하고 과감한 개혁·개방노선을 선택하거나 하는 것이 그것이다. 양손에 두 개의 떡을 모두 쥘 수는 없다. 그런데도 양손에 두 개의 떡을 한꺼번에 움켜쥐겠다는 과욕과 또한 핵을 가지고 아주 큰 떡을 얻겠다는 오판의 시간이 북한의 '잃어버린 10년' 이었다. 그러나 분명한 사실은 체제유지 딜레마가 어느 하나만을 선택해야 하는 상황에서, 그렇다고 개혁·개방이 체제의 미래를 보장한다는 확신을 주지 못하는 상태에서 '정치적' 결단을 어렵게 한다는 점이다.

5.1.2. '재조정단계'와 전망의 회복

북한의 불투명하고 불확실한 미래 속에서 우리는 중·장기적 전망 아래 북한의 '충격'—체제(regime) 또는 국가(state) 수준에서—에 따른 다양한 변화양태에 대한 예측이 필요하다. 이를테면 북한체제의 내적 모순에 따른 충격적 '재조정단계'에 대한 신중한 고려와 그것의 파급효과에 대해 면밀한 분석이 이루어져야 한다. 북한체제의 '재조정단계'가 전제되어야 개혁·개방과 미래를 향한 의미 있는 변화와 북한의 미래에 대한 전망의 회복을 기대할 수 있을 것이다. 이 경우 어느 정도의 혼란이 예상되나 이는 반드시 겪어야 할 통과의례일 수 있으며, 무엇보다 이 위기를 분단의 역사를 청산하고 민족사의 새 장(章)을 여는 계기로 삼아야 한다는 점에서 새로운 인식이 요구된다.

5.2. 통일 시나리오: 1국체제 대 복합국가

남북한 제도통합은 멀고도 험난한 길이다. 그러나 통일은—평화와 마찬가지로—준비하는 자에게 찾아온다. 어쩌면 우리는 준비되지 않은 상태에서, 원하지 않는 통일에 맞닥뜨릴 수 있다. 말하자면, 충분히 예상하고 통제되는 과정으로서의 통일이 아니라, 북한체제의 '유고(有故)'에 의해 통일을 '떠맡게' 될 수도 있다는 말이다. 이러한 형태의 통일가능성을 우리의 상상 속에서 배제시킬 수 없는 현실이 점점 다가오고 있다.

우리의 대북 정책은 미국과 북한 간의 대타협, 그리고 북·미관계 정상화, 일본의 배상금을 비롯한 국제자본의 대북 유입, 남한의 대북 투자 및 경협증대 등 일련의 과정이 정착되면, 수령체제의 북한은 '정상국가'로 변화하고 남북한은 미래를 함께 열어 갈 수 있다는 시나리오다. 이는 통일을 추구하는 정책은 오히려 남북한 불신을 초래하여 당면한 화해협력 분위기 조성에 역효과를 가져올 수 있기 때문에 협력을 통해 평화의 토대를 마련해 나가는 것이 중요하다는 인식에 기반하고 있다. 더욱이 여기에는 외부의 지원과 협력은 북한의 개혁·개방을 유도할 수 있다는 낙관적 신념도 자리잡고 있다. 물론 이러한 낙관적 신념에 기반한 시나리오의 의미와 가치가 충분히 존중되어야 하며, 또한 그러한 신념에 기반한 대북 정책의 일관된 추진이 중요하다는 데 동의하면서, 다른 한편 북한체제에 대한 개혁·개방의 한계와 불투명한 미래 전망에 대한 고뇌를 더 이상 회피할 수 없다는 인식도 함께 요구된다고 하겠다.

5.2.1. 통일 시나리오(A): 1국체제

한국 통일의 시나리오가 미국측에서 마련되고 있다는 사실은 역설적이지만 우리의 관심을 끌지 않을 수 없다. 이들 시나리오는 한결같이 남한 중심의 시장경제와 민주주의 사회로 북한의 편입(흡수)을 상정하고 있다. 먼저 남한 중심의 통일 시나리오의 체계적인 형태는 미국 CSIS(Center for Strategic & Int'l Studies)의 보고서에서 나타났다. 『통일 한국을 이룩하기 위한 미국 정책의 청사진』이라는 제목 아래 미국과 한국의 다수의 전문가가 참여하였다. 이 보고서는 한반도에서 통일국가의 등장은 동아시아 지역의 역사에서 결정적인 계기가 될 것이라고 전제하면서, 세 가지 통일 시나리오로 평화통일, 붕괴·흡수통일, 전쟁통일(북한 패망)로 전망하였다. 여기서 한반도의 통일은 한국 정부의 통치권이 한반도 전역으로 확대되는 것으로 보았다.[31] 한편, 미국 CIA가 전망한 『2015년의 세계』에서는 2015년 시기에는 통일한국이 동북아 군사강국으로 부상할 것으로 내다보면서 남한 주도의 통일한국을 바라보았다.[32] 랜드연구소는 최근 『한국 통일을 위한 대비—예측되는 시나리오와 그 의미』(1999)의 후속편인 『북한의 역설』(부제: '한반도 통일의 상황, 비용, 결과')이라는 보고서(2005)를 펴냈다. 이 보고서는 한반도 통일의 가능성을 분석하고 통일비용을 산출하는 한편, 한반도 통일이 미칠 영향 등을 분석하였다.[33] 통일유형으로는 '체제진화와 통합을 통한 통일', '붕괴와 흡수를 통한 통일' 그리고 '분쟁을 통한 통일'의 세 유형으로 나누면서, 첫 번째 통일유형의 가능성이 아주 낮은 것으로 보고 주로 두 번째 '붕괴·흡수통일' 시나리오에 분석의 초점을 맞추었다. 이 보고서는, 특히 통일비용 추산에 역점을 두었으나, 한반도 통일비용의 추산방식을 독일 통일사례에 근거하고 있는 점이 맹점이다.

우리에게 통일비용은 분단비용을 해소하고 한반도 평화와 함께 미래 민족이익을 가져오는 통일편익에 비교하면 본질적인 문제가 될 수 없다.[34] 그런데 미국측이 제시한 통일 시나리오는 모두 한반도 통일상황에 미국의 군사개입을 상정하고 있는 점이 특징적이다. 이와 더불어 현재 실현가능성이 높은 통일형태는 시장경제와 자유민주주의를 표방하는 남한체제 중심의 통일로 보는 점이 공통적이다. 그 반대

---

31 CSIS, *A Blueprint for U.S. Policy toward a United Korea: A Working Group Report of the CSIS International Security Program*, August 2002.

32 NIC 2000-12(December 2000), *Global Trends 2015: A Dialogue about the Future with Nongovernment Experts*(http://www.cia.gov/).

33 Charles Wolf, Jr. and Kamil Akaramov, "North Korean Paradoxes: Circumstances, Costs, and Consequences of Korean Unification," 2005(http://www.rand.org).

34 조민, 「분단의 정치사회적 비용과 통일의 이익」, 민족통일연구원·한국개발원 공동주최 학술회의 발표논문, 『분단비용과 통일비용』, 민족통일연구원, 1997 참조.

방향, 즉 북한식 수령중심체제 또는 '우리식 사회주의'가 유지되는 방향으로의 남북한 통합은 21세기 세계사의 흐름과 조화되지 않을 뿐만 아니라, 더욱이 현실적 가능성이 거의 없다는 데 합치되고 있다. 어쨌든 이 시나리오는 자유민주주의체제 중심의 '1국체제'로 접근하는 단일국가(unitary state) 유형이라고 할 수 있다.

그러나 문제는 여전히 남는다. 현실적 가능성이 모든 사람들의 동의를 요청하고 합의를 기대할 수 있는 도덕적 힘을 지닌 것은 아니다. 남한 사회의 불평등성, 비인간적 경쟁체제, 물신주의, 문화적 예속성 등 우리 사회의 고유한 모순이 해소·극복되지 않은 상태에서 남한 중심의 통일방식은 북한 지역을 점령지화하여 약탈하고 북한 주민들을 이등국민으로 만드는 '내부 식민지' 형태를 초래할 수 있다는 점에서 무엇보다 우리 사회 내부로부터 많은 비판과 저항에 직면할 것이다. 이를테면 통일에 대한 '현실'논리는 항상 힘의 논리이며 사회·경제적 강자의 논리에 부응하기 때문에 '현실'논리만으로 통일문제에 대한 국민통합을 기대하기는 불가능하다. 따라서 통일문제에 대한 접근방향에서 현실적 가능성의 측면과 사회정의 차원의 규범성이 동시에 고려되지 않으면 국론통일과 국민통합은 단지 하나의 구호에 그칠 뿐이다.

동서독 통합이 우리에게 주는 시사점은 양 체제의 비교적 높은 친화성(affinity)이야말로 통합을 순조롭게 이룰 수 있게 하는 배경이었다는 것이다. 서독은 유럽에서도 높은 수준의 사회보장국가로서 자본주의 시장경제에서 가장 좌파적 이념체계라 할 수 있는 사회민주주의 전통의 굳건한 토대를 확보하고 있었다. 동독은 동구 사회주의의 진열장으로서 가장 발달한 선진 사회주의 국가였다. 이런 배경에서 양 체제의 통합은 이념 및 체제통합 차원에서 서로 한 걸음씩 양보하는 형태로 통합과정에서 큰 갈등은 나타나지 않았다. 이를테면 서독은 전통적인 사회보장국가체제에서 동독에 대한 경제적 부담과 사회적 약자에 대한 배려를 당연히 감내해야 하는 것으로 받아들일 수 있었다. 그와 함께 동독 주민들이 국가(계획) 중심에서 시장 중심의 사회로 전환하는 과정에서 가혹한 개인책임사회의 충격과 고통을 극복할 수 있었던 데는 서독의 대대적인 지원정책의 결과이기도 하지만, 서독 사민주의 국가의 노동계급 중심의 정치체제와 이념 그리고 사회주의 국가 동독 주민들의 가치체계가 서로 친화성을 지니고 있었기 때문이라고 하겠다.[35]

자유민주주의는 그 역사만큼 폭넓은 스펙트럼이 있다. 자유민주주의는 자본주의적 시장경제와 조응하는 본질상 우파적 이데올로기라 할 수 있으나, 사회정의, 국민복지, 계급조화 등을 긍정하는 진보적 속성도 지니고 있다는 점에서 이념적 탄력성이 크다. 자유가 박탈된 강제적 평등사회의 한계가 폭로되는 데 70여 년의 시간이 소요되었다면, 사회정의가 배제된 자유의 야만성과 폭력성을 만나는 데는 불과 10여 년의 시간밖에 걸리지 않았다. 통일은 남한 중심의 자유민주주의체제로 이루어질 개연성이 높다. 그러나 통일을 준비하는 우리 사회는 더욱 민주화되고 자유와 함께 계층 간 조화와 형평성을 높여 나가야 공동체적 구심력을 추구할 수 있고 국민통합의 기반을 확충할 수 있다. 통일한국의 미래상에 대한 좌·우파 간의 간극을 좁히고 접점을 확대시키기 위해서는 분단시대의 냉전적 반공주의로 구현된 자유민주주의의 이념적 한계를 극복하는 한편, 평등의 가치와—평등은 결과의 평등을 의미하는 것이 아니라 기회균등 및 출발조건(head start)의 균등상태를 지향하면서 개인적 능력과 창조적 활동에 따른 보상체계도 함께 고려되는 조화로운 사회정의론에 입각한 평등론으로서—사회국가의 이념을 포섭하는 차원에서 자유민주주의의 이념적 지평을 심화·확대시켜 나가야 한다.

35 북한 김정일은 사회국가 스웨덴 체제를 가장 선망하는 것으로 알려졌다(『올브라이트 미 전(前) 국무장관 회고록』)(중앙일보, 2003. 9. 17).

5.2.2. 통일 시나리오(B): 복합국가

복합국가(composite state) 유형은 국가연합(confederation), 연방제(federation), 공영방(共榮邦, commonwealth) 등을 포함한다. 그러나 남북한 통합방식과 관련하여 연방제와 남북연합의 두 형태를 상정할 수 있다. 복합국가는 천관우가 일찍이 "남쪽은 남쪽대로 북쪽은 북쪽대로 그대로 가지고 그러면서도 뭔가 하나의 국가로서의 덩어리를 형성하고, ……점차 시간을 둬 가면서 양쪽에서 대화와 교류를 통해서 기다려 가면서 점진적으로 이해할 것은 하고 이해 못할 것은 못하고 그러면서 단일국가를 추진해 가는 그런 방안"의 소박한 형태로 제시하였지만, 남북한 통일체제 구상에 대한 선지자적인 예지를 보여 준다.[36]

장준하는 이러한 예지를 이어받아 「7·4 남북공동성명」의 충격적인 환희 속에서 육필로 쓴 『민족주의자의 길』에서 '복합국가론(複合國家論)'의 신중한 검토를 당부하면서, "이것은 또 외형의 문제이고 내부체제에 있어서 복합사회라고 할 제(諸) 제도와 체제의 병존과 같은 사회체제도 연구되어야 한다"고 역설하였다. 나아가 더욱 놀라운 통찰력은 "물론 이것은 하나의 민족, 하나의 국가를 향한 현실적인 하나의 단계이지 궁극의 목표는 아니다"라고 하면서, 계속하여 "적어도 각 분야에서 대외의존이 청산되고, 자주성이 세워지고, 이에 따라 통일민족의 의식과 도덕이 확립된다면 복합적 사회체제가 불가능하다고 할 수 없을 것이다"라고 갈파하였다.[37]

복합국가는 여러 형태가 있을 수 있으나 우리 민족의 적극적이고 창조적인 역량에 따라 복합국가체제의 내용과 성격이 규정될 수 있을 것이다. 이를테면 복합국가는 '한 지붕 두 가족' 또는 '한 깃발 두 국

---

36 천관우, 「민족통일을 위한 토론회: 민족통일의 구상 ①」, 『씨알의 소리』, 1972. 8 참조.

37 장준하, 『씨알의 소리』, 1972. 9; 10주기추모간행위원회 편, 『민족주의자의 길』(장준하문집 제1권 『사상』), 1985, p. 59.

가(one flag two states)'의 형태로 완전통일의 그날까지 상당 기간 지속되는 국가형태일 수 있다. 구체적으로는 '남북연합제' 또는 '낮은 단계의 연방제'에 의한 통일국가의 윤곽은 모두 두 지역정부를 아우르는 '복합국가'의 형태로 복합체제·복합사회의 전망을 제시한다.

(1) 복합국가의 유형, '연방제'

여기서 나는 복합국가 통일 시나리오의 한 형태인 연방제에 대한 새로운 이해와 조명이 필요하다고 본다. 연방제는 북한의 통일방안으로 40여 년 동안 변함 없이 주장되어 왔다. 그러나 연방제는 명칭의 지속성에도 불구하고 그 내용과 성격은 변하지 않을 수 없었다. 북한의 연방제는 초기의 적극적·공세적 통일론에서 점차 수세적·방어적 논리로 바뀌었다. 통일전선전략의 일환으로 제기된 초기의 연방제는 1990년대에 와서는 통일론이라기보다는 오히려 체제보존을 위한 방어적 논리로 변하였다.

연방제의 약사(略史)를 간략히 살펴보자. 김일성은 1960년 8·15 경축연설을 통해 남북통일의 과도적 조치로서 '남북연방제'를 제의하였다. 연방제 안은 당시 4·19혁명 직후 한반도 정세를 논의하기 위해 그 해 5월 평양을 방문한 쿠즈네소프 소련 외무성 부상(副相)이 제공한 아이디어로, 그는 김일성에게 공산주의와 무력통일에 대한 남한의 거부감을 해소시키기 위한 방안으로 정부 당국 간의 연방형성 제안을 권유하였던 것이다. 그 후 '고려연방제'(1972)를 거쳐, 완전한 통일형태로서 '고려민주연방공화국' 창립방안(1980)을 확립하였다. 그리고 '1민족 1국가 2제도 2정부'에 기초한 연방제(1991)로 전환되었고, 이러한 변화과정 속에서 이른바 '낮은 단계의 연방제'(2000)가 나타나게 되었다. 연방제는 통일전선전략의 일환으로 제기되었고 또 그러한 목적으로 주장되었다는 점에서, 탄생설화는 지극히 불순하고 불온하다. 그러나 연방제의 본질적 성격은 변하였으며, 이는 남북한 국력차이와 사회주의권 몰락의 세계사적 현실을 반영한 결과다.

(2) 먹거나 먹히우지 않고

복합국가 형태의 통일 시나리오는 낮은 단계의 연방제나 남북연합이거나 간에 대외적으로 남북한을 대표할 수 있는 중앙정부의 구성방식은 많은 논쟁이 예상되는 과제이며, 특히 군사권과 외교권을 비롯한 주요 내정권(內政權)은 상당 기간 남북한 각각의 지역정부에 맡겨질 수밖에 없을 것이나, 여기서는 일단 남북한 복합국가의 한 형태로서 연방제의 의의를 재발견할 필요가 있다는 데에서 그치고자 한다.

궁극적으로 통일한국의 정치체제는 남북한 복합국가 형태의 장기공존을 전제로 사회정의 차원에서 형평성과 효율성의 양립·조화를 추구해 나가는 과정 속에서 보다 구체적으로 모색될 수 있다. 남북한 복합국가 형태를 통해 한반도 평화의 틀을 구축하는 한편, 시장논리와 공동체적 논리의 조화를 통한 민주주의 확립의 과제는 우리 민족의 선택적 의지와 역량에 달린 문제라고 하겠으며, 1국체제이건 복합국가체제이건 모두 평화적 방식에 의한 합의통일을 전제하고 있다.

6 결 론

한반도의 평화와 통일문제는 동북아 역내질서의 변화, 북한의 핵문제와 더불어 북한체제의 미래에 대한 전망과 깊이 관련되어 있다. 21세기 동북아 질서는 새로운 구도로 재편되고 있으며, 한반도를 중심으로 미·일·중·러의 주변 4강구도는 모두 협력과 경쟁관계를 특징으로 하고 있다. 경제적 통상부문에서는 긴밀한 협력과 상호의존도가 높아 가고 있는 반면, 안보부문과 국제정치적 역학관계에서는 불확정적인 유동성이 증대되면서 미래 전망의 다양한 가능성을 드러내고 있다.

동북아 지역의 미래 전망은 미국의 우월적인 영향력을 정점으로 중국과 일본의 영향력 증대와 러시아의 입지를 만회하려는 의지 등이 상충되는 가운데 한반도 주변 4강이 모두 평화공존과 지역안정을 추구하고 있다. 그럼에도 불구하고 중국 국력의 급성장과 이에 따른 역학구도의 변화가능성이 동북아 지역의 긴장유발요인이 될 수 있다는 점에서 커다란 관심사가 되고 있다. 중국이 동북아 지역에서 미국 헤게모니와의 균형을 추구하고 있지만, 단기간 내에 현상타파적인 미·중 균형상태가 정립될 것이라는 전망은 우세하지 않다. 이를테면 중국의 급속한 경제성장에도 불구하고 발전과정에서 은폐되고 억제된 다양한 내적 모순이 어느 단계에서 외적 팽창의 걸림돌이 될 수도 있을 것이다.

동북아 지역에서 미국과 중국의 힘의 균형이 현재 미국 우위의 국제관계보다 한반도 평화와 통일과정에 좀더 우호적일 수 있는 국면인가에 대해서는 누구도 확신할 수 없을 것이다. 그러나 중국의 대북 영향력과 북한의 대중 의존도가 점차 높아지면서 북한이 마치 중국 동북 4성(省) 가운데 하나의 성과 같은 지위로 전락할지도 모른다는 우려가 점증되고 있는 상황이라면, 통일을 추구하는 우리에게 주어진 시간은 그렇게 충분하지는 않다.

한반도 평화정착은 북한의 목표와 전략에 대한 명확한 이해와 함께, 주변국들의 동북아의 안정과 평화를 위한 인식의 공유가 확산되고 있는 상황을 충분히 활용할 수 있어야 한다.[38] 이런 맥락에서 최근 베이징 제4차 6자회담 참가국들 사이에서—아직 구체적 형태를 띤 것은 아니지만—한반도 평화협정체제의 필요성에 대한 인식의 공유가 나타나고 있는 모습이 우리의 관심을 끈다.[39]

[38] 박영호, 「동북아평화공동체 건설과 한반도 평화정착」, 『평화를 위한 우리의 한반도 정책 대(大)구상』, 통일문제연구협의회, 2005. 7. 26, pp. 17~21.

[39] 중앙일보, 2005. 8. 8.

한반도 평화체제 구축을 위한 평화협정은 북한의 핵폐기 수용을 전제로 북핵문제가 거의 해결된 단계에서 논의될 수 있고, 실질적 진전은 북한 핵위협이 해소된 시점에 시작될 수 있을 것이다. 물론 미국을 비롯한 다자보장방식인 평화협정체제가 이루어지면 한반도의 평화는 보다 안정적으로 구축될 수 있다. 그러나 접근방식에 있어서 한반도의 안정과 평화를 위한 평화협정문제는, 핵문제 해결 후 평화협정체제 구축이라는 순차적(順次的)인 접근보다는 핵문제를 해결해 가는 과정에 평화협정문제도 함께 접근되는 것이 바람직하다. 이를 위해 6자회담 참가국 사이에서 한반도 평화협정체제 구축을 위한 동북아 평화포럼 형태의 다자 간 평화협의체 창설을 논의할 적절한 시기라고 하겠다.

남북한 장기지속을 전제로 하여 통일을 먼 지평에 설정하는 '실질적' 통일상태를 추구하든, 머잖은 시일 내에 '떠맡는' 형태의 통일에 봉착하든, 통일을 적극적으로 추구하거나 서두를 필요는 없지만 통일상황에 대한 예측과 대비책을 마련하는 일이 무엇보다 중요하다. 그와 함께 북한의 미래 전망의 회복을 위한 적극적인 대북 지원과 협력을 추진해 나가는 동시에, 북한체제의 향방에 대해서는 북한 지도부와 주민들이 스스로 선택하도록 해야 하나 그 과정에서 북한의 불확실성은 적절히 통제·관리되어야 한다는 점에 '북한 관리'의 불가피성에 대한 인식이 필요하다.

통일은 과도기적 형태의 남북연합이나 연방제 형태가 장기간 지속되거나 짧은 기간 동안 집약적인 형태로 나타날 수 있으며, 또는 그러한 과정을 거치지 않고 전격적인 형태로 추진될 수도 있다. 한반도 통일은 단순히 동북아 지역의 정치지도의 변화에만 그치는 것이 아니라, 동북아 지역의 헤게모니를 둘러싼 미국과 중국의 역학관계에 심대한 변화를 초래하는 사안이라는 점에서 결코 '우리 민족끼리'만의 문제일 수는 없으며, 주변국의 지지와 협력 위에서만 가능하다.

제 8 장

핵보유국 북한: 핵불감증 한국

1. 북한 핵보유 시인
2. 평화용 아닌 핵무기로 개발된 북한 원자력
3. 미국의 핵위협이 핵무장 배경
4. 핵보유 '추정'과 '시인'은 다르다
5. 북한 핵과 '저강도' 전쟁
6. 핵무기는 약소국의 자주성을 지키는 대안?

➢이 글은 『월간중앙』 2003년 6월호에 수록된 원고입니다.

1 북한 핵보유 시인

북한은 최근 핵무기 보유를 시인하였다. 이는 북한이 "우리는 핵개발 의도도 능력도 없다"고 주장해 온 지금까지의 입장과 전면 배치된다. 핵보유 시인은 북한 핵전략의 새로운 형태로, 엄청난 폭풍 속으로 진입하는 한반도의 상황을 예고하고 있다.

'핵보유'와 '핵개발 프로그램'은 전혀 다른 차원의 문제다. 핵개발 프로그램은 2002년 10월 제임스 켈리 미 대통령특사의 방북을 계기로 불거진 문제로, 한반도 전쟁위기의 핵심 사안으로 부각되어 왔다. 핵보유를 시인한 베이징(北京) 3자회담(북·미·중, 4. 23~25)은 핵개발 프로그램의 폐기를 둘러싼 회담자리였다. 이 과정에서 8,000여 개의 사용 후 핵연료봉 재처리문제가 북핵문제의 한계선(red line)으로 부각되는 듯하였다. 이는 6개월 내에 5~6개의 핵폭탄을 제조할 수 있는 플루토늄 추출과 관련된 사안이다. 그런데 예상하지 못하였던 북한의 핵보유 시인으로 국제사회의 충격과 함께 한반도 핵위기는 예측하기 어려운 상황으로 빠져들게 되었다.

북한은 이미 보유한 핵무기는 제거(포기)할 수 없으나, 핵개발 프로그램은 협상테이블에 올릴 수 있다는 입장을 밝힌 것으로 전해졌다. 따라서 북한의 핵전략은 국제적으로 핵보유국 지위를 인정받는 한편, 핵개발 프로그램은 대가를 전제로 협상대상으로 삼을 수 있다는 것으로 나타났다.

2 평화용 아닌 핵무기로 개발된 북한 원자력

"긍정도, 부정도 않는다"(NCND)라는 말은 핵문제에 대한 일반적인 관행처럼 인식되어 왔다. 그런데 핵보유에 대한 '비공식적 시인, 공식적 확인 거부'는 새로운 북한판 핵전략인 셈이다. 이스라엘은 200~300기의 핵무기를 보유한 것으로 알려졌으나 한번도 핵무기 보유를 공식적으로 시인한 적이 없다. 남아프리카공화국은 핵무기를 해체한 후 그 존재를 시인하였다. 그런데 핵무기 보유의 시인이나 선언과 무관하게 이스라엘의 핵보유는 이미 공인된 사실이다.

북한의 핵무기정책은 김일성의 핵개발에 대한 강한 의지 속에서 상당히 일찍부터 추진되었다. 1955년 4월 북한 과학원 제2차 총회에서 '원자 및 핵물리학연구소' 설치를 결정하였다. 1956년 3월 소련과 원자력협정을 체결하여 드브나핵연구소에 과학자를 파견해 양성하기 시작하였고, 몇 해 후(1962. 1) 소련의 지원 아래 소형 원자로를 착공할 수 있었다.

그 후 북한은 정무원 산하 원자력공업부 신설(1986. 12)에 이어 제2원자로 시험가동에도 성공하였다(1987. 2). 이 시기부터 북한은 국제사회의 주목을 받게 되었으며, 1990년대 초부터 국제원자력기구(IAEA)의 핵사찰 요구와 거부의 숨바꼭질이 지금까지 계속되고 있다.

북한의 원자력은 평화용이 아닌 핵무기 개발용으로 출발하였다. 바로 이 점이 한국의 핵에너지정책과 다르다. 북한 핵개발의 주요 인물들을 살펴보자. 우선 이승기(李升基) 박사를 꼽을 수 있다. 그는 일본 교토(京都)대에서 합성섬유를 전공한 화학공학자로, 월북 후 비날

론 제조로 크게 명성을 떨쳤다. 1962년 레닌상을 수상하였고, 모스크바대 강사를 거쳐 1967년 북한원자력연구소 초대소장을 역임하였다.

도상록(都相錄)은 도쿄(東京)대에서 핵물리학을 전공하였으며, 교세이(京城)대에서 이공학부장을 지낸 후 북한에서 원자력위원회 위원으로 활동하였다. 정근(丁根)은 모스크바대에서 핵물리학을 전공한 원자로분야 전문가로 북한과학원 위원을 역임하였다. 여경구는 몽양 여운형의 조카로 일본 와세다(早稻田)대에서 화학을 전공하였는데, 제2차 세계대전 말기 일본 V-Ⅱ로켓(독일제) 연구부에서 액체추진체 연구원으로 일하다 해방 후 북한 과학계에서 연구활동을 하였다. 최학근은 모스크바대와 소련 드브나핵연구기지 출신 핵공학자로 북한 정무원 산하 원자력공업부 부장을 역임하였다.

지난 해 망명한 것으로 알려진 경원하 박사는 '북한 핵개발의 아버지'로 알려졌다. 핵공학자(Nuclear Criticality 전문가)인 경 박사는 미국 로스알라모스 국립핵연구소에서 핵폭탄 제조에 참여하였고, 그 후 캐나다 맥길(McGill)대 교수로 재직중 입북하여 북한 핵개발에 크게 기여하였다. 미국의 한 국방잡지는 1994년 "1980년대 북한의 영변 원자로 건설과 가동은 경 박사 주도로 이루어졌다"고 소개하였다. 이처럼 해방 전후 이미 뛰어난 핵관련 과학자들 이외에 해방 후세대 핵과학자들은 잘 알려져 있지 않다. 그러나 이들이 키운 북한의 핵관련 전문가와 기술자들은 적어도 수백 명에 이르는 것으로 보인다.

3 미국의 핵위협이 핵무장 배경

북한의 핵무장 추구 배경은 다음과 같다. 첫째, 미국의 핵위협이다. 김일성은 한국전쟁중 미국 아이젠하워 대통령의 중국 본토에 대한 핵공격 검토 발표로 휴전에 동의하지 않을 수 없었고, 그 후 미국의 핵무기 사용에 대한 공포심을 갖게 되었다. 1959년 주한 유엔군사령부는 미국의 대량핵보복전략에 따라 핵무기의 한국 배치를 발표하였다. 김일성은 미국의 핵위협을 심각하게 인식하지 않을 수 없었다.

특히, 베트남전이 끝난 뒤 당시 슐레징거 미 국방장관의 한국 핵기지화 제안(1975. 5. 1) 및 한반도 전술핵무기 배치 재확인과, 그 후 북한 재침시 대북 핵무기 사용가능이라는 전쟁억지용 경고성 발언(1977. 7)은 북한의 위기위식을 고조시켰다. 이에 자극받은 김일성은 "남들이 핵무기를 보유하면 우리도 겁낼 것 없다"며 핵에는 핵으로 대응한다는 의지를 표명하였다. 최근에도 미국이 핵선제공격 대상(핵태세검토 NPR 보고서, 2002. 1. 8)에 북한을 포함해 위기감은 한층 높아질 수박에 없었다.

둘째, 대내적으로 강렬한 핵보유 의지를 들 수 있다. 핵무기는 남조선을 해방하는 최종수단일 뿐만 아니라 김일성·김정일 우상화의 표현이다. 즉, 핵무기는 체제를 유지하는 최후의 보루다.

셋째, 핵무기는 최소비용으로 가장 효율적인 군사력을 보유하는 방안이다. 여기에 핵물질과 핵관련 기술 등은 외화벌이의 견인차 역할을 하며, 궁극적으로 한국·미국·일본에 다양한 협상용 또는 협박용으로 활용할 수 있다.

지금까지 북한은 한두 개의 핵을 보유한 것으로 추정되었다. 핵보유 추정은 대개 북한의 IAEA 핵활동보고서 제출내용과 IAEA 사찰결과의 '불일치'에 근거한다. 북·미 기본합의(1994. 10. 21, 제네바)는 북한의 향후 핵활동 전면 동결에 초점을 맞추었다. 그 후 미국은 북한의 집요한 핵보유 의지와 플루토늄 추출가능성에 근거하여 북한의 핵보유를 추정해 왔다.

근래 들어 미 럼스펠드 국방장관, 딕 체니 부통령 등은 미 정보당국의 판단에 기반하여 '북 핵무기 보유'를 몇 차례 주장하기도 하였다. 이러한 와중에 돌출된 북한의 핵보유 시인은 회담에 임하는 북한의 절박한 입장을 반영하였다고 볼 수 있다. 다른 한편으로는 미국이 북한 핵의 실체에 대해 추정단계를 넘어 보다 분명한 정보와 증거를 확보하였다는 의미다.

핵보유 '추정'과 핵보유 '시인'은 엄청나게 다르다. 핵보유 시인은 북핵의 실체를 더 이상 문제삼을 필요가 없는 단계로 상황이 바뀌었다는 것이다. 여기까지 왔는데, 아직도 북한 핵전략이 핵보유와 핵개발이 아닌 협상용이라고 본다면 위험천만한 일이 아닐 수 없다.

우리 사회 일부에서는 "핵실험을 하지 않은 상태에서 핵보유 기정사실화는 곤란하다"는 주장도 제기된다. 그러나 현재의 핵기술수준에서 반드시 핵실험을 해야만 핵보유가 입증되는 것은 아니다. 북한은 핵실험과 관련해서 NCND전략을 채택할 수 있으며, 핵실험은 핵사용 직전에 이루어질 수도 있다. 만약 투하대상국에 직접 사용하겠다고 협박한다면 핵실험을 거치지 않은 핵폭탄이라고 안심할 수 있을까. 그리고 우라늄탄은 핵실험이 불필요하다.

컴퓨터 모의실험으로도 핵실험을 대신할 수 있다. 더욱이 소형이면 지하동굴에서 은밀히 실험할 수도 있다. 특히, 북한의 경우 파키스탄의 핵실험자료로 실제 핵실험을 대체할 수 있는 것으로 평가된다. 마지막으로 북한은 핵실험과 같은 효과를 낳는 고폭실험을 70여 회 이상 실시한 것으로 확인되고 있다.

이처럼 핵실험이 핵보유를 입증하는 필요충분조건은 아니다. 오히려 북한은 핵실험 의도 자체를 협박 또는 협상용 카드로 활용할 가능성이 높다. 미국은 북한이 베이징 3자회담에서 핵실험을 뜻하는 'test'라는 단어를 사용하지 않았다고 하였다. 핵실험이 필요불가결한 사안이 아님에도 불구하고 북한은 핵실험을 할 의사가 있다는 카드를 적절한 시기에 협상용·협박용으로 끄집어 낼 것이다.

4 핵보유 '추정'과 '시인'은 다르다

북한의 최대 목표는 핵을 보유한 상태로 미국과 불가침협상을 체결하여 체제를 보장받고 한국과 일본으로부터 경제적 지원을 얻어 내려는 데 있다. 그러나 핵을 가진 김정일 정권과의 공존은 최악의 상황을 초래할 수 있다. 미국측의 시각에서 북한의 핵보유를 용납할 수 없는 이유는 다음과 같다. 첫째, 북한이 플루토늄을 판매할 수 있으며, 둘째 북한이 붕괴할 경우 관리가 느슨해진 핵무기가 군벌이나 정파의 손에 들어갈 수 있다. 셋째, 핵무기가 북한 정부의 손에 그대로 있다고 해도 북한은 핵무기로 위협해 주한미군을 철수시킬 수 있다고 보며, 넷째 북한 핵보유는 동아시아의 한국·일본·대만에서 핵보유 도미노효과를 낳아 지역긴장을 높인다. 다섯째, 북한 핵무장은 세계 핵비확산체제(NPT)에 심대한 타격을 입힐 수 있다(애시턴 카터 예방방위계획공동국장, 미국 상원 북핵청문회 요약, 연합뉴스, 2003. 2. 6).

그러나 우리가 김정일 정권의 핵을 용납할 수 없는 이유는 더욱 심각하다. 북한의 핵보유가 공인되고 핵국가로서 국제적 지위를 얻게 되면 김정일 정권은 대남 '저강도' 분쟁을 일상화할 개연성이 높다. 남한이 스스로 핵을 보유하거나 재반입된 주한미군의 핵에 의존한다고 하더라도 북한은 남한이 핵전쟁을 두려워하여 국지적 도발에 항상 소극적으로 대처할 수밖에 없을 것이라는 확신 아래 김정일 정권의 내부적 위협이나 체제단합을 위해 저강도 분쟁에 호소하는 방식을 손쉽게 택할 수 있다.

핵보유 국가 간 저강도 분쟁의 사례는 인도-파키스탄 전쟁을 들 수 있다. 파키스탄은 인도의 군사위협을 극복하기 위해 핵무기 보유 정책을 강력하게 추진하였던 것이다. 그러나 파키스탄은 핵폭탄을 보유하게 되자 오히려 인도에 대한 대담하고 빈번한 군사도발을 감행하였다. 파키스탄의 도발적인 군사적 조치는 인도가 제한적이나마 핵무기를 보유한 국가에 전면적인 군사공격을 가할 수는 없을 것이라는 신념에 기초한 전략이었다. 즉, 파키스탄의 제한적 수준의 핵무기가 인도의 핵공격을 억제할 것이고, 파키스탄의 비합리적인 핵공격을 우려하여 인도의 반격이 제한적일 수밖에 없다는 확신을 파키스탄이 갖게 된 것이다. 따라서 인도는 파키스탄의 군사도발을 억제하기 어렵게 되었다. 인도는 그 후 군사력과 국력이 엄청나게 앞서는데도 파키스탄의 도전에 단호하게 군사적 조치를 취할 수 없는 지경에 이르렀다. 결국 핵보유 국가 간 군사분쟁은 억제될 것이라는 가정은 환상임이 드러났다. 인도-파키스탄 분쟁은 '제한전쟁'이라는 새로운 개념을 창조하였다. 핵우산 아래에서도 제한전쟁, 즉 저강도 전쟁이 일상화될 수 있다는 현실을 증명한 것이다.

5 북한 핵과 '저강도' 전쟁

김정일의 핵보유가 현실화될 경우 우리는 나날이 끔직한 사태에 맞닥뜨리게 될 것이다. 예컨대, 과거의 경험을 준거로 한다면 군사분계선 침략, 해상도발, 영해·영공 무단침범, 도시게릴라 침투 파괴공작, 국가기간시설 파괴 또는 파괴위협 등 온갖 형태의 침략과 협박으로 고통받을 것이다. 그런데도 확전된다면 핵전쟁이 일어날 수 있다는 공포와 두려움 때문에 단호하고 전격적인 대응전략을 선택할 수 없게 되어 우리 국민들은 일상적인 전쟁상태에서 헤어나지 못하게 된다.

김정일 정권의 핵은 반 세기 이상의 재래식 전력에 의한 전쟁억지전략을 완전히 무효화해 한국의 국방전략을 전면 폐기·수정해야 하는 결과를 부를 것이다. 이는 엄청난 국방예산뿐 아니라 국가안보와 국방 개념 전체를 흔들어 국가존립 자체를 위태롭게 하는 결과를 가져온다.

핵무기의 존재 과시로 남북관계를 일방적으로 끌고 가거나 협박성 대북 지원을 요구하는 상황도 나타날 수 있다. 그리하여 김정일 정권이 마침내 핵무기 위협으로 한반도의 '해방'의지를 구현하려고 들 경우 우리 사회는 극한적인 위기상황에 빠지게 되며, 그 최종 결과는 민족공멸일 뿐이다.

한국의 핵불감증은 제3국 입장에서 보면 불가사의한 현상이다. 북한의 핵폭탄을 전혀 두려워하지 않는 한국인의 이 '무신경과 배짱'은 도대체 어디에서 나오는가. 나는 핵불감증을 한국 사회의 '친북좌익'

성향과 ‘보수우익’성향 양측 모두에서 공통적으로 나타나는 ‘정신병적’ 도착증세라고 본다. 이를 양측의 정서로 분리해 접근할 수 있다.

먼저 친북좌익성향을 가진 이들은 NPT체제 자체의 불공정성을 비난하고 나선다. “왜 강대국만 핵을 가지고 제3세계의 약소국이나 북한은 핵을 가져서는 안 된다는 말인가”라고 강변한다. 더욱이 이들은 주체국가 김정일 위원장이 ‘미제’의 세계패권전략에 도전하여 국가의 ‘자주성’ 차원에서 핵을 보유하려는 의지를 긍정적으로 평가한다. 이들은 북한 핵문제를 비판하는 입장을 미국 편을 드는 사대적·반민족적 논리로 규정한다.

이들 사이에서는 북한 핵은 서울이 아니라 도쿄와 미국을 겨냥한 핵으로, 우리가 크게 호들갑을 떨 필요가 없다는 주장이 슬그머니 제기되고 있다. 이러한 입장을 가진 이들은 북한 핵은 본질상 북·미 간 문제라고 주장하면서, 김정일 정권의 민족공조 논리에 내심 동조하는 한편 우리는 핵문제보다 남북관계 개선과 남북경협사업에 힘을 쏟아야 한다고 설득한다.

이는 반미성향에 따른 북한 핵에 대한 관용적 입장으로, 북한 핵문제에 대한 건강한 인식능력의 상실과 정책적 대안모색 방기로 나타난다. 핵위기에 대한 무책임과 함께 국민을 철저히 기만하는 논리가 아닐 수 없다.

이런 의식이 퍼지게 된 것은 냉전 후 미국의 ‘오만’과 일방주의에 대한 강렬한 거부감과 강대국 중심의 핵 비확산체제의 불평등성에 대한 비판의식 때문이다. 그러나 강대국(P5) 중심의 유엔이나 미국 주도의 북대서양조약기구(NATO)체제도 완전히 평등하고 대등한 관계에 기반한 것은 아니다. 모든 주권국가의 완전한 평등관계는 역사현실에서 종종 허구적 논리에 지나지 않거나 국가끼리 좇아야 할 가치수준에서 만족해야 한다. 비록 불완전하고 편향적이지만 핵강국이 주도하는 NPT체제의 합리성과 핵 비확산을 위한 노력을 긍정적으로 이해할 필요도 있다.

6 핵무기는 약소국의 자주성을 지키는 대안?

보수우익 입장에서도 북한 핵은 통일 후 모두 우리 핵이 된다는 논리가 넓게 퍼져 있다. 지난 1990년대 초반 북한 핵문제가 발생하였을 때, 1970년대 박정희 대통령의 핵보유 의지를 예찬한 소설(『무궁화 꽃이 피었습니다』, 이 소설은 최근 북한에서 다시 관심을 끌고 있다)이 이러한 대중의식을 이끄는 데 성공하였으며, 그 후 핵은 남북한 모두 약소국의 자주성과 민족자존을 지키는 대안으로 인식되고 있다.

이러한 입장은 간혹 전문가들 사이에서 핵의 평화적 이용과 유사시 핵개발 가능성마저 완전히 차단한 「한반도 비핵화 선언」(1992)을 비판하는 논리로 이어진다. 이와 함께 흡수통일을 전제로 북한 핵을 통일한국의 군사력 자산목록으로 여기는 대중적 심정을 반영하기도 한다.

보수우익 입장에서는 또 "김정일이가 핵폭탄 한두 개 가지고 '까불면' 우리는 당장 미군에 핵반입을 요청하고, 그 사이 우리도 수십 개의 핵폭탄을 만들면 된다"는 주장까지 편다. 이는 북한에 대한 소아병적 우월주의와 더불어 핵문제에 대한 무지와 몽매에 뿌리를 둔 저돌적 행태의 소산이다.

결론적으로 북한 핵은 냉전시대 미·소 간 상호확증파괴(Mutual Assured Destruction: MAD)에 의한 '공포의 균형'을 이루던 성질의 핵이 결코 아니다. 남한 사회는 북한 핵으로 멸망하기보다 김정일 정권이 핵무기를 보유하고 있다는 사실 그 자체만으로 내부의 혼란과 균열에 의해 붕괴될 위험성이 더욱 크다.

핵을 보유한 김정일의 다양하고 치밀한 도발과 협박을 '민족적'·'해방적' 논리로 설명하며 동조하는 세력이 등장할 수 있다. 또 이를 거부하는 세력과의 갈등은 이성적 판단을 상실하게 하고 엄청난 혼란과 유혈폭력사태를 부를 수 있다. 이러한 악몽의 시나리오가 현실화할 가능성은 점점 커지고 있다.

북한의 핵보유에 대한 세계의 충격이나 우려와 달리, 핵위기를 위기로 느끼지 못하는 핵불감증과 느긋한 환상에서 깨어나지 못하는 현실이야말로 '정신병적' 도착증세가 아닐 수 없다. 젊은 세대를 포함한 많은 한국인은 김정일 수령국가체제의 위협을 좀처럼 인정하려 하지 않는다. 김정일 정권의 핵위협을 거의 느끼지 못하는 '현실'이야말로 가장 심각한 위기다.

제 9 장

흔들리는 한·미관계:
미합중국 대통령께 띄우는 서한

➢ 이 글은 『월간중앙』 2002년 3월호에 수록된 원고입니다.

"부시 대통령, 무력과 협박을 거두십시오"

먼저 조지 부시 미국 대통령의 서울 방문을 진심으로 환영합니다. 귀하는 자유와 평화를 사랑하는 세계시민의 관심 속에서 귀국의 동맹국이자 금세기의 유일한 분단국가인 한국 방문길에 오르셨습니다. 우리 국민은 모두 귀하의 방한을 통해 한반도에서 전쟁의 위기가 사라지고 평화의 기운이 싹트기를 바라는 마음 간절합니다.

미국 대통령은 우리에게 가장 큰 손님입니다. 우리 국민은 한국을 방문한 역대 미국 대통령들을 열렬히 환영해 왔습니다. 그러나 지금 귀하를 맞이하는 우리 국민의 심정은 무척 착잡합니다.

지난 1월 29일 귀하의 연두교서가 발표된 이래 우리 국민은 엄청난 충격과 불안 속에 사로잡히게 되었습니다. 귀하는 단호한 어조로 북한을 이란·이라크와 싸잡아 '악의 축(axis of evil)'으로 몰아붙였습니다. 그리고 "위험이 다가오는 것을 가만히 기다리지 않겠다"라고 공언함으로써 아프간전쟁을 치르면서 국제사회의 협조를 요청하던 입장을 팽개치고 강경하고 공격적인 언사로 마치 이들 국가를 다음 목표로 지목하듯 하였습니다.

귀하는 북한을 "국민을 굶기면서 미사일과 대량살상무기 개발에 혈안이 된 정권"이라고 비난하면서 이란·이라크와 함께 테러조직에 대량살상무기를 제공하고, 미국과 미국의 동맹국을 공격할 수 있는 주적으로 꼽았습니다. 그러자 북한은 즉각 귀하의 발언을 선전포고나 다름없다고 강력히 비난하고 나섰습니다. 그 며칠 사이에 우리 국민은 모두 '테러와의 전쟁'의 불똥이 마침내 한반도에 떨어지고 마는가 하는 두려움에 전율하였습니다.

한반도는 지난 몇 년 사이에 두 차례나 전쟁위기를 겪으면서 그야말로 아슬아슬한 순간을 운 좋게(?) 넘겼습니다. 첫 번째는 1994년 일촉즉발의 상황으로까지 치달았던 위기국면이고, 두 번째는 1998년 말에 대두된 '한반도 위기설'이 바로 그것입니다. 1994년 6월 중순까지 선제공격을 상정한 '작전(OpPlan)5027'에 의해 54만 5,000명의 미군이 참전해 3~4개월 동안의 전쟁을 통해 북한을 초토화시킬 수 있다는 전쟁계획이 수립되었습니다.

그러나 미군 8만~10만 명을 포함한 100만 명 정도의 인명손실, 남한 인구의 40%를 포함하는 서울과 인근지역의 불바다, 남한 경제와 무역의 전면적인 붕괴, 미국 전담 전비 1,000억 달러 이상, 우방국까지 포함한 1조 달러 이상의 막대한 전쟁비용 등의 문제점들이 지적되자, 미국측 예상피해규모에 질린 워싱턴이 주저해 가까스로 위기의 순간이 넘어갔습니다.

1998년 말 또 한번 위기가 다가왔습니다. 그 해 12월 초 한반도 전쟁 시나리오가 언론에 공개되자 북·미 간 첨예한 대립이 전개되었는데, 북한이 '5027 작전계획'을 선전포고라고 주장하자 주한미군은 북한군의 동향을 감시중이며 언제라도 대응할 만반의 준비를 갖추었다고 맞받아치는 가운데 짙은 전운이 감돌았습니다.

한반도는 화약고입니다. 한반도는 전쟁의 포성(砲聲)이 잠시 멎은 휴전지역입니다. 귀하의 눈으로 직접 보시겠지만 휴전선 철책 사이로 수백만 명의 증오의 눈초리가 서로를 노려보고 있습니다. 불씨 하나가 겨울 숲을 한순간에 태우듯 단 한 발의 총성이 한반도를 삽시간에 불구덩이로 만들 수 있습니다. 전쟁은 귀국이 선택할 수 있는 대외정책의 한 방편일지 모르지만, 우리에게는 민족의 공멸(共滅)일 뿐입니다. 전쟁은 자유와 인권과 민주주의를 송두리째 앗아갑니다.

피땀 흘려 쌓아놓은 이 조그만 결실과 우리 국민의 생존의 터전을 하루아침에 허물어 버립니다. 그런데 우리 민족의 존망이 달린 전쟁을, 그것도 동맹국의 의사나 입장을 완전히 외면한 채 한반도에서 전쟁을 일으킬 수 있다는 귀하의 협박조의 발언에 저는 형언할 수 없는 모욕감과 분노에 온몸을 떨었습니다. 한반도 7,000만 명의 생존이 태평양 너머 '빅 브라더'의 철권 한 방에 달려 있다고 생각하니 이루 말할 수 없는 참담함에 비통(悲痛)한 눈물이 왈칵 쏟아지기도 하였습니다.

미국의 작전 개념은 선제공격입니다. 귀하께서 더 잘 아시겠지만, 최근 공화당 행정부 매파들 사이에서 휴전선의 북한 방사포 등을 사전에 파괴하는 첨단전술을 통해 피해를 최소화하면서 북한체제를 제거하자는 주장이 다시 일고 있습니다. 이처럼 한반도의 전쟁은 귀국의 판단과 의지에 달려 있다고 생각하니 암담하기 그지없습니다.

그러나 결단코 우리는 전쟁을 반대합니다. 결단코 우리는 전쟁을 획책하는 그 어떠한 기도도 거부합니다. 귀하의 연두교서에 대해 뉴욕타임스(*New York Times*)는 "무력과 협박이 미국 외교의 전면에 떠올랐다"고 우려하였습니다. 덧붙여 9·11테러가 미국에 '무제한 사냥면허'를 준 것은 아니라고 비판한 사실도 유념하시기 바랍니다.

한국인들은 분단 이후 지금까지 남북한 갈등과 대립을 겪으면서 전쟁의 공포로부터 해방되어 평화와 안정을 누리며 살기를 소망하였습니다. 이 소망은 먼저 적대적인 남북관계를 평화적인 공존관계로 바꾸는 데서 비롯됩니다.

우리는 평화적 공존관계는 불신의 벽을 허물고 '대화'를 추구해 나가는 데서 시작된다고 믿고 있습니다. 남북관계의 개선은 우리에게 아주 절실한 문제가 아닐 수 없으며, 귀국도 남북대화를 지지해 왔습니다. 그러한 분위기 속에서 2000년 6월 평양에서 처음으로 남북정상회담이 개최되었고, 국제사회로부터 환호를 받았습니다.

물론 이러한 진전은 한반도 평화에 대한 귀국의 이해와 협조 없이는 이루어지기 어려운 것이 사실입니다. 그 해 가을에는 남북 간 화음(和音)에 조응한 북·미 간 훈풍(薰風)이 한반도 평화를 갈망하는 우리 민족의 기대를 잠깐이나마 부풀게 하였습니다. 그리하여 이제 남북 간 그리고 북·미 간 대결과 갈등의 시대는 가고 대화와 타협의 시대가 오는가 하는 생각도 해 보았습니다.

미국 공화당 행정부의 출범은 대외관계에서 전임 클린턴 민주당 행정부의 노선과 궤를 달리함으로써 한반도에 냉기류를 불러왔습니다. 귀하는 '미국식 국제주의'라 할 수 있는 이른바 '힘을 통한 평화'를 통해 범세계적 차원에서 핵·미사일 비확산을 최우선 외교목표로 삼았습니다. 그에 따라 출범 초기부터 북한의 대량살상무기(WMD) 문제를 미국 국익을 위협하는 핵심 요인으로 간주하고 북한의 핵과 미사일, 생화학무기 등에 대한 투명성 확보와 개발·수출·확산 저지 입장을 분명히 하였습니다.

그런 가운데 지난해 3월 한·미정상회담 자리에서 귀하께서 김정일 위원장에 대한 '의구심(skepticism)'을 표명하면서 철저한 '검증'과 '투명성'을 주장함으로써 1994년 제네바 합의정신과 전임 정부에서 이루어진 북·미관계의 성과가 송두리째 흔들렸습니다. 더욱이 북한의 재래식 전력문제까지 들고 나와 한반도 평화정착을 위한 남북한 당사자의 입장을 완전히 배제시키고 말았습니다. 사실 핵·미사일문제와 달리 재래식 무기 감축문제는 남북한 당사자 사이에서 다루어져야 할 사안이 아니겠습니까?

귀하의 대북 불신과 '검증', '투명성' 요구가 북·미 간 험난한 앞날을 예고하는 것 같아 우려하던 중에 9·11 테러사태가 발생하였고,

아프간전쟁이 한창일 때 귀하가 "북한이 대량살상무기를 생산해 테러리스트들이 사용하도록 한다면 테러리스트와 다를 바 없다"면서, "대량살상무기 개발국가들이 국제적 사찰노력에 협조하지 않을 경우 대가를 치르게 될 것"이라고 위협적인 경고를 보냈습니다. 그러자 북·미관계 개선에 대한 기대가 물거품이 되면서 오히려 '한반도 위기설'이 다시 고개를 들기 시작하였고, 북한 미사일문제가 본격적으로 핵심 쟁점으로 떠올랐습니다.

문제는 역시 핵과 미사일입니다. 공화당 행정부는 애초부터 제네바협정을 지키겠다는 의지보다 협정 자체를 아예 무시하거나 협정내용을 '개정'하려는 태도를 여러 차례 나타냈습니다. 물론 미국의 입장에서 보면 시정되어야 할 부분이 있는 것도 이해됩니다. 원유값이 올라 중유를 약속대로 제공하는 것도 쉬운 일이 아니고, 경수로가 건설된다고 하더라도 안전장치가 미흡하며, 핵심 기술을 북한에 이전하기 전에 검증을 확고히 하는 문제도 남아 있습니다.

그런데 2003년까지 끝날 것으로 전망하였던 원자로 건설이, 현재로서는 '상당 부분' 완료되는 시기도 일러야 2006년쯤 될 것으로 예상됩니다. 최근 북한은 원전건설이 늦추어지자 당장 필요한 전력지원을 요청하였으나 귀국이 제네바협정 위반이라고 강경하게 반대하는 바람에 아무런 진전을 보지 못하고 있는 상황입니다.

북한은 미국의 새 행정부가 기본합의문 이행의 의지가 없다면 북한도 합의문에 무한정 구속될 수 없으며, 그럴 경우 제 갈 길을 갈 것이라면서 "부시 행정부가 이렇게 나오는 것은 우리를 기어이 핵 범인으로 몰자는 것이고 조·미관계를 적대관계로 계속 몰아가다 종당에는 그 어떤 트집을 잡아 우리에게 선제타격을 가하려는 것"이라고 주장합니다.

한반도 위기설과 관련하여 보자면 지금 이 말은 전혀 근거 없는 논리는 아닌 것 같습니다. 어쨌든 북한은 지난 7년간 약속대로 시험원자로를 제때에 동결시켰고 지금도 그렇게 하고 있으며, 국제원자력기구(IAEA)도 이를 인정하는 사실 아닙니까? 그런데 이제 와서 1994년 6월 이전 한두 개 정도의 핵폭탄을 만들 만큼의 플루토늄을 추출하였을 가능성이 있다고 보는 이른바 '과거 핵'문제를 귀국이 새삼 부각시키는 까닭이 무엇인지 모르겠습니다.

세계 최강국인 귀국이 북한과 합의한 국제협약을 훗날 마음에 들지 않는다고 해서 휴지조각 취급한다면 국제사회가 귀국을 어떻게 여기겠습니까? 제네바협정은 귀국 정부가 반드시 준수해야 할 국제협약으로, 합의준수의 원칙 아래서 북·미 간 협상의 여지는 얼마든지 열려 있지 않겠습니까?

미사일문제도 그렇습니다. 북한은 지금까지 미사일 실험발사를 유예해 왔습니다. 미사일을 포함한 북한의 무기수출 총액은 1988년 8억 8,500만 달러로 정점에 달하였다가, 1990년대 초반에는 2억 달러 안팎으로, 1990년대 후반 이후에는 1억 달러 미만으로 급격히 줄어들었습니다. 이처럼 다 알려진 사실에도 불구하고 북한을 탄도미사일과 그 관련기술의 주요 확산국가로 지목하는 것은 충분한 증거가 없는 무리한 주장이라는 비판을 면하기 어렵습니다.

이미 북한 미사일문제에 대한 공화당 행정부의 입장은 민주당측으로부터 비판을 받아 왔습니다. 민주당은 "부시 행정부가 미사일방어(MD)체제에 너무 이념적으로 집착한 나머지 아직 기술적으로 검증되지 않은 MD 배치를 정당화하기 위한 명분으로 북한의 위협을 부풀리는 것 아니냐"는 의혹을 제기하면서, 부시 행정부는 북한이 위협적인 정권으로 남기를 원하고 있다고 하였습니다. 정녕 우리의 주목을 끄는 대목이 아닐 수 없습니다.

세계유일 초강대국인 미국이 그토록 북한에 '집착'하는 데는 무슨 다른 이유가 있는 것은 아닐까요? 미국이 세계적 패권국가로서의 위상을 유지하고 과시하기 위해서는 MD체제 구축을 본격화하지 않을 수 없는데, MD체제 구축을 위해서는 국내외적 반대와 비판세력을 잠재울 수 있는 절박한 위협요소가 있어야 합니다.

바로 여기서 부시 행정부가 믿을 만한 구석은 '북한'밖에 없다는 역설적인 논리가 발견됩니다.

귀하와 귀하의 참모들이 '북한 위협론'에 그토록 집착해 온 까닭은 '불량국가'들 가운데 북한이 대량살상무기와 이를 운반할 수 있는 미사일 능력이 가장 앞서 있고, 여기에 미사일 기술을 반미성향의 국가들에 수출할 의혹이 있다고 선전공세를 펼칠 수 있는 국가라는 점이 중요합니다. 아프간전쟁 도중에도 불구하고 북한의 위협을 줄곧 환기시키면서 결코 타협할 수 없는 '악'으로 규정한 배경을 이런 맥락에서 바라본다고 해도 무리한 이해는 아닐 것입니다.

사실 전 지구를 둘러보아도 MD체제 구축을 위한 위협세력의 존재증명을 귀국이 북한 외에 어떤 국가에서 찾을 수 있겠습니까? MD체제 구축을 위한 필요조건의 충족으로서 '북한'의 존재가 요구된다면, 북한으로서는 귀하의 뛰어난 전략가그룹의 '덫'에 걸려 옴짝달싹 못하는 상황에 처한 형국입니다. 핵·미사일·재래식 무기 감축 중 어느 것 하나 북한으로서는 받아들일 수 없는 까다로운 협상의제로, 그야말로 3중 4중의 덫에 걸린 셈이지요.

그럼에도 불구하고 귀하의 참모들은 '언제, 어디서(any time, any place)'라도 북한과 협상할 의사가 있다고 너스레를 떱니다. 협상을 통해 현안을 조절하겠다는 것이 아니라, 도저히 받아들이기 불가능한 의제를 미리 내걸어 놓고 들어오라는 식이지요. 이는 '무장해제하고

다 벗어라' 하는 무조건 항복과 다름없는 요구 아닙니까.

그런데 여기서 또 흥미로운 현상은 북한과 같은 '불량국가'를 철저히 왜곡하고 부정하는 과정에서 '공공의 적' 또는 '사악한 국가'에 대한 경멸을 통해 도덕적 확신을 되찾고, 적의 부각을 통해 자신의 정체성과 내적 결속력을 다지는 국내정치적 효과도 톡톡히 한몫을 하고 있다는 점입니다. 아시다시피 이런 방식은 과거 소련이라는 공산주의 망령이 살아 있었을 때는 자주 만날 수 있었던 모습입니다. 레이건 행정부 시절 소련을 '악의 제국'으로 불렀던 바로 그 방식을 귀하께서 재활용하신 것으로, 저는 그것을 미국식 사고관습에 뿌리박은 '기독교 원리주의'의 한 형태로 보고 싶습니다.

바로 이 점에서 공화당 행정부의 북한 위협론에 대한 집착이 왜 그토록 신앙적 차원으로 나타나며, 왜 한반도 평화문제를 남북한 당사자들이 푸는 것을 그처럼 경계하는지 이해할 수 있을 것 같습니다. 북한은 덫에 걸렸습니다. 그러나 저는 지금 북한을 변호하고 싶은 심정은 조금도 없습니다. 북한은 이미 매력을 상실한 실패한 국가이기 때문입니다.

귀하께서 허락해 주시기 바라면서, 여기서 21세기 미국의 세계 패권전략을 다시 한번 짚어 보도록 하겠습니다. 미국의 세계적 패권전략의 핵심 개념은 경쟁자의 경제 등뼈를 휘게 하는 이른바 '파산전략'의 추구에 있습니다. 두 말할 필요 없이 중국이 바로 그 대상국가 아니겠습니까. 이 파산전략은 대상국가의 경제발전과정을 심각하게 왜곡시켜 순조로운 국가발전의 길을 차단함으로써 궁극적으로 몰락을 유도하는 데 핵심적 목표가 있습니다. 과거 냉전시대 소련을 몰락시키는 데서 재미를 본 이 전략을 21세기 미국의 '전략적 경쟁자'인 중국에 적용하려는 데 귀국의 패권전략의 본질이 감추어져 있습니다.

파산전략은 어떻게 무한군비경쟁체제를 구축하느냐에 성패 여부가 달려 있습니다. 물론 군비경쟁이 미국의 경쟁상대를 기진맥진하게 할 수 있다는 사실은 귀국의 통치엘리트들에게는 거의 상식처럼 들리는 이야기에 불과하지만 말입니다. 레이건 시절의 와인버거 국방장관은 소련과의 경쟁에서 이기기 위해서는 "평화시의 군사전략에 대한 보충사항으로서 미국과 그의 우방국들이 소련에 대하여 사실상 경제전쟁과 기술전쟁을 선포해야 한다"고 역설하였습니다.

뉴욕타임스(1982. 5. 30)에 공개된 「1984~1988 회계연도 국방지침」의 사본에 그렇게 밝혀져 있더군요.

이러한 전략적 지침에 입각해 소련이 감히 엄두도 낼 수 없는 신무기를 개발하여 막대한 경쟁비용을 부담하게 하고, 새로운 분야의 군비경쟁을 일으켜 그 이전에 투자한 군사장비를 무용지물로 만들어야 하는 것입니다. 이 신무기전략은 1983년 3월 '스타워즈'로 불렸던 새로운 전략방위계획(SDI)으로 나타났지요. 이 전략의 성공을 위해서는 또한 서방 국가들의 대소 경제압력정책의 보완이 요구되었습니다. 1980년대 초반의 '신냉전'은 이처럼 미국의 무한군비경쟁 드라이브가 불러들였던 것이지요.

바로 이 시기에 사할린 상공에서 소련 전투기에 의한 KAL 007기 격추사건(1983. 9. 1)이 벌어졌던 것입니다. 이미 당시에도 '스타워즈'와 관련된 미국의 잇따른 소련의 방공망실험 전략에 휘말려 저질러진 비극이라는 말이 나돌았습니다. 개인의 운명이 초강대국의 패권주의적 음모와 무관할 수 없다는 데 존재의 근원적 한계를 절감하는 비극적 사례가 아닐 수 없습니다.

귀국은 최근 몇 년 사이 바로 중국을 최종 타깃으로 무한 군비경쟁체제, 즉 SDI 틀의 새로운 버전이라 할 수 있는 MD체제 구축에 돌입하였습니다. 붉은 제국 소련을 거꾸러뜨렸던 그 승리의 팡파르를 다시 한번 들으려고 말입니다. 그러나 그 팡파르 소리가 아직도 들려오고 있다면 그 소리는 분명 환청입니다. 당신들의 '전략적 경쟁자'에 대한 파산전략은 21세기에는 그대로 통용될 수 없는 한물간 전략입니다.

저는 그 이유를 이렇게 생각합니다. 첫째, 소련의 붕괴는 중국에 충분한 학습효과를 제공하였습니다. 따라서 동일한 패턴이 역사적으로 반복될 수 있다는 당신들의 가정은 하나의 소망에 불과합니다.

둘째, 무한군비경쟁체제는 반드시 경제전쟁과 기술전쟁을 병행해야 소기의 성과를 거둘 수 있습니다. 그러나 중국은 소련과 달리 폐쇄체제가 아니기 때문에 경제전쟁과 기술전쟁에서 대중 포위 압살이 쉽지 않다는 점입니다. 이를테면 농구경기에서 보듯 전방위로 압박하는 '풀 코트 프레싱'전략이 구사되어야 하는데, 귀국의 전통적 우방인 유럽연합(EU)이나 일본이 과거 냉전시대처럼 대중 포위 압살을 위해 귀국에 적극적으로 보조를 맞추어 줄 수 있을 것 같습니까.

셋째, MD체제는 전 지구적 차원에서 반드시 핵확산을 초래하게 됩니다. 러시아는 6,000여 기의 핵탄두를 보유하고 있어 MD체제를 당장의 절박한 위협으로 보지 않겠지만, 핵탄두가 겨우 20여 기에 불과한 중국으로서는 민감한 사안이 아닐 수 없을 것입니다. 그런데 중국의 핵·미사일 전력증강 의지는 동쪽으로 일본을 자극해 일본의 재무장을 촉발하는 한편, 서쪽으로는 인도를 자극하고, 인도는 파키스탄을, 파키스탄은 이스라엘을 자극하여 서남아시아와 중동 지역 전체의 정치적 불안을 가중시켜 핵확산의 도미노현상을 초래할 것입니다. 이 경우 MD체제가 귀국의 패권적 세계지배전략에 오히려 부메랑이 된다는 점을 통찰하시기 바랍니다.

넷째, 대중 포위망 구축을 위한 이념체계의 확립이 쉽지 않다는 점입니다. 이를테면 '미국은 선, 중국은 악'이라는 이분법적 구도 위에서 중국 이외의 모든 국가를 대중 포위망 구축에 동원하기 위한 이데올로기적 토대가 확립되지 않고서는 성공하기 어렵습니다.

한반도의 평화는 귀국 세계전략의 하위체계 문제입니다. 귀국의 세계적 패권전략의 기본 구도가 대중 전략에 맞추어져 있다면, 그것의 하위체계인 대한반도 전략은 베이징(北京)을 겨냥한 긴장조성전략의 주기적인 대응책과 깊은 관련성을 지닙니다. 이러한 구조 위에서 귀국의 국내정치적 필요에 따라 언제든 '사악한 국가' 북한 '불러내기'가 시도되는 것입니다. 예컨대, 미사일문제와 관련하여 북한의 '호전성'은 중요한 상품가치가 되는 것 아니겠습니까.

귀하의 '힘에 의한 평화'는 레이건 신조의 아류이지만, 고도의 군사기술 개발과 그에 따른 국방예산의 엄청난 증액을 요구하는 점에서는 레이건의 모조품에 불과합니다. 국방비 증액은 반드시 눈덩이처럼 불어나는 국가채무인 재정적자를 가져옵니다. 벌써 귀하의 공화당 행정부의 재정적자를 우려하는 목소리가 나오고 있지 않습니까? 그럼에도 불구하고 귀하는 선거공약에서 감세(減稅)를—물론 극소수의 기업주와 자본가들은 감세혜택을 보지만—약속하였습니다. 감세가 투자를 촉진시켜 생산성을 높일 것이라는 공급사이드 경제학은 이미 레이건 시절에 파탄난 경제이론임에도 말입니다.

군비증액은 귀하와 귀하의 부친 그리고 귀하의 참모들이 대거 포진한 당신들의 '진짜' 혈맹인 군수업체를 살찌우겠지만 국가재정은 거덜나는 짓입니다. 감세와 군비증액은 서로 충돌하는 논리입니다. 재정적자는 귀하의 약속인 감세정책을 포기하게 만들고 끝내는 증세를 불가피하게 만듭니다. 바로 여기에 1990년대 초 전쟁영웅이었던 귀하의 부친께서 재선에 실패한 요인이 있습니다. 우리 국민은 귀하가 미국인의 존경과 사랑을 한몸에 받는 성공한 대통령이 되기를 진심으로 바라마지 않습니다.

부시 대통령 각하! 한국은 경제적 발전과 정치적 민주화를 이루어 낸 모범적인 국가입니다. 한국은 미군이 주둔하고 있는 귀국의 맹방이자 동아시아 지역의 안정과 민주주의의 교두보입니다. 삼천 리 금수강산에 퍼지는 반가운 봄소식처럼 귀하의 방한이 한반도에 평화의 기운이 약동하는 계기가 되기를 간절히 바라오며 이만 펜을 놓겠습니다.

부 록

- 7·4 남북공동성명
- 남북 사이의 화해와 불가침 및 교류·협력에 관한 합의서
- 한반도의 비핵화에 관한 공동선언
- 6·15 남북공동선언
- 6·11 북·미 공동성명
- Joint Statement of the Democratic People's Republic of Korea and the United States of America
- 제네바 미·북 핵 기본합의문
- 제네바 기본합의문 비공개 양해각서
- Agreed Framework between the United States of America and the Democratic Peoples's Republc of Korea
- 조선민주주의인민공화국과 미합중국 사이의 공동 코뮤니케
- US-DPRK Joint Communique
- 제4차 6자회담 공동성명
- Joint Statement of the Fourth Round of the Six-Party Talks
- 9·19 공동성명 이행을 위한 초기조치(최종)
- Initial Actions for the Implementation of the Joint Statement (Final)

7·4 남북공동성명

《1972년 7월 4일 발효》

최근 평양과 서울에서 남북관계를 개선하며 갈라진 조국을 통일하는 문제를 협의하기 위한 회담이 있었다.

서울의 이후락 중앙정보부장이 1972년 5월 2일부터 5월 5일까지 평양을 방문하여 평양의 김영주 조직지도부장과 회담을 진행하였으며, 김영주 부장을 대신한 박성철 제2부수상이 1972년 5월 29일부터 6월 1일까지 서울을 방문하여 이후락 부장과 회담을 진행하였다.

이 회담들에서 쌍방은 조국의 평화적 통일을 하루빨리 가져와야 한다는 공통된 염원을 안고 허심탄회하게 의견을 교환하였으며 서로의 이해를 증진시키는 데서 큰 성과를 거두었다.

이 과정에서 쌍방은 오랫동안 서로 만나보지 못한 결과로 생긴 남북 사이의 오해와 불신을 풀고 긴장의 고조를 완화시키며 나아가서 조국통일을 촉진시키기 위하여 다음과 같은 문제들에 완전한 견해의 일치를 보았다.

1. 쌍방은 다음과 같은 조국통일원칙들에 합의를 보았다.

첫째, 통일은 외세에 의존하거나 외세의 간섭을 받음이 없이 자주적으로 해결하여야 한다.

둘째, 통일은 서로 상대방을 반대하는 무력행사에 의거하지 않고 평화적 방법으로 실현하여야 한다.

셋째, 사상과 이념·제도의 차이를 초월하여 우선 하나의 민족으로서 민족적 대단결을 도모하여야 한다.

2. 쌍방은 남북 사이의 긴장상태를 완화하고 신뢰의 분위기를 조성하기 위하여 서로 상대방을 중상 비방하지 않으며 크고 작은 것을 막론하고 무장도발을 하지 않으며 불의의 군사적 충돌사건을 방지하기 위한 적극적인 조치를 취하기로 합의하였다.

3. 쌍방은 끊어졌던 민족적 연계를 회복하며 서로의 이해를 증진시키고 자주적 평화통일을 촉진시키기 위하여 남북 사이에 다방면적인 제반 교류를 실시하기로 합의하였다.

4. 쌍방은 지금 온 민족의 거대한 기대 속에 진행되고 있는 남북적십자회담이 하루빨리 성사되도록 적극 협조하는 데 합의하였다.

5. 쌍방은 돌발적 군사사고를 방지하고 남북 사이에 제기되는 문제들을 직접, 신속 정확히 처리하기 위하여 서울과 평양 사이에 상설 직통전화를 놓기로 합의하였다.

6. 쌍방은 이러한 합의사항을 추진시킴과 함께 남북 사이의 제반 문제를 개선 해결하며 또 합의된 조국통일원칙에 기초하여 나라의 통일문제를 해결할 목적으로 이후락 부장과 김영주 부장을 공동위원장으로 하는 남북조절위원회를 구성·운영하기로 합의하였다.

7. 쌍방은 이상의 합의사항이 조국통일을 일일천추로 갈망하는 온 겨레의 한결같은 염원에 부합된다고 확신하면서 이 합의사항을 성실히 이행할 것을 온 민족 앞에 엄숙히 약속한다.

서로 상부의 뜻을 받들어

이후락 김영주

1972년 7월 4일

남북 사이의 화해와 불가침 및 교류 · 협력에 관한 합의서

《1992년 2월 19일 발효》

남과 북은 분단된 조국의 평화적 통일을 염원하는 온 겨레의 뜻에 따라, 7·4남북공동성명에서 천명된 조국통일 3대 원칙을 재확인하고, 정치 · 군사적 대결상태를 해소하여 민족적 화해를 이룩하고, 무력에 의한 침략과 충돌을 막고 긴장완화와 평화를 보장하며, 다각적인 교류 · 협력을 실현하여 민족공동의 이익과 번영을 도모하며, 쌍방 사이의 관계가 나라와 나라 사이의 관계가 아닌 통일을 지향하는 과정에서 잠정적으로 형성되는 특수관계라는 것을 인정하고, 평화통일을 성취하기 위한 공동의 노력을 경주할 것을 다짐하면서, 다음과 같이 합의하였다.

제 1 장 남북화해

[제 1 조] 남과 북은 서로 상대방의 체제를 인정하고 존중한다.

[제 2 조] 남과 북은 상대방의 내부문제에 간섭하지 아니한다.

[제 3 조] 남과 북은 상대방에 대한 비방 · 중상을 하지 아니한다.

[제 4 조] 남과 북은 상대방을 파괴 · 전복하려는 일체 행위를 하지 아니한다.

[제 5 조] 남과 북은 현 정전상태를 남북 사이의 공고한 평화상태로 전환시키기 위하여 공동으로 노력하며 이러한 평화상태가 이룩될 때까지 현 군사정전협정을 준수한다.

[제 6 조] 남과 북은 국제무대에서 대결과 경쟁을 중지하고 서로 협력하며 민족의 존엄과 이익을 위하여 공동으로 노력한다.

[제7조] 남과 북은 서로의 긴밀한 연락과 협의를 위하여 이 합의서 발효 후 3개월 안에 판문점에 남북연락사무소를 설치·운영한다.

[제8조] 남과 북은 이 합의서 발효 후 1개월 안에 본회담 테두리 안에서 남북정치분과위원회를 구성하여 남북화해에 관한 합의의 이행과 준수를 위한 구체적 대책을 협의한다.

제2장 남북불가침

[제9조] 남과 북은 상대방에 대하여 무력을 사용하지 않으며 상대방을 무력으로 침략하지 아니한다.

[제10조] 남과 북은 의견대립과 분쟁문제들을 대화와 협상을 통하여 평화적으로 해결한다.

[제11조] 남과 북의 불가침 경계선과 구역은 1953년 7월 27일자 군사정전에 관한 협정에 규정된 군사분계선과 지금까지 쌍방이 관할하여 온 구역으로 한다.

[제12조] 남과 북은 불가침의 이행과 보장을 위하여 이 합의서 발효 후 3개월 안에 남북군사공동위원회를 구성·운영한다. 남북군사공동위원회에서는 대규모 부대이동과 군사연습의 통보 및 통제문제, 비무장지대의 평화적 이용문제, 군인사교류 및 정보교환문제, 대량살상무기와 공격능력의 제거를 비롯한 단계적 군축실현문제, 검증문제 등 군사적 신뢰조성과 군축을 실현하기 위한 문제를 협의·추진한다.

[제13조] 남과 북은 우발적인 무력충돌과 그 확대를 방지하기 위하여 쌍방 군사당국자 사이에 직통전화를 설치·운영한다.

[제14조] 남과 북은 이 합의서 발효 후 1개월 안에 본회담 테두리 안에서 남북군사분과위원회를 구성하여 불가침에 관한 합의의 이행과 준수 및 군사적 대결상태를 해소하기 위한 구체적 대책을 협의한다.

제3장 남북교류 · 협력

[제15조] 남과 북은 민족경제의 통일적이며 균형적인 발전과 민족 전체의 복리향상을 도모하기 위하여 자원의 공동개발, 민족내부교류로서의 물자교류, 합작투자 등 경제교류와 협력을 실시한다.

[제16조] 남과 북은 과학·기술, 교육, 문학·예술, 보건, 체육, 환경과 신문, 라디오, 텔레비전 및 출판물을 비롯한 출판·보도 등 여러 분야에서 교류와 협력을 실시한다.

[제17조] 남과 북은 민족구성원들의 자유로운 왕래와 접촉을 실현한다.

[제18조] 남과 북은 흩어진 가족·친척들의 자유로운 서신거래와 왕래와 상봉 및 방문을 실시하고 자유의사에 의한 재결합을 실현하며, 기타 인도적으로 해결할 문제에 대한 대책을 강구한다.

[제19조] 남과 북은 끊어진 철도와 도로를 연결하고 해로, 항로를 개설한다.

[제20조] 남과 북은 우편과 전기통신교류에 필요한 시설을 설치·연결하며, 우편·전기통신교류의 비밀을 보장한다.

[제21조] 남과 북은 국제무대에서 경제와 문화 등 여러 분야에서 서로 협력하며 대외에 공동으로 진출한다.

[제22조] 남과 북은 경제와 문화 등 각 분야의 교류와 협력을 실현하기 위한 합의의 이행을 위하여 이 합의서 발효 후 3개월 안에 남북경제교류·협력공동위원회를 비롯한 부문별 공동위원회를 구성·운영한다.

[제23조] 남과 북은 이 합의서 발효 후 1개월 안에 본회담 테두리 안에서 남북교류·협력분과위원회를 구성하여 남북교류·협력에 관한 합의의 이행과 준수를 위한 구체적 대책을 협의한다.

제4장 수정 및 발효

[제24조] 이 합의서는 쌍방의 합의에 의하여 수정·보충할 수 있다.

[제25조] 이 합의서는 남과 북이 각기 발효에 필요한 절차를 거쳐 그 문본을 서로 교환한 날로부터 효력을 발생한다.

1991년 12월 13일

남북고위급회담	북 남 고 위 급 회 담
남측대표단 수석대표	북 측 대 표 단 단 장
대 한 민 국	조선민주주의인민공화국
국무총리 정원식	정무원총리 연형묵

한반도의 비핵화에 관한 공동선언

《1992년 2월 19일 발효》

남과 북은 한반도를 비핵화함으로써 핵전쟁 위험을 제거하고 우리 나라의 평화와 평화통일에 유리한 조건과 환경을 조성하며 아시아와 세계의 평화와 안전에 이바지하기 위하여 다음과 같이 선언한다.

1. 남과 북은 핵무기의 시험, 제조, 생산, 접수, 보유, 저장, 배비, 사용을 하지 아니한다.

2. 남과 북은 핵에너지를 오직 평화적 목적에만 이용한다.

3. 남과 북은 핵재처리시설과 우라늄 농축시설을 보유하지 아니한다.

4. 남과 북은 한반도의 비핵화를 검증하기 위하여 상대측이 선정하고 쌍방이 합의하는 대상들에 대하여 남북핵통제공동위원회가 규정하는 절차와 방법으로 사찰을 실시한다.

5. 남과 북은 이 공동선언의 이행을 위하여 공동선언이 발효된 후 1개월 안에 남북핵통제공동위원회를 구성·운영한다.

6. 이 공동선언은 남과 북이 각기 발효에 필요한 절차를 거쳐 그 문본을 교환한 날부터 효력을 발생한다.

1992년 1월 20일

남북고위급회담 남측대표단 수석대표 대한민국 국무총리 정원식

북남고위급회담 북측대표단 단장 조선민주주의인민공화국 정무원 총리 연형묵

6·15 남북공동선언

조국의 평화적 통일을 염원하는 온 겨레의 숭고한 뜻에 따라 대한민국 김대중 대통령과 조선민주주의인민공화국 김정일 국방위원장은 2000년 6월 13일부터 6월 15일까지 평양에서 역사적인 상봉을 하였으며 정상회담을 가졌다.

남북 정상들은 분단 역사상 처음으로 열린 이번 상봉과 회담이 서로 이해를 증진시키고 남북관계를 발전시키며 평화통일을 실현하는데 중대한 의의를 가진다고 평가하고 다음과 같이 선언한다.

1. 남과 북은 나라의 통일문제를 그 주인인 우리 민족끼리 서로 힘을 합쳐 자주적으로 해결해 나가기로 하였다.

2. 남과 북은 나라의 통일을 위한 남측의 연합제 안과 북측의 낮은 단계의 연방제 안이 서로 공통성이 있다고 인정하고 앞으로 이 방향에서 통일을 지향시켜 나가기로 하였다.

3. 남과 북은 올해 8.15에 즈음하여 흩어진 가족, 친척 방문단을 교환하며 비전향장기수 문제를 해결하는 등 인도적 문제를 조속히 풀어 나가기로 하였다.

4. 남과 북은 경제협력을 통하여 민족경제를 균형적으로 발전시키고 사회, 문화, 체육, 보건, 환견 등 제반 분야의 협력과 교류를 활성화하여 서로의 신뢰를 다져 나가기로 하였다.

5. 남과 북은 이상과 같은 합의사항을 조속히 실천에 옮기기 위하여 빠른 시일 안에 당국 사이의 대화를 개최하기로 하였다.

김대중 대통령은 김정일 국방위원장이 서울을 방문하도록 정중히 초청하였으며 김정일 국방위원장은 앞으로 적절한 시기에 서울을 방문하기로 하였다.

2000년 6월 15일

대한민국 대통령	조선민주주의인민공화국
김 대 중	국방위원장 김정일

6·11 북·미 공동성명

조선민주주의인민공화국과 미합중국 사이의 정부급회담이 1993년 6월 2일부터 11일 사이에 뉴욕에서 진행되었다

회담에는 조선민주주의인민공화국 정부를 대표하여 강석주 외교부 제1부부장을 단장으로 하는 대표단과 미합중국 정부를 대표하여 로버트 엘. 갈루치 국무성 차관보를 단장으로 하는 대표단이 참가하였다.

쌍방은 회담에서 조선반도의 핵문제를 근원적으로 해결하는 데서 나서는 정책적 문제들을 토의하고 핵전파를 방지하기 위한 목적에 부합되게 북남비핵화공동선언에 대한 지지를 표명하였다.

조선민주주의인민공화국과 미합중국은 다음과 같은 원칙들에 합의하였다.

- 핵무기를 포함한 무력을 사용하지 않으며 이러한 무력으로 위협도 하지 않는다는 것을 담보한다.
- 전면적인 담보적용의 공정성 보장을 포함하여 조선반도의 비핵화, 평화와 안전을 보장하며 상대방의 자주권을 호상 존중하고 내정에 간섭하지 않는다.
- 조선의 평화적 통일을 지지한다.

이러한 원칙들에 준하여 조미 쌍방 정부들은 평등하고 공정한 기초 위에서 대화를 계속하기로 합의하였다.

이와 관련하여 조선민주주의인민공화국 정부는 핵무기전파방지조약으로부터의 탈퇴효력을 필요하다고 인정하는 만큼 일방적으로 림시 정지시키기로 하였다.

1993년 6월 11일

뉴 욕

Joint Statement of the Democratic People's Republic of Korea and the United States of America

《11 June 1993, New York》

The Democratic People's Republic of Korea and the United States of America held governmental-level talks in New York from the 2nd through the 11th of June, 1993. Present at the talks were the delegation of the Democratic People's Republic of Korea headed by First Vice Minister of Foreign Affairs Kang Sok Ju and the delegation of the United States of America led by Assistant Secretary of State Robert L. Gallucci, both representing their respective Governments. At the talks, both sides discussed policy matters with a view to a fundamental solution of the nuclear issue on the Korean Peninsula. Both sides expressed support for the North-South Joint Declaration on the Denuclearization of the Korean Peninsula in the interest of nuclear non-proliferation goals.

The Democratic People's Republic of Korea and the United States have agreed to principles of:

- Assurances against the threat and use of force, including nuclear weapons;
- peace and security in a nuclear-free Korean Peninsula, including impartial application of fullscope safeguards, mutual respect for each other's sovereignty, and non-interference in each other's

internal affairs; and

- support for the peaceful reunification of Korea.

In this context, the two Governments have agreed to continue dialogue on an equal and unprejudiced basis. In this respect, the Government of the Democratic People's Republic of Korea has decided unilaterally to suspend as long as it considers necessary the effectuation of its withdrawal from the Treaty on the Non-Proliferation of Nuclear Weapons.

제네바 미·북 핵 기본합의문

미합중국(이하 미국으로 호칭) 대표단과 조선민주주의인민공화국(이하 북한으로 호칭) 대표단은 1994년 9월 23일부터 10월 21까지 제네바에서 한반도 핵문제의 전반적 해결을 위한 협상을 가진다.

양측은 핵이 없는 한반도의 평화와 안전을 확보하기 위해서는 1994년 8월 12일 미국과 북한 간의 합의발표문에 포함된 목표의 달성과 1993년 6월 11일 미국과 북한 간 공동발표문상의 원칙의 준수가 중요함을 재확인하였다. 양측은 핵문제 해결을 위해 다음과 같은 조치들을 취하기로 결정한다.

1. 양측은 북한의 흑연감속원자로 및 관련시설을 경수로원자로 발전소로 대체하기 위해 협력한다.

가. 미국 대통령의 1994년 10월 20일자 보장서한에 의거하여, 미국은 2003년을 목표시한으로 총발전용량 약 2,000메가와트의 경수로를 북한에 제공하기 위한 조치를 주선할 책임을 진다.

- 미국은 북한에 제공할 경수로의 재원조달 및 공급을 담당할 국제컨소시엄을 미국의 주도하에 구성한다. 미국은 동 국제컨소시엄을 대표하여 경수로사업을 위한 북한과의 주 접촉선 역할을 수행한다.
- 미국은 국제컨소시엄을 대표하여 본 합의문 서명 후 6개월 내에 북한과 경수로 제공을 위한 공급계약을 체결할 수 있도록

최선의 노력을 경주한다. 계약관련 합의는 본 합의문 서명 후 가능한 조속한 시일 내 개시한다.

- 필요한 경우 미국과 북한은 핵에너지의 평화적 이용분야에 있어서 협력을 위한 양자협정을 체결한다.

나. 1994년 10월 20일자 대체에너지 제공관련 미국 대통령의 보장서한에 의거 미국은 국제컨소시엄을 대표하여 북한의 흑연감속원자로 동결에 따라 상실될 에너지를 첫 번째 경수로 완공시까지 보전하기 위한 조치를 주선한다.

- 대체에너지는 난방과 전력생산을 위한 중유로 공급된다.
- 중유의 공급은 본 합의문 서명 후 3개월 내 개시되고 양측 간 합의된 공급일정에 따라 연간 50만 톤 규모까지 공급된다.

다. 경수로 및 대체에너지 제공에 대한 보장서한 접수 즉시 북한은 흑연감속원자로 및 관련시설을 동결하고, 궁극적으로 이를 해체한다.

- 북한의 흑연감속원자로 및 관련시설의 동결은 본 합의문 서명 후 1개월 내 완전 이행한다. 동 1개월 동안 및 전체 동결기간 중 국제원자력기구(IAEA)가 이러한 동결상태를 감시하는 것이 허용되며, 이를 위해 북한은 국제원자력기구에 대해 전적인 협력을 제공한다.
- 북한의 흑연감속원자로 및 관련시설의 해체는 경수로사업이 완료될 때 완료된다.
- 미국과 북한은 5메가와트 실험용 원자로에서 추출된 사용 후 연료봉을 경수로 건설기간 동안 안전하게 보관하고, 북한 내에서 재처리하지 않는 안전한 방법으로 동 연료가 처리될 수 있는 방안을 강구하기 위해 상호 협력한다.

라. 본 합의 후 가능한 조속한 시일 내에 미국과 북한의 전문가들은 두 종류의 전문가 협의를 가진다.

· 한쪽의 협의에서 전문가들은 대체에너지와 흑연감속원자로의 경수로로의 대체와 관련된 문제를 협의한다.
· 다른 한쪽의 협의에서 전문가들은 사용 후 연료보관 및 궁극적 처리를 위한 구체적 조치를 협의한다.

2. 양측은 정치적·경제적 관계의 완전 정상화를 추구한다.

가. 합의 후 3개월 내 양측은 통신 및 금융거래에 대한 제한을 포함한 무역 및 투자제한을 완화시켜 나간다.

나. 양측은 전문가급 협의를 통해 영사 및 여타 기술적 문제가 해결된 후에 쌍방의 수도에 연락사무소를 개설한다.

다. 미국과 북한은 상호 관심사항에 대한 진전이 이루어짐에 따라 양국 관계를 대사급으로까지 격상시켜 나간다.

3. 양측은 핵이 없는 한반도의 평화와 안전을 위해 함께 노력한다.

가. 미국은 북한에 대한 핵무기 불위협 또는 불사용에 관한 공식 보장을 제공한다.

나. 북한은 한반도 비핵화 공동선언을 이행하기 위한 조치를 일관성 있게 취한다.

다. 본 합의문이 대화를 촉진하는 분위기를 조성해 나가는 데 도움을 줄 것이기 때문에 북한은 남·북대화에 착수한다.

4. 양측은 국제적 핵 비확산체제 강화를 위해 함께 노력한다.

가. 북한은 핵 비확산조약(NPT) 당사국으로 잔류하며, 동 조약상

의 안전조치협정 이행을 허용한다.

나. 경수로 제공을 위한 공급계약 체결 즉시, 동결대상이 아닌 시설에 대하여 북한과 국제원자력기구 간 안전조치협정에 따라 임시 및 일방사찰이 재개된다. 경수로 공급계약 체결시까지, 안전조치의 연속성을 위해 국제원자력기구가 요청하는 사찰은 동결대상이 아닌 시설에서 계속된다.

다. 경수로사업의 상당 부분이 완료될 때, 그러나 주요 핵심 부품의 인도 이전에, 북한은 북한 내 모든 핵물질에 관한 최초 보고서의 정확성과 안전성을 검증하는 것과 관련하여 국제원자력기구와의 협의를 거쳐 국제원자력기구가 필요하다고 판단하는 모든 조치를 취하는 것을 포함하여 국제원자력기구 안전조치협정(INFCIRC/403)을 완전히 이행한다.

1994년 10월 21일

미합중국 수석대표	조선민주주의인민공화국 수석대표
미합중국 본부대사	조선민주주의인민공화국 외교부 제2부부장
로버트 갈루치	강석주

제네바 기본합의문 비공개 양해각서

미국과 북한 간의 '합의의 틀'과 관련하여 쌍방은 이 합의의 틀에 담겨진 사항들의 이행에 참고하기 위하여 다음과 같은 양해사항과 정의에 합의했다.

1. 경수로사업은 각기 약 1,000mW/E의 발전용량을 갖는 2기의 원자로로 구성된다. 제2호 원자로의 준공은 제1호 원자로의 준공 후 약 1년 내지 2년 안에 이루어지는 것을 양해한다.

2. 미국 기업이 핵심 부품을 공급하는 경우에는 미국과 북한은 그러한 부품의 공급이 이루어지기 전에 평화적 핵협력을 위한 쌍무협정을 체결하기로 한다. 그 같은 협정은 경수로사업의 상당한 부분이 이행되기 전에는 이루어지지 않을 것이다.

3. 북한의 흑연감속로와 관련설비의 동결조치에는 다음의 사항들이 포함된다.

- 5mW/E급 시험용 원자로의 연료 재장전 및 가동 금지
- 50mW/E 및 200mW/E급 원자로의 건설 중지
- (사용 후 연료의) 재처리 금지
- '방사화학실험실'의 봉인 및 가동 중지
- (핵)연료의 가공공장의 가동 중지

4. 북한은 더 이상의 흑연감속형 원자로와 관련설비를 일체 건설하지 않는다.

5. 이 합의문 서명 후 첫해 중 중유(발전 및 난방용)의 대북한 공급 스케줄은 다음과 같이 합의한다.

· 3개월 이내 5만t

· 3개월 이후 1년 이내: 추가로 10만t

· 그 뒤 매년 50만t

6. '합의의 틀'에 명시된 대로 경수로의 상당 부분이 완성되었을 때 북한은 북한 내에 있는 모든 핵물질에 관한 북한의 최초 보고의 정확성과 완전성을 검증하기 위해 국제원자력기구(IAEA)에 IAEA가 필요하다고 판단하는 추가적인 장소와 정보에의 접근을 허용하는 것을 포함해 안전조치협정을 전면적으로 이행하기로 한다.

7. 이 양해각서와 '합의의 틀'에 언급된 '경수로사업의 상당 부분'은 다음과 같이 해석하기로 한다.

(1) 경수로사업을 위한 계약의 체결

(2) 경수로 부지의 준비와 굴착의 완료와 경수로사업용 건설을 지원하기 위한 설비준비의 완료

(3) 선정된 경수로 부지에 건설할 공장의 최초 설계도면 완성

(4) 사업계획과 일정에 의거한 제1호 원자로의 주요 부품의 확정과 가공

(5) 사업계획과 일정에 의거한 터빈과 발전기를 포함한 제1호 원자로용 비핵 주요 부품의 인도

(6) 사업계획과 일정에 정해진 진도에 따른 제1호 원자로용 터빈 수용건물 및 부속건물의 완공

(7) 핵 증기공급 시스템용 부품 공급이 시작될 수 있을 단계까지

의 제1호 원자로의 원자로용 건물과 그 부속건물의 완공

(8) 사업계획과 일정에 따른 제2호 원자로의 토목공사와 부품의 가공 및 인도

8. 제1호 원자로가 완공되면 북한은 동결상태의 흑연감속로와 관련설비들의 해체에 착수하며 그 같은 해체작업은 제2호 원자로가 준공될 때 완료하기로 한다. 북한의 동결된 흑연감속로와 관련설비의 해체는 그 설비의 해체나 파괴를 통하여 그 부품과 장비들이 더 이상 사용될 수 없도록 하는 것을 의미한다.

9. 제1호 원자로의 주요 핵심 부품의 인도가 시작되면 북한으로부터의 사용 후 연료의 최종처리를 위한 국외반출을 개시하여 제1호 원자로가 준공될 때 완료하기로 한다. 미국과의 협의를 거쳐 기술적 및 안전상의 고려가 요구되는 기간 안에 북한은 최종적 국외반출을 가능하게 할 사용 후 연료보관방법을 결정하고 이를 이행하기로 한다.

10. 이 양해각서와 '합의의 틀'에서 언급되는 '주요 핵심 부품'은 핵공급 그룹(NUCLEAR SUPPLIERS GROUP)의 수출통제품목(EXPORT TRIGGER LIST)에 의하여 통제되는 부품을 의미하는 것으로 한다.

Agreed Framework between the United States of America and the Democratic Peoples's Republc of Korea

《21 October 1994, Geneva》

Delegations of the Governments of the United States of America (U.S.) and the Democratic People's Republic of Korea (DPRK) held talks in Geneva from September 23 to October 21, 1994, to negotiate an overall resolution of the nuclear issue on the Korean peninsula.

Both sides reaffirmed the importance of attaining the objectives contained in the August 12, 1994 Agreed Statement between the U.S. and the DPRK and upholding the principles of the June 11, 1993 Joint Statement of the U.S. and the DPRK to achieve peace and security on a nuclear-free Korean peninsula. The U.S. and DPRK decided to take the following actions for the resolution of the nuclear issue:

I. Both sides will cooperate to replace the DPRK's graphite-moderated reactors and related facilities with light-water reactor (LWR) power plants.

1) In accordance with the October 20, 1994 letter of assurance from the U.S. President, the U.S. will undertake to make arrangements for the provision to the DPRK of a LWR project with a total generating capacity of approximately 2,000 MW(e) by a target date of 2003.

- The U.S. will organize under its leadership an international consortium to finance and supply the LWR project to be provided to the DPRK. The U.S., representing the international consortium, will serve as the principal point of contact with the DPRK for the LWR project.

- The U.S., representing the consortium, will make best efforts to secure the conclusion of a supply contract with the DPRK within six months of the date of this document for the provision of the LWR project. Contract talks will begin as soon as possible after the date of this document.
- As necessary, the U.S. and the DPRK will conclude a bilateral agreement for cooperation in the field of peaceful uses of nuclear energy.

2) In accordance with the October 20, 1994 U.S. letter of assurance from the U.S. President, the U.S., representing the consortium, will make arrangements to offset the energy foregone due to the freeze of the DPRK's graphite-moderated reactors, pending completion of the first LWR unit.

- Alternative energy will be provided in the form of heavy oil for heating and electricity production.
- Deliveries of heavy oil will begin within three months of the date of this Document and will reach a rate of 500,000 tons annually, in accordance with an agreed schedule of deliveries.

3) Upon receipt of U.S. assurance for the provision of LWR's and for arrangements for interim energy alternatives, the DPRK will freeze its graphite-moderated reactors and related facilities and will eventually dismantle these reactors and related facilities.

- The freeze on the DPRK's graphite-moderated reactors and

related facilities will be fully implemented within one month of the date of this document. During this one—moth period, and throughout the freeze, the International Atomic Energy Agency (IAEA) will be allowed to monitor this freeze, and the DPRK will provide full cooperation to the IAEA for this purpose.

- Dismantlement of the DPRK's graphite-moderated reactors and related facilities will be completed when the LWR project is completed.
- The U.S. and DPRK will cooperate in finding a method to store safely the spent fuel from the 5 MW(e) experimental reactor during the construction of the LWR project, and to dispose of the fuel in a safe manner that does not involve reprocessing in the DPRK.

4) As soon as possible after the date of this document U.S. and DPRK experts will hold two sets of experts talks.

- At one set of talks, experts will discuss issues related to alternative energy and the replacement of the graphite-moderated reactor program with the LWR project.
- At the other set of talks, experts will discuss specific arrangements for spent fuel storage and ultimate disposition.

Ⅱ. The two sides will move toward full normalization of political and economic relations.

1) Within three months of the date of this Document, both sides will reduce barriers to trade and investment, including restrictions on telecommunications services and financial transactions.

2) Each side will open a liaison office in the other's capital following resolution of consular and other technical issues through expert level discussions.

3) As progress is made on issues of concern to each side, the U.S. and DPRK will upgrade bilateral relations to the Ambassadorial level.

Ⅲ. Both sides will work together for peace and security on a nuclear-free Korean peninsula.

1) The U.S. will provide formal assurances to the DPRK, against the threat or use of nuclear weapons by the U.S.

2) The DPRK will consistently take steps to implement the North-South Joint Declaration on the Denuclearization of the Korean Peninsula.

3) The DPRK will engage in North-South dialogue, as this Agreed Framework will help create an atmosphere that promotes such a dialogue.

Ⅳ. Both sides will work together to strengthen the international nuclear non-proliferation regime.

1) The DPRK will remain a party to the Treaty on the Non-Proliferation of Nuclear Weapons (NPT) and will allow implementation of its safeguards agreement under the Treaty.

2) Upon conclusion of the supply contract for the provision of the LWR project, ad hoc and routine inspections will resume under the

DPRK's safeguards agreement with the IAEA with respect to the facilities not subject to the freeze. Pending conclusion of the supply contract, inspections required by the IAEA for the continuity of safeguards will continue at the facilities not subject to the freeze.

3) When a significant portion of the LWR project is completed, but before delivery of key nuclear components, the DPRK will come into full compliance with its safeguards agreement with the IAEA (INFCIRC/403), including taking all steps that may be deemed necessary by the IAEA, following consultations with the Agency with regard to verifying the accuracy and completeness of the DPRK's initial report on all nuclear material in the DPRK.

Robert L. Gallucci
Head of the Delegation of the
United States of America,
Ambassador at Large of the
United States of America

Kang Sok Ju
Head of the Delegation of the
Democratic People's Republic of Korea,
First Vice-Minister of Foreign
Affairs of the Democratic
People's Republic of Korea

조선민주주의인민공화국과 미합중국 사이의 공동 코뮤니케

《2000년 10월 12일, 워싱턴》

조선민주주의인민공화국 국방위원회 김정일 위원장의 특사인 국방위원회 제1부위원장 조명록 차수가 2000년 10월 9일부터 12일까지 미합중국을 방문하였다.

방문기간 국방위원회 김정일 위원장께서 보내시는 친서와 조-미관계에 대한 그이의 의사를 조명록 특사가 미합중국 빌 클린턴 대통령에게 직접 전달하였다. 조명록 특사와 일행은 매들린 올브라이트 국무장관과 윌리엄 코언 국방장관을 비롯한 미 행정부의 고위관리들을 만나 공동의 관심사로 되는 문제들에 대하여 폭넓은 의견교환을 진행하였다. 쌍방은 조선민주주의인민공화국과 미합중국 사이의 관계를 전면적으로 개선시킬 수 있는 새로운 기회들이 조성된 데 대하여 심도 있게 검토하였다. 회담들은 진지하고 건설적이며 실무적인 분위기 속에서 진행되었으며 이 과정을 통하여 서로의 관심사들에 대하여 더 잘 이해할 수 있게 되었다.

조선민주주의인민공화국과 미합중국은 역사적인 북남 최고위급 상봉에 의하여 한반도의 환경이 변화되었다는 것을 인정하면서 아시아·태평양 지역의 평화와 안정을 강화하는 데 이롭게 두 나라 사이의 쌍무관계를 근본적으로 개선하는 조치들을 취하기로 결정하였다. 이와 관련하여 쌍방은 한반도에서 긴장상태를 완화하고 1953년의 정전협정을 공고한 평화보장체계로 바꾸어 한국전쟁을 공식 종식시키는 데서 4자회담 등 여러 가지 방도들이 있다는 데 대하여 견해를 같이 하였다.

조선민주주의인민공화국측과 미합중국측은 관계를 개선하는 것이 국가들 사이의 관계에서 자연스러운 목표로 되며 관계개선이 21세기에 두 나라 인민들에게 다같이 이익으로 되는 동시에 한반도와 아시아·태평양 지역의 평화와 안전도 보장하게 될 것이라고 인정하면서 쌍무관계에서 새로운 방약을 취할 용의가 있다고 선언하였다. 첫 중대조치로서 쌍방은 그 어느 정부도 타방에 대하여 적대적 의사를 가지지 않을 것이라고 선언하고 앞으로 과거의 적대감에서 벗어난 새로운 관계를 수립하기 위하여 모든 노력을 다할 것이라는 공약을 확언하였다.

쌍방은 1993년 6월 11일부 조·미 공동성명에 지적되고 1994년 10월 21일부 기본합의문에서 재확인된 원칙들에 기초하여 불신을 해소하고 호상신뢰를 이룩하며 주의 관심사들을 건설적으로 다루어 나갈 수 있는 분위기를 유지하기 위하여 노력하기로 합의하였다. 이와 관련하여 쌍방은 두 나라 사이의 관계가 자주권에 대한 호상존중과 내정불간섭의 원칙에 기초하여야 한다는 것을 재확인하면서 쌍무적 및 다무적 공관을 통한 외교적 접촉을 정상적으로 유지하는 것이 유익하다는 데 대하여 유의하였다.

쌍방은 호혜적인 경제협조와 교류를 발전시키기 위하여 협력하기로 합의하였다. 쌍방은 두 나라 인민들에게 유익하고 동북아시아 전반에서의 경제적 협조를 확대하는 데 유리한 환경을 마련하는 데 기여하게 될 무역 및 상업 가능성들을 담보하기 위하여 가까운 시일 안에 경제무역 전문가들의 호상방문을 실현하는 문제를 토의하였다.

쌍방은 미사일문제의 해결이 조·미 관계의 근본적인 개선과 아시아·태평양 지역에서의 평화와 안정에 중요한 기여를 할 것이라는 데 대하여 견해를 같이하였다. 조선민주주의인민공화국측은 새로운 관계 구축을 위한 또 하나의 노력으로 미사일문제와 관련한 회담이 계속되는 동안에는 모든 장거리 미사일을 발사하지 않을 것이라는 데 대하여 미국측에 통보하였다.

조선민주주의인민공화국과 미합중국은 기본합의문에 따르는 자기들의 의무를 완전히 이행하기 위한 공약과 노력을 배가할 것을 확약하면서 이렇게 하는 것이 조선반도의 비핵평화와 안정을 이룩하는 데 중요하다는 것을 굳게 확언하였다. 이를 위하여 쌍방은 기본합의문에 따르는 의무이행을 보다 명백히 하는 데 관하여 견해를 같이하였다. 이와 관련하여 쌍방은 금창리 지하시설에 대한 접근이 미국의 우려를 해소하는 데 유익하였다는 데 대하여 유의하였다.

쌍방은 최근년간 공동의 관심사로 되는 인도주의 분야에서 협조사업이 시작되었다는 데 대하여 유의하였다. 조선민주주의인민공화국측은 미합중국이 식량 및 의약품 지원 분야에서 조선민주주의인민공화국에 인도주의적 수요를 충족시키는데 의의 있는 기여를 한 데 대하여 사의를 표하였다. 미합중국측은 조선민주주의인민공화국이 한국전쟁시기 실종된 미군병사들의 유골을 발굴하는 데 협조하여 준 데 대하여 사의를 표하였으며 쌍방은 실종자들의 행처를 가능한 최대로 조사 확인하는 사업을 신속히 전진시키기 위하여 노력하기로 합의하였다. 쌍방은 이상의 문제들과 기타 인도주의 문제들을 토의하기 위한 접촉을 계속하기로 합의하였다. 쌍방은 2000년 10월 6일 공동성명에 지적된 바와 같이 테러를 반대하는 국제적 노력을 지지 고무하기로 합의하였다.

조명록 특사는 역사적인 북남 최고급 상봉결과를 비롯하여 최근 몇 개월 사이에 북남 대화상황에 대하여 미국측에 통보하였다.

미합중국측은 현행 북남대화의 계속적인 전진과 성과 그리고 안보대화의 강화를 포함한 북남 사이의 화해와 협조를 강화하기 위한 발기들의 실현을 위하여 모든 적절한 방법으로 협조할 자기의 확고한 공약을 표명하였다.

조명록 특사는 클린턴 대통령과 미국 인민이 방문기간 따뜻한 환대를 베풀어 준 데 대하여 사의를 표하였다.

조선민주주의인민공화국 국방위원회 김정일 위원장께 윌리엄 클린턴 대통령의 의사를 직접 전달하며 미합중국 대통령의 방문을 준비하기 위하여 매들린 올브라이트 국무장관이 가까운 시일에 조선민주주의인민공화국을 방문하기로 합의하였다.

US-DPRK Joint Communique

《12 October 2000, Washington, D.C.》

As the special envoy of Chairman Kim Jong Il of the DPRK National Defense Commission, the First Vice Chairman, Vice Marshal Jo Myong Rok, visited the United States of America from October 9-12, 2000.

During his visit, Special Envoy Jo Myong Rok delivered a letter from National Defense Commission Chairman Kim Jong Il, as well as his views on US-DPRK relations, directly to US President William Clinton. Special Envoy Jo Myong Rok and his party also met with senior officials of the US Administration, including his host Secretary of State Madeleine Albright and Secretary of Defense William Cohen, for an extensive exchange of views on issues of common concern. They reviewed in depth the new opportunities that have opened up for improving the full range of relations between the United States of America and the Democratic People's Republic of Korea. The meetings proceeded in a serious, constructive, and businesslike atmosphere, allowing each side to gain a better understanding of the other's concerns.

Recognizing the changed circumstances on the Korean Peninsula created by the historic inter-Korean summit, the United States and the Democratic People's Republic of Korea have decided to take steps to fundamentally improve their bilateral relations in the interests of enhancing peace and security in the Asia-Pacific region. In this regard, the two sides agreed there are a variety of available means, including Four Party talks, to reduce tension on the Korean Peninsula and formally end the Korean War by replacing the 1953 Armistice Agreement with permanent peace arrangements.

Recognizing that improving ties is a natural goal in relations among states and that better relations would benefit both nations in the 21st century while helping ensure peace and security on the Korean Peninsula and in the Asia-Pacific region, the US and the DPRK sides stated that they are prepared to undertake a new direction in their relations. As a crucial first step, the two sides stated that neither government would have hostile intent toward the other and confirmed the commitment of both governments to make every effort in the future to build a new relationship free from past enmity.

Building on the principles laid out in the June 11, 1993 US-DPRK Joint Statement and reaffirmed in the October 21, 1994 Agreed Framework, the two sides agreed to work to remove mistrust, build mutual confidence, and maintain an atmosphere in which they can deal constructively with issues of central concern. In this regard, the two sides reaffirmed that their relations should be based on the principles of respect for each other's sovereignty and non-interference in each other's internal affairs, and noted the value of regular diplomatic contacts, bilaterally and in broader fora.

The two sides agreed to work together to develop mutually beneficial economic cooperation and exchanges. To explore the possibilities for trade and commerce that will benefit the peoples of both countries and contribute to an environment conducive to greater economic cooperation throughout Northeast Asia, the two sides discussed an exchange of visits by economic and trade experts at an early date.

The two sides agreed that resolution of the missile issue would make an essential contribution to a fundamentally improved relationship between them and to peace and security in the Asia-Pacific region. To further the efforts to build new relations, the DPRK informed the US that it will not launch long-range missiles of any kind while talks on the missile issue continue.

Pledging to redouble their commitment and their efforts to fulfill their respective obligations in their entirety under the Agreed Framework, the US and the DPRK strongly affirmed its importance to achieving peace and security on a nuclear weapons free Korean Peninsula. To this end, the two sides agreed on the desirability of greater transparency in carrying out their respective obligations under the Agreed Framework. In this regard, they noted the value of the access which removed US concerns about the underground site at Kumchang-ri.

The two sides noted that in recent years they have begun to work cooperatively in areas of common humanitarian concern. The DPRK side expressed appreciation for significant US contributions to its humanitarian needs in areas of food and medical assistance. The US side expressed appreciation for DPRK cooperation in recovering the remains of US servicemen still missing from the Korean War, and both sides agreed to work for rapid progress for the fullest possible accounting. The two sides will continue to meet to discuss these and other humanitarian issues.

As set forth in their Joint Statement of October 6, 2000, the two sides agreed to support and encourage international efforts against terrorism.

Special Envoy Jo Myong Rok explained to the US side developments in the inter-Korean dialogue in recent months, including the results of the historic North-South summit. The US side expressed its firm commitment to assist in all appropriate ways the continued progress and success of ongoing North-South dialogue and initiatives for reconciliation and greater cooperation, including increased security dialogue.

Special Envoy Jo Myong Rok expressed his appreciation to President Clinton and the American people for their warm hospitality during the visit.

It was agreed that Secretary of State Madeleine Albright will visit the DPRK in the near future to convey the views of US President William Clinton directly to Chairman Kim Jong Il of the DPRK National Defense Commission and to prepare for a possible visit by the President of the United States.

제4차 6자회담 공동성명

《2005년 9월 19일, 베이징》

제4차 6자회담이 베이징에서 중화인민공화국, 조선민주주의인민공화국, 일본, 대한민국, 러시아연방, 미합중국이 참석한 가운데 2005년 7월 26일부터 8월 7일까지 그리고 9월 13일부터 19일까지 개최되었다.

우다웨이 중화인민공화국 외교부 부부장, 김계관 조선민주주의인민공화국 외무성 부상, 사사에 켄이치로 일본 외무성 아시아대양주국장, 송민순 대한민국 외교통상부 차관보, 알렉세예프 러시아 외무부 차관, 그리고 크리스토퍼 힐 미합중국 국무부 동아태 차관보가 각 대표단의 수석대표로 동 회담에 참석하였다.

우다웨이 부부장은 동 회담의 의장을 맡았다.

한반도와 동북아시아 전반의 평화와 안정이라는 대의를 위해, 6자는 상호 존중과 평등의 정신하에, 지난 3회에 걸친 회담에서 이루어진 공동의 이해를 기반으로, 한반도의 비핵화에 대해 진지하면서도 실질적인 회담을 가졌으며, 이러한 맥락에서 다음과 같이 합의하였다.

1. 6자는 6자회담의 목표가 한반도의 검증가능한 비핵화를 평화적인 방법으로 달성하는 것임을 만장일치로 재확인하였다.

조선민주주의인민공화국은 모든 핵무기와 현존하는 핵계획을 포기할 것과, 조속한 시일 내에 핵무기비확산조약(NPT)과 국제원자력기구(IAEA)의 안전조치에 복귀할 것을 공약하였다.

미합중국은 한반도에 핵무기를 갖고 있지 않으며, 핵무기 또는 재래식 무기로 조선민주주의인민공화국을 공격 또는 침공할 의사가 없다는 것을 확인하였다.

대한민국은 1992년도 「한반도 비핵화에 관한 남·북 공동선언」에 따라 핵무기를 접수 또는 배치하지 않는다는 약속을 재확인하고, 자국 영토 내에 핵무기가 존재하지 않는다는 것을 확인하였다.

1992년도 「한반도 비핵화에 관한 남·북 공동선언」은 준수, 이행되어야 한다.

조선민주주의인민공화국은 핵에너지의 평화적 이용에 관한 권리를 가지고 있다고 밝혔다. 여타 당사국들은 이에 대한 존중을 표명하였고, 적절한 시기에 조선민주주의인민공화국에 대한 경수로 제공문제에 대해 논의하는 데 동의하였다.

2. 6자는 상호 관계에 있어 국제연합헌장의 목적과 원칙 및 국제관계에서 인정된 규범을 준수할 것을 약속하였다.

조선민주주의인민공화국과 미합중국은 상호 주권을 존중하고, 평화적으로 공존하며, 각자의 정책에 따라 관계정상화를 위한 조치를 취할 것을 약속하였다.

조선민주주의인민공화국과 일본은 평양선언에 따라, 불행했던 과거와 현안사항의 해결을 기초로 하여 관계정상화를 위한 조치를 취할 것을 약속하였다.

3. 6자는 에너지, 교역 및 투자분야에서의 경제협력을 양자 및 다자적으로 증진시킬 것을 약속하였다.

중화인민공화국, 일본, 대한민국, 러시아연방 및 미합중국은 조선민주주의인민공화국에 대해 에너지를 제공할 용의를 표명하였다.

대한민국은 조선민주주의인민공화국에 대한 200만 킬로와트의 전력공급에 관한 2005. 7. 12자 제안을 재확인하였다.

4. 6자는 동북아시아의 항구적인 평화와 안정을 위해 공동노력할 것을 공약하였다.

직접 관련 당사국들은 적절한 별도 포럼에서 한반도의 항구적인 평화체제에 관한 협상을 가질 것이다.

6자는 동북아시아에서의 안보협력 증진을 위한 방안과 수단을 모색하기로 합의하였다.

5. 6자는 '공약 대 공약', '행동 대 행동' 원칙에 입각하여 단계적 방식으로 상기 합의의 이행을 위해 상호 조율된 조치를 취할 것을 합의하였다.

6. 6자는 제5차 6자회담을 11월 초 북경에서 협의를 통해 결정되는 일자에 개최하기로 합의하였다.

Joint Statement of the Fourth Round of the Six-Party Talks

《19 September 2005, Beijing》

The Fourth Round of the Six-Party Talks was held in Beijing, China among the People's Republic of China, the Democratic People's Republic of Korea, Japan, the Republic of Korea, the Russian Federation, and the United States of America from July 26th to August 7th, and from September 13th to 19th, 2005.

Mr. Wu Dawei, Vice Minister of Foreign Affairs of the PRC, Mr. Kim Gye Gwan, Vice Minister of Foreign Affairs of the DPRK; Mr. Kenichiro Sasae, Director-General for Asian and Oceanian Affairs, Ministry of Foreign Affairs of Japan; Mr. Song Min-soon, Deputy Minister of Foreign Affairs and Trade of the ROK; Mr. Alexandr Alekseyev, Deputy Minister of Foreign Affairs of the Russian Federation; and Mr. Christopher Hill, Assistant Secretary of State for East Asian and Pacific Affairs of the United States attended the talks as heads of their respective delegations.

Vice Foreign Minister Wu Dawei chaired the talks.

For the cause of peace and stability on the Korean Peninsula and in Northeast Asia at large, the Six Parties held, in the spirit of mutual respect and equality, serious and practical talks concerning the denuclearization of the Korean Peninsula on the basis of the common understanding of the previous three rounds of talks, and agreed, in this context, to the following:

1. The Six Parties unanimously reaffirmed that the goal of the Six-Party Talks is the verifiable denuclearization of the Korean Peninsula in a peaceful manner.

The DPRK committed to abandoning all nuclear weapons and existing nuclear programs and returning, at an early date, to the Treaty on the Non-Proliferation of Nuclear Weapons and to IAEA safeguards.

The United States affirmed that it has no nuclear weapons on the Korean Peninsula and has no intention to attack or invade the DPRK with nuclear or conventional weapons.

The ROK reaffirmed its commitment not to receive or deploy nuclear weapons in accordance with the 1992 Joint Declaration of the Denuclearization of the Korean Peninsula, while affirming that there exist no nuclear weapons within its territory.

The 1992 Joint Declaration of the Denuclearization of the Korean Peninsula should be observed and implemented.

The DPRK stated that it has the right to peaceful uses of nuclear energy. The other parties expressed their respect and agreed to discuss, at an appropriate time, the subject of the provision of light water reactor to the DPRK.

2. The Six Parties undertook, in their relations, to abide by the purposes and principles of the Charter of the United Nations and recognized norms of international relations.

The DPRK and the United States undertook to respect each other's sovereignty, exist peacefully together, and take steps to normalize their relations subject to their respective bilateral policies.

The DPRK and Japan undertook to take steps to normalize their relations in accordance with the Pyongyang Declaration, on the basis of the settlement of unfortunate past and the outstanding issues of concern.

3. The Six Parties undertook to promote economic cooperation in the fields of energy, trade and investment, bilaterally and/or multilaterally.

China, Japan, ROK, Russia and the US stated their willingness to provide energy assistance to the DPRK.

The ROK reaffirmed its proposal of July 12th 2005 concerning the provision of 2 million kilowatts of electric power to the DPRK.

4. The Six Parties committed to joint efforts for lasting peace and stability in Northeast Asia.

The directly related parties will negotiate a permanent peace regime on the Korean Peninsula at an appropriate separate forum.

The Six Parties agreed to explore ways and means for promoting security cooperation in Northeast Asia.

5. The Six Parties agreed to take coordinated steps to implement the afore-mentioned consensus in a phased manner in line with the principle of "commitment for commitment, action for action."

6. The Six Parties agreed to hold the Fifth Round of the Six-Party Talks in Beijing in early November 2005 at a date to be determined through consultations.

9·19 공동성명 이행을 위한 초기조치(최종)

《2007년 2월 13일》

제5차 6자회담 3단계 회의가 베이징에서 중화인민공화국, 조선민주주의인민공화국, 일본, 대한민국, 러시아연방, 미합중국이 참석한 가운데, 2007년 2월 8일부터 13일까지 개최되었다.

우다웨이 중화인민공화국 외교부 부부장, 김계관 조선민주주의인민공화국 외무성 부상, 사사에 켄이치로 일본 외무성 아시아대양주국장, 천영우 대한민국 외교통상부 한반도평화교섭본부장, 알렉산더 로슈코프 러시아 외무부 차관, 그리고 크리스토퍼 힐 미합중국 국무부 동아태 차관보가 각 대표단의 수석대표로 동 회담에 참석하였다.

우다웨이 부부장은 동 회담의 의장을 맡았다.

I. 참가국들은 2005년 9월 19일 공동성명의 이행을 위해 초기단계에서 각국이 취해야 할 조치에 관하여 진지하고 생산적인 협의를 하였다. 참가국들은 한반도 비핵화를 조기에 평화적으로 달성하기 위한 공동의 목표와 의지를 재확인하였으며, 공동성명상의 공약을 성실히 이행할 것이라는 점을 재확인하였다. 참가국들은 '행동 대 행동'의 원칙에 따라 단계적으로 공동성명을 이행하기 위해 상호 조율된 조치를 취하기로 합의하였다.

II. 참가국들은 초기단계에서 다음과 같은 조치를 병렬적으로 취하기로 합의하였다

1. 조선민주주의인민공화국은 궁극적인 포기를 목적으로 재처리 시설을 포함한 영변 핵시설을 폐쇄·봉인하고 IAEA와의 합의에 따라 모든 필요한 감시 및 검증활동을 수행하기 위해 IAEA 요원을 복귀토록 초청한다.

2. 조선민주주의인민공화국은 9·19 공동성명에 따라 포기하도록 되어 있는, 사용 후 연료봉으로부터 추출된 플루토늄을 포함한 공동성명에 명기된 모든 핵프로그램의 목록을 여타 참가국들과 협의한다.

3. 조선민주주의인민공화국과 미합중국은 양자 간 현안을 해결하고 전면적인 외교관계로 나아가기 위한 양자대화를 개시한다. 미합중국은 조선민주주의인민공화국을 테러지원국 지정으로부터 해제하기 위한 과정을 개시하고, 조선민주주의인민공화국에 대한 대적성국 교역법 적용을 종료시키기 위한 과정을 진전시켜 나간다.

4. 조선민주주의인민공화국과 일본은 불행한 과거와 미결 관심사안의 해결을 기반으로, 평양선언에 따라 양국관계 정상화를 취해 나가는 것을 목표로 양자대화를 개시한다.

5. 참가국들은 2005년 9월 19일 공동성명의 제1조와 제3조를 상기하면서, 조선민주주의인민공화국에 대한 경제·에너지·인도적 지원에 협력하기로 하였다. 이와 관련, 참가국들은 초기단계에서 조선민주주의인민공화국에 긴급 에너지 지원을 제공하기로 합의하였다. 중유 5만 톤 상당의 긴급 에너지 지원의 최초 운송은 60일 이내에 개시된다.

참가국들은 상기 초기조치들이 향후 60일 이내에 이행되며, 이러한 목표를 향하여 상호 조율된 조치를 취한다는 데 합의하였다.

Ⅲ. 참가국들은 초기조치를 이행하고 공동성명의 완전한 이행을 목표로 다음과 같은 실무그룹(W/G)을 설치하는 데 합의하였다.

1. 한반도 비핵화
2. 미·북관계 정상화
3. 일·북관계 정상화
4. 경제 및 에너지 협력
5. 동북아 평화·안보체제

6. 실무그룹들은 각자의 분야에서 9·19 공동성명의 이행을 위한 구체적 계획을 협의하고 수립한다. 실무그룹들은 각각의 작업 진전에 관해 6자회담 수석대표회의에 보고한다. 원칙적으로 한 실무그룹의 진전은 다른 실무그룹의 진전에 영향을 주지 않는다. 5개 실무그룹에서 만들어 계획은 상호 조율된 방식으로 전체적으로 이행될 것이다.

참가국들은 모든 실무그룹 회의를 향후 30일 이내에 개최하는 데 합의하였다.

Ⅳ. 초기조치 기간 및 조선민주주의인민공화국의 모든 핵프로그램에 대한 완전한 신고와 흑연감속로 및 재처리 시설을 포함하는 모든 현존하는 핵시설의 불능화를 포함하는 다음 단계 기간 중, 조선민주주의인민공화국에 최초 선적분인 중유 5만 톤 상당의 지원을 포함한 중유 100만 톤 상당의 경제·에너지·인도적 지원이 제공된다.

상기 지원에 대한 세부사항은 경제 및 에너지 협력 실무그룹의 협의와 적절한 평가를 통해 결정된다.

Ⅴ. 초기조치가 이해되는 대로 6자는 9·19 공동성명의 이행을 확인하고 동북아 안보협력 증진방안 모색을 위한 장관급 회담을 신속하게 개최한다.

Ⅵ. 참가국들은 상호 신뢰를 증진시키기 위한 긍정적인 조치를 취하고 동북아에서의 지속적인 평화와 안정을 위한 공동노력을 할 것

을 재확인하였다. 직접 관련 당사국들은 적절한 별도 포럼에서 한반도의 항구적 평화체제에 관한 협상을 갖는다.

Ⅶ. 참가국들은 실무그룹의 보고를 청취하고 다음 단계 행동에 관한 협의를 위해 제6차 6자회담을 2007년 3월 19일에 개최하기로 합의하였다.

Initial Actions for the Implementation of the Joint Statement (Final)

《13 February 2007》

The Third Session of the Fifth Round of the Six-Party Talks was held in Beijing among the People's Republic of China, the Democratic People's Republic of Korea, Japan, the Republic of Korea, the Russian Federation and the United States of America from 8 to 13 February 2007.

Mr. Wu Dawei, Vice Minister of Foreign Affairs of the PRC, Mr. Kim Gye Gwan, Vice Minister of Foreign Affairs of the DPRK; Mr. Kenichiro Sasae, Director-General for Asian and Oceanian Affairs, Ministry of Foreign Affairs of Japan; Mr. Chun Yung-woo, Special Representative for Korean Peninsula Peace and Security Affairs of the ROK Ministry of Foreign Affairs and Trade; Mr. Alexander Losyukov, Deputy Minister of Foreign Affairs of the Russian Federation; and Mr. Christopher Hill, Assistant Secretary for East Asian and Pacific Affairs of the Department of State of the United States attended the talks as heads of their respective delegations.

Vice Foreign Minister Wu Dawei chaired the talks.

I. The Parties held serious and productive discussions on the actions each party will take in the initial phase for the implementation of the Joint Statement of 19 September 2005. The Parties reaffirmed their common goal and will to achieve early denuclearization of the Korean Peninsula in a peaceful manner and reiterated that they would earnestly fulfill their commitments in the Joint Statement. The Parties agreed to take coordinated steps to implement the Joint Statement in a phased manner in line with the principle of "action for action".

II. The Parties agreed to take the following actions in parallel in the initial phase:

1. The DPRK will shut down and seal for the purpose of eventual abandonment the Yongbyon nuclear facility, including the reprocessing facility and invite back IAEA personnel to conduct all necessary monitoring and verifications as agreed between IAEA and the DPRK.

2. The DPRK will discuss with other parties a list of all its nuclear programs as described in the Joint Statement, including plutonium extracted from used fuel rods, that would be abandoned pursuant to the Joint Statement.

3. The DPRK and the US will start bilateral talks aimed at resolving pending bilateral issues and moving toward full diplomatic relations. The US will begin the process of removing the designation of the DPRK as a state-sponsor of terrorism and advance the process of terminating the application of the Trading with the Enemy Act with respect to the DPRK.

4. The DPRK and Japan will start bilateral talks aimed at taking steps to normalize their relations in accordance with the Pyongyang Declaration, on the basis of the settlement of unfortunate past and the outstanding issues of concern.

5. Recalling Section 1 and 3 of the Joint Statement of 19 September 2005, the Parties agreed to cooperate in economic, energy and humanitarian assistance to the DPRK. In this regard, the Parties agreed to the provision of emergency energy assistance to the DPRK in the initial phase. The initial shipment of emergency energy assistance equivalent to 50,000 tons of heavy fuel oil (HFO) will commence within next 60 days.

The Parties agreed that the above-mentioned initial actions will be implemented within next 60 days and that they will take coordinated steps toward this goal.

Ⅲ. The Parties agreed on the establishment of the following Working Groups (WG) in order to carry out the initial actions and for the purpose of full implementation of the Joint Statement:

1. Denuclearization of the Korean Peninsula
2. Normalization of DPRK-US relations
3. Normalization of DPRK-Japan relations
4. Economy and Energy Cooperation
5. Northeast Asia Peace and Security Mechanism

6. The WGs will discuss and formulate specific plans for the implementation of the Joint Statement in their respective areas. The WGs shall report to the Six-Party Heads of Delegation Meeting on the progress of their work. In principle, progress in one WG shall not affect progress in other WGs. Plans made by the five WGs will be implemented as a whole in a coordinated manner.

The Parties agreed that all WGs will meet within next 30 days.

Ⅳ. During the period of the Initial Actions phase and the next phase—which includes provision by the DPRK of a complete declaration of all nuclear programs and disablement of all existing nuclear facilities, including graphite-moderated reactors and reprocessing plant—economic, energy and humanitarian assistance up to the equivalent of 1 million tons of heavy fuel oil (HFO), including the initial shipment equivalent to 50,000 tons of HFO, will be provided to the DPRK.

The detailed modalities of the said assistance will be determined through consultations and appropriate assessments in the Working Group on Economic and Energy Cooperation.

Ⅴ. Once the initial actions are implemented, the Six Parties will promptly hold a ministerial meeting to confirm implementation of the Joint Statement and explore ways and means for promoting security cooperation in Northeast Asia.

Ⅵ. The Parties reaffirmed that they will take positive steps to increase mutual trust, and will make joint efforts for lasting peace and stability in Northeast Asia. The directly related parties will negotiate a permanent peace regime on the Korean Peninsula at an appropriate separate forum.

Ⅶ. The Parties agreed to hold the Sixth Round of the Six-Party Talks on 19 March 2007 to hear reports of WGs and discuss on actions for the next phase.

참고문헌

1. 단 행 본

강충희, 『조국통일 3대공조』, 평양: 평양출판사, 주체94년(2005).

강충희·원영수, 『6·15자주통일시대』, 평양: 평양출판사, 주체94년(2005).

국토통일원, 『한민족공동체 통일방안 〈기본 해설자료〉』, 서울: 국토통일원, 1989. 9.

기 소르망 지음, 민유기·조윤경 옮김, 『Made in USA 미국 문명에 대한 새로운 시선』, 문학세계사, 2004.

김국신·이유진, 『남북한 경제공동체 형성방안』, 민족통일연구원, 1992. 12.

김영윤·이석·손기웅·조민·서재진·최수영, 『평화비용의 의미와 실익』, 통일정세분석 2005-17, 통일연구원, 2005. 10.

김재호, 『김정일강성대국 건설전략: 김정일시대를 빛내일 리상국건설전략』, 평양: 평양출판사, 2000.

노암 촘스키 저, 김보경 역, 『미국이 진정으로 원하는 것』, 한울, 1993.

마이클 오핸론·마이크 모치주키 지음, 최용환 옮김, 『대타협: 북한 vs 미국, 평화를 위한 로드맵(*Crisis on the Korean Peninsula*)』, 삼인, 2004.

민족통일연구원, 『남북한 국력추세비교연구』, 민족통일연구원, 1992. 12.

민주평화통일자문회의사무, 『남북연합 형성방안』, 통일정책과제연구

’94-1, 서울: 민주평화통일자문회의 사무처, 1994.
박영호·조민 외, 『통일예측모형 연구: 지표 개발과 북한체제 변화 추세 분석』, 서울: 통일연구원, 2003.
박형중, 『북한의 개혁·개방과 체제변화』, 서울: 해남, 2004.
박형중 외, 『김정일 시대 북한의 정치체제: 통치이데올로기, 권력엘리트, 권력구조의 지속성과 변화』, 서울: 통일연구원, 2004.
백낙청, 『한반도식 통일, 현재진행형』, 서울: (주)창비, 2006.
손기웅·허문영, 『“서해 교전” 분석과 향후 북한 태도 전망』, 통일정세분석 99-06, 통일연구원, 1999. 8.
아태평화재단, 『김대중의 3단계 통일론』, 서울: 아태평화재단, 1995.
어윈 스텔처 편저, 황진하 역, 『미국의 힘』, 서울: 네모북스, 2005.
엄국현·윤금철, 『조선반도 평화보장문제』, 평양: 평양출판사, 2006.
예쯔청 지음, 이우재 옮김, 『중국의 세계전략』, 파주: 21세기북스, 2005.
장 석, 『김정일장군 조국통일론 연구』, 평양: 평양출판사, 주체91년(2002).
장준하, 『씨알의 소리』, 1972. 9.
장준하 10주기추모간행위원회 편, 『민족주의자의 길』, 장준하문집 제1권 『사상』, 1985.
전현준 외, 『제4차 6자회담 합의 이행구도』, KINU 정책연구시리즈 2005-06, 서울: 통일연구원, 2005.
정영태, 『북한의 핵폐기 가능성과 북·미관계』, 연구총서 04-09, 통일연구원, 2004.
조성렬, 『한반도 비핵화와 평화체제 구축의 로드맵: 6자회담 공동성명 이후의 과제』, KINU 정책연구시리즈 2005-05, 서울: 통일연구원, 2005.
존 L. 개디스 저, 강규형 역, 『9·11의 충격과 미국의 거대전략—미국의 안보경험과 그 대응(*Surprise, Security, and The American*

Experience)』, 서울: 나남출판, 2004.
통일부, 『참여정부의 평화번영정책』, 통일부, 2003.
통일원, 『한반도 평화체제 문제』, 통남 95-12-91, 1995.
허문영, 『6·15 공동선언 이후 북한의 대남협상 행태: 지속과 변화』, 서울: 통일연구원, 2005.
江澤民, 『全面建設小康社會 開創中國社會主義事業新局面: 소강사회를 전면적으로 건설하고, 중국특색의 사회주의 사업의 신국면을 개창하자』, 人民出版社, 2002. 11.
황룡국 외, 『조선족혁명투쟁사』, 심양: 료녕민족출판사, 1988.
Andrain, Charles F., *Political Change in the Third World*, Boston: Unwin Hyman, 1988.
Berkowitz, Bruce, *The New Face of War: How War Will Be Fight in the 21st Century*, New York: The Free Press, 2003.
Brzezinski, Zbigniew, *The Grand Chessboard: American Primacy and Its Geostrategic Imperatives*, Basic Books, 1997.
Cheon, Seongwhun, *Cooperative Denuclearization of North Korea*, Seoul: Korea Institute for National Unification, 2006.
Crawford, J., *The Creation of States in International Law*, Oxford: Clarendon, 1979.
Mead, Walter Russell, *Special Providence*, A Century Foundation Book: Alfred A. Knopf New York, 2002.
Peceny, Mark, *Democracy at the Point of Bayonets*, Pennsylvania State University Press, 1999.
Wallerstein, Immanuel, *Dependence in an Interdependent World: The Limited Possibility of Transformation within the Capitalist World Economy*, N.Y: Cambridge Univ. Press, 1979.
Wang, Yuan-Kang, *China's Grand Strategy And U.S. Primacy: Is China Balancing American Power*, The Brookings Institution, Center for

NorthEast Asian Policy Studies, July 2006.

2. 논　　문

김소중,「중국 민족주의 역사와 전망」,『동양정치사상사』제5권 제1호, 한국·동양정치사상사학회, 2006. 3.

김일성,「모든 힘을 민주기지 강화를 위하여(조국통일민주주의전선 함경남도열성자회의에서 한 연설)(1953. 10. 20)」,『김일성저작집』8, 평양: 조선로동당출판사, 1980.

______,「민족올림픽위원회 협회 위원장인 메히꼬출판회사 위원장 겸 사장 일행과 한 담화(1991. 6. 5)」,『김일성저작집』43, 평양: 조선로동당출판사, 1996.

______,「신년사(1991. 1. 1)」,『김일성저작집』43, 평양: 조선로동당출판사, 1996.

______,「일본 마이니찌 신문 편집국장이 제기한 질문에 대한 대답(1991. 4. 19)」,『김일성저작집』43, 평양: 조선로동당출판사, 1996.

______,「'조선민족은 누구나 조국통일에 모든 것을 복종시켜야 한다.', 재미교포 녀류기자와 한 담화(1994. 4. 21)」,『김일성저작집』44, 평양: 조선로동당출판사, 1996.

박영호,「4자회담의 전개과정과 평가」,『한반도 평화전략』, 서울: 통일연구원, 2000.

______,「동북아평화공동체 건설과 한반도 평화정착」,『평화를 위한 우리의 한반도 정책 대(大)구상』, 통일문제연구협의회, 2005.

박종철,「남북정상회담 이후 한반도평화체제 구축방안」,『한반도 평화전략』, 연구총서 2000-33, 통일연구원, 2000.

______,「한반도 비핵화와 평화체제 전환」, 동북아시대위원회,『한반도 평화체제 구축 세미나』, 2006. 3. 30.

박창권·김명진,「대량살상무기 확산방지구상과 북한」,『국방정책연구』 봄호, 국방연구원, 2006.
박형중, 「비교사회주의 관점에서 본 '실리 사회주의론'의 위치와 전망」, 『김정일정권 10년: 변화와 전망』, 학술회의총서 04-01, 통일연구원, 2004.
______, 「중국과 베트남의 개혁과 발전—북한을 위한 모델?』, 『평화를 위한 우리의 한반도 정책 대구상』, 통일문제연구협의회·경기개발연구원 공동학술회의, 2005. 7.
백진현, 「남북한 평화체제 구축의 과제와 문제점」, 한국정치학회 광복50주년기념학술대회 발표논문, 1995. 11. 11.
서재진, 「북한의 미래」, 『세계체제이론으로 본 북한의 미래』, 서울: 황금알, 2004.
안재홍, 「신민족주의의 과학성과 통일 독립의 과업」, 『신천지』, 1949. 8.
우성대, 「통일의 정치적 조건—연방제 통일론을 중심으로—」, 『탈냉전시대와 새로운 정치질서』, 동곡(銅谷) 김하룡 박사 정년기념 논문집, 서울: 나남출판, 1994.
이삼성, 「한반도 평화협정: 북한 핵문제 근본해결로서의 평화협정의 틀과 윤곽」, 『한반도 평화협정 체결 및 평화군축 방안』, 평화·통일연구소 창립 1주년 기념토론회, 2005. 10. 7.
조　민, 「북한 미사일 사태와 한반도 평화」, 『한국과 국제정치』 제22권 제3호, 경남대학교 극동문제연구소, 2006.
______, 「평화경제론: 남북경제공동체 형성의 이론적 틀」, 『통일정책연구』 제15권 제1호, 통일연구원, 2006.
______, 「분단의 정치사회적 비용과 통일의 이익」, 『분단비용과 통일비용』, 민족통일연구원·한국개발원 공동주최 학술회의 발표논문, 민족통일연구원, 1997.
조재길, 『북핵위기와 한반도 평화의 길』, 서울: 한울, 2006.
천관우, 「민족통일을 위한 토론회: 민족통일의 구상 ①」, 『씨알의 소리』, 1972. 8.
최상용, 「현대의 민주평화사상」, 『평화의 정치사상』, 나남출판, 1997.
허문영, 「한반도 평화정착 추진을 위한 북핵문제 해결방향」, 박영호·정영태·조민·조한범·허문영, 『한반도 평화정착 추진전략』, 통일연구원, 2003.
Albright, David, "North Korea's Alleged Large-Scale Enrichment Plant: Yet Another Questionable Extrapolation Based on Aluminium Tubes," The Institute for Science and International Security(ISIS), February 23, 2007.
Albright, David and Paul Brannan, "The North Korean Plutonium Stock," Institute for Science and International Security(ISIS), February 20, 2007.
Arimoto, Takashi, "Iran no Misairu gijutsusha houchou; tepodon hassha junbi sanka ka" [Iran Missile Engineers Visit North Korea, Observe Launch Preparation for Taepodong Missil], Tokyo.
Armitage, Richard, "North Korea Is a Regional Problem While Iran Is a Global Issue," *Straits Times*, November 29, 2006.
Babst, Dean, "A Force for Peace," *Industrial Research*, April 1972.
Bearce, David H. and Sawa Omori, "How Do Commercial Institutions Promote Peace?," *Journal of Peace Research*, Vol. 42, No. 6, November 2005.
Bijin, Zheng, "'Peacefully Rising' to Great-Power Status," *Foreign Affairs*, Sep./Oct. 2005.
Charles Wolf, Jr., Kamil Akaramov, "North Korean Paradoxes: Circumstances, Costs, and Consequences of Korean Unification," 2005.
Chen, T. and C. Y. C. Chu, "Cross-Strait Economic Relations: Can They Ameliorate the Political Problem?," ed. by M. Algappa, *In Taiwan's Presidential Policies: Democratization and Cross-Strait*

Relations in the Twenty-first Century, Armonk: ME Sharpe, 2001.

David, Michael C., "The Case for Chinese Federalism," *Journal of Democracy*, Vol. 10, No. 2, April 1999.

Drezner, Daniel W., "The Hidden Hand of Economic Coercion," *A Journal of Political and Economic Affairs*, Vol. 57, No. 3, Summer 2003.

Farber, Henry S. and Joanne Gowa, "Polities and Peace," *International Security*, Vol. 20, No. 2, Fall 1995.

Gartzke, Erik, "Economic Freedom and Peace," James Gwartney and Robert Lawson with Erik Gartzke, *Economic Freedom of the World: 2005 Annul Report*, Vancouver, B. C.: The Fraser Institute.

______, "Future Depends on Capitalizing on Capitalist Peace," October 18, 2005.

Gartzke, Erik and Quan Li, "How Globalization Can Reduce International Conflict," in *Globaliztion and Armed Conflict*, ed. by Nils Petter Gleditsch, Gerald Schneider, and Katherine Barbieri, New York: Rowman & Littlefield, 2003.

Haass, Richard N., "Regime Change and Its Limits," *Foreign Affairs*, July/August 2005.

Huntington, S. P., "The Clash of Civilization," *Foreign Affair*, Summer 1993.

Jisi, Wang, "Searching for Stability With America," *Foreign Affairs*, Sep./Oct. 2005.

Johnson, Charmers, "Comparing Communist Nations," in Charmers Johnson, ed., *Change in Communist System*, Stanford, Calif.: Stanford University Press, 1970.

Kristol, William and Robert Kagan, "National Interest and Global Responsibility," *Introduction to Present Dangers: Crisis and Opportunity in American Foreign and Defense*, San Francisco: Encounter Books, 2000.

Laney, James T. and Jason T. Shaplen, "How to Deal with North Korea," *Foreign Affairs*, March/April 2003.

Lektzian, David and Mark Souva, "The Economic Peace Between Democracies: Economic Sanctions and Domestic Institutions," *Journal of Peace Research*, Vol. 40, No. 6, 2003.

Li, Quan, "Does Democracy Promote or Reduce Transnational Terrorist Incidents?," *The Journal of Conflict Resolution*, Vol. 49, No. 2, April 2005.

McCormack, Gavan, "A Denuclearization Deal in Beijing: The Prospect of Ending the 20th Century in East Asia," *Japan Focus*, February 13, 2007.

Mintz, Alex and Nehemia Geva, "Why Don't Democracies Fight Each Other? An Experimental Assessment of the 'Political Incentive' Explanation," *Journal of Conflict Resolution*, Vol. 37, No. 3, 1993.

Owen, John M., "How Liberalism Produce Democratic Peace," *Debating the Democratic Peace*, ed. by Michael E. Brown, Sean M. Lynn-Jones, and Steven E. Miller, MIT Press, 1996.

Owen, IV, John M., "Iraq and the Democratic Peace," *Foreign Affairs*, November/December 2005.

Rice, Condoleezza, "The President's National Security," Walter Wriston Lecture for the Manhattan Institute, October 1, 2002.

Riker, W. H., "Federalism," in F. I. Greenstein and N. W. Polsby, eds., *Government Institution and Processes*, Massachusetts: Addison Wesley, 1975.

Rummel, R. J., "Libertarianism and International Violence," *Journal of*

Conflict Resolution, Vol. 27, No. 1, 1983.

Russett, Bruce, "Why Democratic Peace," *Grasping the Democratic Peace—Principles for a Post—Cold War World*, Princeton University Press, 1993.

______, "Bushwhacking the Democratic Peace," *International Studies Perspectives*, No. 6, 2005.

Samore, G., "Samore: 'Very Skeptical' New Talks with North Korea Will Bring Progress," November 1, 2006.

Shultz, George P., William J. Perry, Henry A. Kissinger, and Sam Nunn, "A World Free of Nuclear Weapons," *The Wall Street Journal*, Eastern edition; Jan. 4, 2007, A.15.

Tures, John A., "Operation Exporting Freedom: The Quest for Democratization via United States Military Operation," *Whitehead Journal of Diplomacy and International Relations* 6, 2005.

Wallerstein, I., "The Eagle Has Crash Landed," *Foreign Policy*, July-Aug. 2002.

Weede, Erich, "The Diffusion of Prosperity and Peace by Globalization," *The Independent Review*, Vol. Ⅳ, No. 2, Fall 2004.

Wit, Joel S., "Enhancing U.S. Engagement with North Korea," *The Washington Quarterly*, 30(2), Spring 2007.

Zoellick, Robert B., "Long Division," *The Wall Street Journal*, Feb. 26, 2007.

3. 기　　타

김석환, 「북한판 마셜플랜 전모」, 『월간중앙』, 2003. 4.

노무현 대통령, 「제16대 대통령 취임사」, 2003. 2. 25.

부시 대통령의 연설, 「세계적 테러를 물리치고 미국 및 우방에 대한 공격을 예방하기 위한 동맹강화」, 워싱턴 D.C. 대성당, 2001. 9.

14.
「北, 중국의 경제식민지화」, SAPIO, 2005. 12. 14.
삼성경제연구소, 『남북한 통일시나리오』, 1996.
『월간 말』.
콘돌리자 라이스, 헤리티지 재단 연설, 2006. 10. 25.
통일외교안보정책수석, 「정부성명」, 2006. 7. 5.
한국은행, 「2004년 북한 경제성장률 추정 결과」, 보도자료(공보 2005-6-1호), 2005. 5. 31.
CSIS, *A Blueprint for U.S. Policy toward a United Korea: A Working Group Report of the CSIS International Security Program*, August 2002.
MORI DocID: 1085294, Exploring the Implications of Alternative North Korean Endgames.
NIC, *Global Trends 2015: A Dialogue about the Future with Nongovernment Experts*, 2000. 12.
Nye, Jr., Joseph S., "Transformation is Hard," *Time*, Jul. 9, 2006.
Office of the Secretary of Defense, *Annual Report to Congress Military Power of the People's Republic of China 2006*, 2006. 5. 23.
Rand Report.
Result From a Discussion Panel on Continuing Coexistence Between North and South Korea, *Intelligence Report* 21 January 1998.
Snyder USIP Report.
The White House, *The National Security Strategy*, March 2006.
U.S. National Intelligence Council, *North Korea's Engagement: perspective, Outlook, and Implication: Conference Report*, May 2001.
新華通信
연합뉴스
The New York Times

The Wall Street Journal
The Washington Post
http://daccessdds.un.org/doc/UNDOC/GEN/N06/431/64/PDF/N0643164.pdf?OpenElement
http://en.g8russia.ru/docs/14-print.html
http://epochtimes.com/gb/5/8/16/n1020753.htm
http://europa.eu.int/ecsc/results/index_en.htm
http://foreign.senate.gov/hearings/2006/hrg060720a.html
http://fpc.state.gov/documents/organization/60719.pdf
http://military.china.com/2h_cn/critical3/27/20070211/13935075.html
http://mofat.news.go.kr
http://news.khan.co.kr/kh_news/khan_art_view.html
http://online.wsj.com/public/page/3_0466.html
http://pqasb.pqarchiver.com/wsj/access/1189149711.html
http://topics.nytimes.com/top/opinion/editorialsandoped/editorials/index.html
http://usinfo.state.gov
http://www.bsos.umd.edu/gvpt/kastner/KastnerISA2005.pdf
http://www.cato.org
http://www.cfr.org/publication/11889
http://www.cia.gov
http://www.columbia.edu/~eg589/pdf/icbfutilitywar_012006.pdf
http://www.crisisgroup.org/home/index.cfm?id=3920&l=1
http://www.crisisgroup.org/home/index.cfm?id=4021&l=1
http://www.defenselink.mil/home/pdf/9010_March_2007_Final_Signed.pdf
http://www.fao.org/docrep/009/J8104e/j8104e05.htm
http://www.interpol.int/Public/ICPO/PressReleases/PR2006/PR200625.

asp
http://www.iza.ne.jp/news/newsarticle/world/america/8202
http://www.japanfocus.org/products/topdp/2354
http://www.k-state.edu/polsci/fac/pickering
http://www.latimes.com/news/nationworld/world/la-fg-missile27jul27
http://www.nautilus.org
http://www.ned.org
http://www.nytimes.com/2006/07/23/magazine/23counterfeit.html
http://www.president.go.kr
http://www.rand.org
http://www.realclearpolitics.com/articles/2006/07
http://www.reason.org/phprint.php4
http://www.state.gov
http://www.state.gov/e/rls/rm/2006/70279.htm
http://www.treas.gov
http://www.unikorea.go.kr/index.jsp
http://www.whitehouse.gov
http://www.whitehouse.gov/news/releases/2006/08/20060810.html
http://www.whitehouse.gov/news/releases/2006/08/20060810-1.html
http://www.yale.edu/leitner/pdf/2001-13.pdf

찾아보기

저자약력

고려대학교 노문학사
고려대학교 정치학 석사
고려대학교 정치학 박사
현재 통일연구원 선임연구위원

주요 저서

『한국사회 평화문화 형성방안 연구』(통일연구원, 2000)
『남북한 이념통합의 방향과 과제』(통일연구원, 2001)
『화해협력정책과 남북한 미래상 연구』(통일연구원, 2002)
『한반도 평화정착 추진전략』(공저)(통일연구원, 2003)
『평화통일의 이상과 현실』(백산서당, 2004)
『동북아 질서의 재편과 한민족의 선택』(공저)(나남출판, 2005)
『근현대 한국정치사상사 연구』(공저)(한국학중앙연구원, 2006)

한반도 평화체제와 통일전망

2007년 8월 13일 초판인쇄
2007년 8월 20일 초판발행
저 자 조 민
발행인 노 현 철
발행처 도서출판 해남
서울특별시 서대문구 냉천동 182 냉천빌딩 4층
전화 739-4822 팩스 720-4823
e-mail haenam30@dreamwiz.com
homepage www.hpub.co.kr
등록 1995. 5. 10 제1-1885호

저자와 협의하에 인지생략

정 가 15,000원 ISBN 978-89-86703-87-0 93340